国家社科基金"十三五"规划2018年度教育学一般课题"新高考背景下的高中生综合素质评价研究"（课题批准号：BFA180067）

北京市教育科学"十三五"规划2017年度重点课题"服务北京新高考的高中高校教育衔接研究"（课题编号：AAAA17014）

U0659593

新高考模式下的
高中生涯规划指导

杨玉春 等／著

Xingaokao Moshi Xia De
Gaozhong Shengya Guihua Zhidao

北京师范大学出版集团
BEIJING NORMAL UNIVERSITY PUBLISHING GROUP
北京师范大学出版社

图书在版编目(CIP)数据

新高考模式下的高中生涯规划指导/ 杨玉春 等著 . —北京：
北京师范大学出版社，2019.10(2024.3 重印)

ISBN 978-7-303-25095-0

Ⅰ.①新… Ⅱ.①杨… Ⅲ.①高中生－职业选择
Ⅳ.①G635.5

中国版本图书馆 CIP 数据核字(2019)第 187160 号

营 销 中 心 电 话 010-58808083 58805532
教 材 意 见 反 馈 gaozhifk@bnupg.com 010-58805079

出版发行：北京师范大学出版社 www.bnupg.com
　　　　　北京市西城区新街口外大街 12-3 号
　　　　　邮政编码：100088
印　　刷：唐山玺诚印务有限公司
经　　销：全国新华书店
开　　本：710 mm×1000 mm　1/16
印　　张：18
字　　数：262 千字
版　　次：2019 年 10 月第 1 版
印　　次：2024 年 3 月第 3 次印刷
定　　价：39.80 元

策划编辑：张丽娟　　　　　责任编辑：张丽娟　王鸿飞
美术编辑：焦　丽　李向昕　装帧设计：李　尘
责任校对：段立超　　　　　责任印制：马　洁　赵　龙

版权所有　侵权必究
反盗版、侵权举报电话：010-58800697
北京读者服务部电话：010-58808104
外埠邮购电话：010-58808083
本书如有印装质量问题，请与印制管理部联系调换。
印制管理部电话：010-58805079

序

PREFACE

自 1977 年恢复高考以来，我国高考招生制度经历过多次调整和优化。2014 年 9 月始于上海、浙江试点的"新高考"备受关注，被社会各界认为是恢复高考 40 年来变化最大的一次改革。

《国家中长期教育改革和发展规划纲要（2010—2020 年）》明确要求，建立普通高中学生发展指导制度，加强对学生理想、心理、学业等多方面的指导，全面提高学生综合素质。2014 年，教育部《关于全面深化课程改革 落实立德树人根本任务的意见》提出，要建立学生发展指导制度，指导学生学会选择课程，做好生涯规划。教育部委托专家研究制定的《普通高中学生发展指导纲要》，将职业生涯教育作为重要内容。2017 年，北京、天津、山东、海南 4 省市启动高考综合改革试点，制定配套文件，在区域内部署加强职业生涯规划教育；2018 年，四川、广东等 8 省市将正式启动高考综合改革，新高考改革由试点阶段进入逐步推广阶段。截至 2022 年开展高考改革的省份共有 29 个，高考改革在全国范围内基本完成，剩余省份也即将开展高考改革。

高中阶段开展职业生涯规划教育是引导学生正确认识自身的个性特质、现有与潜在优势，帮助他们重新对自我价值进行定位并使其持续增值的重要举措。新一轮高考改革对高中生职业生涯规划提出了更高的要求，例如，如何引导学生更好地认识自身，认识学业、专业和职业，处理好个人兴趣特长与未来专业、职业发展的关系；如何对学生进行个性化指导，科学进行综合素质评价；如何引导学生理性地选择选考科目，报考适合自己的专业等。这些已经成为高中教师、学生和家长高度关注并亟待解决的问题。

目前高中生涯规划教育有着诸多不足和问题。一是受应试教育的惯性影响，将生涯教育内容狭隘地理解为升学指导，且缺乏阶段性和连续性。二是大部分高中科任教师往往囿于其大学所学专业和相关行业，再加上比较繁重的高中教学任务，很难有时间全面、系统地了解高校专业和社会职业，生涯教育专业化水平较低，难于为学生提供实质性指导。因此，加强高中生涯规划教育迫在眉睫，高中教师必须全员掌握生涯规划的政策、理念和技能。

对于如何进一步加强高中职业生涯规划教育，可从以下几个方面着手。

一、构建系统化指导体系

我国的职业生涯规划教育指导体系发展相对滞后，小学阶段的职业生涯规划教育接近空白，中学阶段的职业生涯规划教育只在部分学校试点实施。在国家层面上，应提供政策保障，加大经费投入，出台相关的职业生涯规划教育指导纲要和分层教育框架等政策法规文件，将职业生涯规划贯穿于教育全过程，既凸显针对性与层次性，又兼顾各教育阶段的有效衔接。

二、完善学校生涯规划教育体系

生涯规划教育不能单靠一门课程完成，而需要给学生提供了解不同学科专业、体验职业的机会。要丰富生涯教育内容，多方联动，探索多样化的生涯教育途径。利用高中自身资源，结合大学资源、家长资源、校友资源、社会资源等，形成合力开展教育。要适度增加探究课、实践课等选修课的比重，同时将生涯教育理念渗透到学科课程教学之中，并通过信息技术手段改善教育效率，引导学生提高自我认知能力，发现和培养自己的兴趣特长。

三、打造专业化师资团队

目前，普通高中职业生涯规划教育师资力量薄弱。要加强对班主任和科任教师的全员培训，让他们掌握职业生涯规划教育的理论知识和职业指导技能，了解社会最新就业动态与职业需求，提高职业生涯规划水平；并将职业生涯规划教育与日常管理工作、心理咨询工作和德育实践活动相结合，为学生提供有效的指导。

　　由杨玉春博士牵头编写的《新高考模式下的高中生涯规划指导》，以国家社会科学基金"十三五"规划 2018 年度教育学一般课题"新高考背景下高中生综合素质评价研究"（课题批准号：BFA180067）、北京市教育科学"十三五"规划 2017 年度重点课题"服务北京新高考的高中高校教育衔接研究"（课题编号：AAAA17014）为依托，定位为服务新高考模式下高中教师指导高中生进行生涯规划和科目选择所需，提供新高考政策指导和生涯规划意义解读，全面分析高中科目选择、大学专业选择及高中全周期生涯规划指导。目的在于帮助教师强化高中生的职业生涯规划意识，认识职业生涯规划的重要性和迫切性；帮助学生了解自我，厘清学业、专业与职业之间的相互关系，引领学生树立积极的生活和学习态度，提高自我选择能力，自主规划职业生涯。

　　本书对构建生涯指导师培训体系、培养高中生涯指导教师职业能力具有重要的现实价值，其理论体系和板块式结构可以为高中学校打造本土化校本课程、构建生涯规划教育体系提供依据。本书从高中高校衔接角度对生涯规划教育进行了解读，亦具有一定的学术价值。

　　是为序。

钟秉林

中国教育学会会长

2019 年 6 月 28 日

目　录
CONTENTS

第一章　导　论

一、新高考政策背景

(一)新高考的政策内涵

《国家中长期教育改革和发展规划纲要(2010—2020年)》提出"全面实施高中学业水平考试和综合素质评价"。党的十八届三中全会强调推行初高中学业水平考试和综合素质评价。2014年9月4日，国务院印发《关于深化考试招生制度改革的实施意见》(以下简称《实施意见》)，提出要坚持育人为本，遵循教育规律；着力完善规则，确保公平公正；体现科学高效，提高选拔水平；加强统筹谋划，积极稳妥推进。《实施意见》要求，2014年启动考试招生制度改革试点，2017年全面推进，到2020年，基本建立中国特色现代教育考试招生制度，形成分类考试、综合评价、多元录取的考试招生模式。探索基于统一高考和高中学业水平考试成绩、参考综合素质评价的多元录取机制，并要求2014年出台完善高中学业水平考试的指导意见。基于上述政策背景，2014年12月16日，教育部颁发了《关于普通高中学业水平考试的实施意见》(以下简称《意见》)。《意见》指出，学业水平考试的基本原则是"坚持全面考核，促进学生完成国家规定的各门课程的学习。坚持自主选择，为每个学生提供更多的选择机会，促进学生发展学科兴趣与个性特长。坚持统筹兼顾，促进高中改进教学，服务高校选拔学生，减轻学生过重课业负担和学业压力"。第一，在考试科目与内容方面，规定取消文理分科，实行考试科目全覆盖，学生可以文理兼选和兼修。另外，以往的统考变选考，即学生在思想政治、历史、地理、物理、化学、生物等科目中自主选择3门作为高考科目。在考试成绩呈现方面，规定以"等级"或"合格、不合格"呈现，即计入高校招生录取总成绩的学业水平考试 3 门科目成绩以等级呈现，其他科目一般以"合格、不合格"呈现。第二，在考试成绩使用方面，实施"一考两用"，规定学业水平考试成绩合格，作为普通高中毕业即高中同等学力认定的主要依据，且学生自主选择的 3 门科目成绩将计入高考成绩，供高校招生使用。第三，在考试时间方面，规定原则上高一有 2 门科目开考，高二和高三各有 6 门科目开考，不同地区要为有需要的学生参加同一科目两次考试及更换已选考的科目提供机会。第四，在教学管理方面，规定要加强学生生涯规划指导。调整教学组织方式，满足学生想选学的需要，把走班教学落到实处。加强设施设备、师资配备等方面的条件。

（二）新高考的时代背景

考试招生制度是国家基本教育制度，是人才培养的枢纽环节，关系国家的发展大计，关系每一个家庭的切身利益，关系亿万青少年学生的前途命运。改革开放以来，我国教育考试招生制度不断改进，为学生成长、国家选才、社会公平做出了重要贡献。深化考试招生制度改革，要全面贯彻党的教育方针，坚持立德树人，适应经济社会发展对多样化高素质人才的需要，认真总结经验，突出问题导向，回应社会关切，进一步促进教育公平、提高选拔水平，培养德智体美劳全面发展的社会主义建设者和接班人。要通过深化改革，"形成分类考试、综合评价、多元录取的考试招生模式，健全促进公平、科学选才、监督有力的体制机制，构建衔接沟通各级各类教育、认可多种学习成果的终身学习'立交桥'。"面对新中国成立以来改革最为彻底、形式变化最大的一次高考改革，各级政府、学校教师、学生家长都应该积极应对，正视新高考政策带来的新要求。

二、普通高中教育的价值变迁

随着我国经济的快速发展，生活水平的逐渐提高，人们对于优质教育的需求也越来越大，但受我国教育资源地域、校际等分布不均衡情况的影响，人们对当前的教育现状表现出担忧，并迫切需要各级政府为学生提供更多、更优质的教育资源。基于此，国家不断努力，采取了一系列相关措施来促进教育公平。在此过程中，人们的价值取向也逐渐发生了变化。教育不再仅仅关注成绩、升学和就业，而是逐渐发现人的价值、关注学生自身的发展。因此，各级政府应充分促进教育升学、就业和育人三大功能的有效融合，从而保证每个学生都能获得成长的快乐。

对于素质教育的推进和高考改革多年以来的逐渐深入，党和国家展现出很大决心，出台了一系列相关政策，但在实践中，地方政府并没有完全按照中央教育改革的逻辑展开[①]，因此产生了一些问题，在义务教育阶段和高中教育阶段的价值导向出现了某种程度上的偏离。特别是对于普通高中的价值取向，升学率某种程度上成为核心。对排名和升学率的追逐已经提前到初中甚至是小学高年级，排名的核心内容是识记性知识的掌握程度。许多教育行政部门对于学校教育教学的考核，很自然地演变到关注最为显性的升学率，而这种关注也合乎家长的核心愿望，只是家长既关注过程更注重以成绩和排名为标志的结果，不少地方政府则直接去关注升学结果。

面对瞬息万变的现代社会，普通高中教育不再只是一种单纯面向高考选拔的"过渡型"教育，因此新高考改革势在必行。改革产生的影响如此深远，它不仅仅是教育行政部门一个部门的事情，更是影响全局的重大民生工程，离不开顶层设计的保驾护航。新高考改革既是政府直面教育难题做的深层次改革，也是党和国家在指导高中教育的价值回归。但是面对改革，公众也有不少疑问和困惑，主要体现在录取上的公平及实际操作中的具体问题，其复杂性和敏感性可见一斑。

新高考改革的实施，最大的变化就是把学生的选择权由"被动"变为"主动"。因此，学生必须面对提前到来的选择，在这个过程中家长的意见也影响着学生的选择，但大部分家长缺乏对高等教育的了解，多数停留在传统观念中的"好分数才能上好大学"，没有考虑到高中选科和高考报考专业的本质关系。个别家长仅仅根据哪个专业容易拿分、哪个专业竞争对手少等一些功利性因素对孩子的选科提出意见，往往忽视孩子以后的专业发展，无法为学生提供准确、专业的指导。

---

① 梁剑：《普通高中办学体制转型研究》，硕士学位论文，西南大学，2017。

因此，家长必须转变观念，认识到引导学生进行生涯思考的重要性，积极配合学校开展各种生涯课程和活动；多与孩子沟通和交流，了解孩子的兴趣及优势，在充分掌握生涯规划知识的基础上帮助孩子多了解感兴趣的专业以及社会中的职业，引领孩子找到适合的生涯发展方向和专业方向，确定面向新高考的选考策略，帮助孩子制订具有更高针对性的高中学习发展规划和备考计划。

三、加强高中生生涯规划指导的价值和意义

生涯(Career)是指个人通过从事的事情所创造出的一种有目的的、延续不断的生活模式。一个人的生涯发展并非仅仅是生命时间的推移，而是在不断探索发现、建构自我的过程中所过的有意义的人生。

高中阶段正处于生涯探索期(15～24岁)的初期，这个时期的发展重点是在学校、休闲活动及社会实践经验中进行自我试探、角色探索和职业探索。生涯发展的主要任务是基于职业偏好，形成符合现实的自我概念，开创更多的发展机会。

(一)加强生涯规划指导是落实"立德树人"根本使命的重要组成部分

"立德树人"是教育的根本任务，一切教育活动都要服务和服从于这个核心。考试招生制度改革也不例外，同样是为了更好地完成"立德树人"的根本使命。高中阶段，是学生人生发展中汲取知识、提升能力的黄金时期。在这一重要的阶段，指导学生树立生涯规划意识，激发学生的学习热情，促进学生对未来职业和人生道路进行深入思考，是"立德树人"的应有之义，对于个人的长远发展具有重要而深远的意义。

北京市生涯课程项目组(王红丽、杨碧君，2017)认为，生涯指导是指向学生提供必要的学业与职业信息、引导生涯探索、指导信息收集与整理、组织职业体验、协助制定生涯规划等活动，提升学生自我认知、自我管理意识、生涯管理能力(如自信心、决策能力、问题解决能力等)、责任心与家国情怀。学校的生涯指导是一种"鼓励学生为自身幸福负责"的教育理念，是需要统筹学校、家庭和社会

资源共同参与的综合教育计划，是要构建一种有利于学生生涯发展的支持系统。生涯指导的教育价值在于：有助于提升学生的学习动机，增强学生的进取心和就业技能；鼓励学生接受高等教育，建立终身学习的发展理念；帮助学生获得应对复杂环境所需的生涯知识和技能；通过帮助每一个学生寻找最适合自己的人生道路，促进人人成才；协助家长提升指导能力，促进家庭和谐；服务我国建设人力资源强国的战略目标。[①]

(二)加强生涯规划指导是新时代社会发展对人才质量的必然要求

当今时代适逢百年未见之大变局，知识经济兴起，科技空前发达，对人才质量提出了前所未有的要求和挑战。中国也正行进到全面建成小康社会的新时代，实现民族伟大复兴的中国梦需要一大批高素质的社会主义事业的建设者和接班人。教育要帮助学生适应新时代社会发展的需求，引导其在面对世界的飞速变化和生涯发展的不确定性时能够认清自身底数，提高成才系数，增强贡献指数，不断校准方向，培养其持续自我完善的素养，从而使其成为终身学习者和自主发展者。这既是当今我国的时代需求，也是成熟的国际经验，即通过指导学生追求有意义的人生，发挥个人潜能、实现个人价值，激发学生的内在发展动力，使人人成为有用之才，每一个人才都能在未来社会找到用武之地。

随着经济发展对环境要求的转变，生涯发展指导理论在近百年的发展中也经历了着眼点、聚焦点和落脚点的巨大转变：从着眼职业转向着眼人生，从聚焦人职匹配转向聚焦适应改变，从关注决策结果转向关注发展过程。而这些转变正是新时代对人才质量新要求的体现。为应对新时代的挑战，世界各国都根据本国国情提出了不同的人才培养目标和人才素质要求，很多国家和经济体在学生发展的核心素养中都提出需具备生涯规划与自主发展能力。具体而言，未来社会所需要的人才不是拥有一技之长就可以终身无忧的人，也不是精心打造的某一部现成机器上的一个零件，而是基础扎实、具备终身学习和自主发展能力的人。能够在未

---

① 王红丽、杨碧君：《生涯指导 36 问：给高中教师的生涯指导建议》，6—9 页，北京，中国少年儿童出版社，2017。

来社会结合自身的经验和体悟，通过对自我、环境和未来的准确把握，进行自我建构，不断发掘和培养自身潜能，成为自觉行动的个体。

(三)加强生涯规划指导是实现个人价值、成就幸福人生的重要前提

2013年3月，中国青少年研究中心联合日本青少年研究所、韩国青少年开发院以及美国艾迪资源系统公司，根据在四个国家的联合调研结果，共同发布了《中美日韩高中生毕业去向和职业生涯教育研究报告》。报告指出，中国高中生的职业生涯教育全面落后于其他三个国家，受访中国高中生中接受过职业与毕业指导的比例仅为33.1%，而且在具体的各项指标上也全面落后。对职业的陌生感、对职业生涯的困惑感，在我国当下年轻人中非常普遍，给他们的职业发展和人生成长带来了很大的困扰。[①]

反观当前我国大学生的就业难问题，学生对职业的规划不足和对生涯发展的迷茫与困惑是其中非常重要的一个原因。人力资源和社会保障部多年前对个人职业发展情况进行过一项调查，结果表明，24%的人"不明确自己的发展方向"，97%的人"只有靠自己解决"职业困惑。因此，通过生涯规划指导培养学生树立职业生涯规划意识，在高中阶段解决学生生涯决策困难问题，可以取得更加理想的效果。

每个学生从小都有着各种各样长大后成名成家的美好理想，概括起来，共同的愿望都是"做一个对社会有价值的人"，但如果不能清楚了解自身特点和理想职业的基本要求，就很难找到正确的努力方向。更进一步讲，对人生幸福的追求是每个人的权利，实现人生幸福是人类共同的奋斗目标。但正如幸福学大师泰勒·本—沙哈尔(Tal Ben-Shahar)研究指出的那样，一份能够获得幸福感的工作必须具备三个幸福要素，即能够让个体感到有意义(Meaning)、快乐(Pleasure)和充分发挥自身优势(Strengths)。其实质就是所从事的工作要能够与个人的价值观、兴趣和能力相适应，三者缺一不可。由此我们就能够理解，学生厌学、成人职业

---

① 丁景霞、魏雪梅：《高中生职业生涯规划教育的现实意义》，载《考试与评价》，2014(6)：108页。

倦怠往往是在 MPS 三要素中至少缺少了其中的一项，而这些方面正是制定生涯规划时所要重点考虑的内容。因此，加强生涯规划指导恰恰是帮助高中生学会人生规划，激发其学习动力和进取欲望，为高中生实现自身价值和成就幸福人生提供前提保障。

(四)加强生涯规划指导是新高考背景下达成高考目标的迫切需要

新高考改革的关键在于赋予了学生选择权，在高中实施"选择性教育"。"选择性教育"更加符合"育人为本"的教育基本规律，更加适合学生个性化自主发展的需求，更加有利于"成功成才"目标的达成。但是，选择权的下放和扩大，对高中生提出了更高的"做好选择""规划人生"的要求。而应试教育倾向影响下的高中教育几乎成为升学教育的代称，学校和社会是相互隔离的。由于全部精力都投入到备考当中，学生对社会和行业发展前景缺乏了解，对自己能力、兴趣和潜能缺乏综合分析，却要在几周内甚至几天内做出重要人生抉择，这对于学生来说几乎是一场豪赌。由此导致不少学生进入大学乃至大学毕业后的生涯发展因一时的错误决策而充满坎坷，进入大学才发现专业与所喜欢的不符，学成毕业才知道自己想从事的工作与专业并不对口，这等事例不胜枚举。北京教育科学研究院所做的一个调查表明：42.1%的被调查大学生对所学专业不满意；如果可以重新选择，65.5%的被调查大学生表示将选择别的专业。这说明高考填报志愿时存在一定的盲目性和缺少计划性，这种情况不应该继续下去。因此，学生需要在高中这一黄金选择期就对自身的生涯决策以及规划有一个基本清晰的认识。因此，教育部要求，在教学管理上，要加强学生生涯规划指导。调整教学组织方式，满足学生选学的需要，把走班教学落到实处。加强设施设备、师资配备等方面的条件保障。可见，对高中生开展生涯规划指导，既是国家的明确要求，也是学生的强烈需要。要彻底改变"只见分数不见人""报考大学只看大学排名""找工作只看地位和待遇"等片面的生涯决策观念。

四、高中生生涯规划的主要内容

生涯规划是指个体在知己知彼的基础上，通过对自我、环境和目标信息进行综合分析，对人生做出自主规划的过程。生涯规划是一个系统工程，是综合分析多种信息的信息加工过程，是对人生道路、生命意义和人生价值进行探寻、决策和付诸行动的过程。对于高中生而言，生涯探索、生涯决策、生涯行动以及在重大生涯行动中取得生涯导师的有效帮助都是其生涯规划过程中的重要命题。

(一)生涯探索

1. 兴趣探索

兴趣是人们力求认识、掌握某种事物，并经常参与该项活动的心理倾向；或者说，兴趣是人们积极探究某种事物的认识倾向。

做自己喜欢做的事情，可以给人带来愉悦的感受，让自己更有动力积极投入到工作中，创造更大的成功机会，获得更高的成就感。

霍兰德(J. Holland)的兴趣类型论认为，某一类型的职业通常会吸引具有相同人格特质的人，而具有相同人格特质的人对许多生活事件的反应模式也是相似的。他们创造了具有某一特色的生活环境，也包括工作环境。在同等条件下，人和环境的适配性或一致性将增加个体的工作满意度。

不同的兴趣会引领人们到不同的工作岗位上去。随着年龄的增长，人的兴趣可能会发生变化，也可能会伴随人的一生，兴趣对职业发展的影响是职业能否走向真正成功的关键因素。对职业的兴趣能让自己全身心投入到工作中，不计较太多得失，忍受成功前的寂寞，加快职业生涯发展的步伐。

2. 能力探索

能力的发展具有个体差异，有早晚之分，社会的需要以及主流价值观对我们的能力发展也有很大的影响。

美国心理学家加德纳(H. Gardner)提出的多元智能理论认为，每个人都有不同的智能优势组合。我们每个人都有天赋的能力，单纯与其他人比较某一个方面的能力优劣是片面的，要以整合的视角探索自己的能力结构，在高中期间从多元智能的各个方面进行尝试，努力寻找自己的优势能力所在。

创造力是个人能力中十分重要的一部分。斯滕伯格(Robert J. Sternberg)把创造力具体解析为三种能力：综合能力、分析能力和实践能力。托伦斯（E．P. Torrance）在探索创造力时解释道，顿悟是可达到的最高点，是一种突如其来的茅塞顿开感。顿悟需要持久性、自律、勤奋和精力。

3. 性格探索

性格是指表现在人对现实的态度和相应的行为方式中比较稳定的、具有核心意义的个性心理特征，是一种与社会最密切相关的人格特征。性格可以决定一个人办事的方式，也影响着我们和什么样的人更容易相处。每个人的性格都是独一无二的，在生活中对人、对事、对自己、对外在环境所表现出来的适应方式也会有所不同。

一个人越了解自己，就越能发挥自己的优势，朝着最适合自己的方向前进。因为性格会影响一个人的生涯决策，继而影响其生涯行动。一个自我概念不清晰的人，在做生涯规划时很难做出合适的选择；一个高估自己能力的人，在生涯发展上也会有很多挫折；一个才华横溢的人，不知道自己尚有可以发挥的空间，更是社会的损失。

不同职业的人性格也会有所差异，结合性格特点和职业特性，才能找到适合自己的领域。例如，教师、护理人员等由个性温和、有耐心、有同理心的人来担任较为合适；会计、出纳人员等由个性谨慎、精打细算的人来担任会表现得更好。同样的道理，一个喜欢变化、重视直觉的人，选择服装设计的工作可能游刃有余，但要从事财务管理的工作，必然处处受限。因此，生涯规划一定要考虑自己的性格特点。

性格没有优劣之分，只要充分认识到性格的两面性，善于把握自己的性格，有针对性地扬长避短，随时保持可以调整的弹性，就可能创造属于自己的不平凡的职业人生。

4. 价值观探索

价值观是一个人关于什么是"重要的、值得的"的看法，是一个人关于什么东西对他而言最为重要的判断标准，它反映的是人们做出决策时最优先看重的因素或方面。人在生活中时时面临选择与决策，小到几点起床、中午吃什么，大到考什么大学、找什么工作、与谁结婚等。一个人到底看重什么，不仅影响着他的选择倾向，也影响着他的生涯发展和人生轨迹。因此，价值观是中学生需要探索和完善的重要方面。

价值观在人的心理中最靠近中心的位置，属于比较深层次的心理属性，需要在较长的成长过程中逐渐形成。但价值观一经形成就会相对稳定，并对一生的决策产生决定性影响。所以，价值观的形成和完善需要予以高度关注。中学生正处于价值观初步形成的关键阶段，尤其需要重视。价值观的形成与个体成长过程中的诸多因素有关，个人经历、家庭条件、受教育背景、自然与人文环境、文化传统、社会风气、父母或其他重要他人的言传身教都可能会深深影响到个体的价值观，所以要想让孩子未来拥有美好的人生，先要帮助孩子现在形成正确的价值观。

职业价值观，或称为工作价值观，是指与职业、工作有关的价值取向，反映的是一个人对于一份好工作的判断标准和内心尺度。一个人越明了自己的职业价值观，越能对自己的职业生涯做出清晰的规划。但由于价值观具有内隐性特点，个体有时并不能轻易知道自己的价值观是怎样的，同时价值观是有优劣取向的，所以，特别是对于价值观初成的中学生而言，通过生涯探索进行价值观澄清是非常必要的。

5. 职业探索

所谓职业探索，指的是了解职业概念的内涵、分类及职业的特点，把握职业规划的正确原则，逐步厘清职业定向，并为此做好相应的职业准备的过程。职业探索可以为生涯决策确定具体职业奠定坚实基础，是职业规划的重要组成部分。

职业是从业人员所从事的有偿工作的种类，它具有社会性、经济性、技术性、稳定性、群体性和规范性的特点。现代职业分类是一个庞大的体系，而且职业不是静止的，随着社会发展，它们在不断进化，有新的工作岗位出现，也有旧的工作岗位消亡。

《中华人民共和国职业分类大典》把职业分为 8 个大类。第一大类：国家机关、党群组织、企业、事业单位负责人；第二大类：专业技术人员；第三大类：

办事人员和有关人员；第四大类：商业、服务业人员；第五大类：农、林、牧、渔、水利业生产人员；第六大类：生产、运输设备操作人员及有关人员；第七大类：军人；第八大类：不便分类的其他从业人员。

6. 专业探索

专业指的是高等学校和中等专业学校根据学科分类或职业分工划分的学业门类。其中，"学科"是指一门学问依照其性质而作出的学术分类。目前，我国有哲学、经济学、法学、教育学、文学、历史学、理学、工学、农学、医学、军事学、管理学、艺术学和交叉学科14种学科门类。学科门类下设一级学科，根据《研究生教育学科专业目录（2022年）》，我国现在有一级学科117个。

对于个体而言，特别是对人口体量巨大的中国高中生而言，高考志愿填报具有至关重要的意义。高考填报志愿实质上就是选学校和专业，而如何才能选择自己心目中"理想"的学校和"最好"的专业，要先弄清大学与专业、专业"冷"与"热"、老专业与新增专业、专业与就业等几对关系。

高校与专业的选择关乎未来学业、职业和人生发展，除了外界的客观因素，个人兴趣、个人能力、身体素质、家庭环境等也都是需要考虑的因素。

（二）生涯决策

当高中生完成对自己兴趣、能力、性格、价值观等个人因素的探索，也完成对职业和专业的探索以后，就应该考虑生涯决策了。对于新高考背景下的高中生而言，选课、选考、报志愿都是重要决策。这一阶段的决策准备是否充分、决策策略是否得当、决策结果是否适宜，都是事关未来的重要因素。

生涯决策指的是个体在对自己的人生进行规划时，综合考虑主客观各种因素后而做出最大程度趋利避害决定的过程和方法。广义的生涯决策贯穿生涯规划的整个全过程，从个人探索开始，一直到做出最后的决策为止。而狭义的生涯决策，仅指生涯规划过程中最后的方案确定环节。

生涯决策理论和模型很多，从最初强调以"人职匹配"为核心的特质因素理论发展到了现在以"适应改变"为核心的生涯混沌理论，体现了研究者根据时代变迁对生涯决策认识的深化。在农业文明或者工业文明初期，社会结构相对稳定，职业变迁较慢，个体自身素质结构也相对固定。这种情况下，强调"人职匹配"有很大的适用性，一个人一旦找到一份与自己特质非常符合的工作就可能干一辈子，甚至世世代代继承下去。而在当今时代，社会变迁急剧迅速，生涯发展路径越来越难以界定和预见，一劳永逸的完美生涯决策变得不太现实。所以，对于今天的高中生而言，培养其适应未来需要的生涯决策能力变得更为重要。

(三)生涯行动

美国著名管理学家德鲁克(Peter F. Drucker)提出，学生必须要为同时生活和工作在两种文化中做好准备：一种是"知识人"的文化，另一种是"管理人"的文化。领导力不仅仅是精英人物或领袖人物具备的，也是中学生应该具备的一种基本素养。随着经济全球化和教育国际化进程的不断加快，培养具有卓越领导力和创新力的人才已成为世界各国增强国家综合国力、提升国际竞争力的重要途径，也成为教育改革与创新的重要方面；从另一个角度看，随着社会的组织化和团队化程度越来越高，如何领导好一个团队，如何在团队中成长和发展，也已经成为现代人所应具有的一项重要能力。

人的一生有太多未知的可能，当下所能掌控的是用实际行动去管理和提高自己，激发和调动自觉学习、自我发展的内驱力。要对学生进行生涯行动力的培养，让学生能够建立个人目标、提高时间管理能力、提升意志力、培养微习惯、创造性地解决问题、发展个人领导力。相信学生所收获的不仅仅是自己本来的目标，还会有成就感、幸福感以及更多的人生财富。学业生涯规划的执行效能就是学生将学业生涯规划付诸行动、将目标变成结果的能力、完成程度和效率。

(四)高中生重大生涯事件

新高考背景下，高中生需要面临的重大生涯事件包括选课走班、选科和报志愿等。国务院《关于深化考试招生制度改革的实施意见》明确指出："增强高考与高中学习的关联度，考生总成绩由统一高考的语文、数学、外语3个科目成绩和高中学业水平考试3个科目成绩组成。保持统一高考的语文、数学、外语科目不变、分值不变，不分文理科，外语科目提供两次考试机会。计入总成绩的高中学业水平考试科目，由考生根据报考高校要求和自身特长，在思想政治、历史、地理、物理、化学、生物等科目中自主选择。"

高考之后开始报志愿，志愿选择是个性选择。同样分数的考生所适合的学校和专业一般是不一样的。在全面了解考生的兴趣、性格和能力之后，根据高考成绩填报志愿需要做好相应的准备工作，了解当年的招生政策、心仪学校的招生章程、招生计划、近几年的录取信息以及录取批次和流程是做好志愿选择的前提与保证。具有学科特长和创新潜质的优秀学生，如果希望参加强基计划，还需要充分了解强基计划的相关政策。

(五)生涯导师

每一个人的眼界视野、知识结构都是有限的，特别是在这个知识爆炸、瞬息万变的信息社会，没有哪个人能够不依赖他人支持而以一人之力独闯天涯。高中生学业重、经历浅，还没有真正进入社会，在成长过程中更加需要听取他人的意见和建议。而生涯规划又是一个专业化程度非常高的领域，不是长两岁年纪、多一些经验就能够指导别人。因此，不少人在面临重大生涯决策时常常会感到力不从心，同时又求助无门。

专业的事情，需要专业的人来做。在新高考背景之下，家长、学科教师和班主任都难以胜任指导学生生涯发展的重任，生涯教育在此背景下提出和实施，生涯导师由此应运而生。生涯导师被认为是中国战略型人才的职业规划师，能够更有前瞻性且更专业地服务于学生的一种职业。

生涯导师可以从学生个体发展的需要出发，引导学生正确认识自我、发展自我、完善自我，促进学生健康成长，促进学生选择合适的人生道路并为之努力。同时，教给学生统筹考虑升学的路径、大学的分类和信息查询渠道、大学的专业设置和了解专业的资源信息途径等学业与职业信息。更重要的是，可以通过生涯指导帮助学生梳理世界观、人生观与价值观，为培养学生的自我生涯规划能力奠定基础。

参考文献：

[1]王龙. 利益相关者理论视域下中国高考制度的演进［D］. 南京师范大学，2016.

[2]梁剑. 普通高中办学体制转型研究［D］. 西南大学，2017.

[3]王博，刘曜云. 谈新高考背景下高中生涯发展辅导体系与家校合作模式［J］. 教师教育论坛，2017(4)：17—20.

[4]王新凤. 观点、数量、方法——恢复高考40年来高考政策公平性研究述评［J］. 考试研究，2018(1)：49—54.

[5]吴霓，郑程月. 从高考政策变迁看我国人才培养模式的演进趋向［J］. 教育学报，2017，13(4)：71—78.

[6]李宝庆，魏小梅. 新高考改革的风险及其规避——基于风险社会理论的思考［J］. 教育发展研究，2017，37(12)：22—29.

[7]孙丽. 新高考下普通高中生培养模式研究［D］. 宁波大学，2017.

[8]王红丽，杨碧君. 生涯指导36问：给高中教师的生涯指导建议[M]. 北京：中国少年儿童出版社，2017.

[9]丁景霞，魏雪梅. 高中生职业生涯规划教育的现实意义[J]. 考试与评价，2014(6)：108.

[10]王蕊. 高中生父母生涯教育及其与心理分离、生涯决策的关系[D]. 苏州大学，2015.

（撰写者：杨玉春、王新波、王海涛）

第二章　自我探索[*]

古希腊德尔菲神庙前的石碑上篆刻着这样一句箴言"认识你自己"。这句话点出了每个人心目中都无法回避的命题：认识自己。只有认识自己，才能在人生地图上找到自己的位置，勾勒出适合自己的生涯蓝图，展示真我风采。

认识自己是学生规划生涯的前提。教师要引导学生感受自己内心深处的渴望，看到优势和不足，澄清最重视的事物，发现自己的潜能：

我是什么样的人？

我喜欢做什么？我能做什么？

我适合做什么？我最在乎什么？

我期望成为什么样的人？

播下一粒种子，可以孕育绿的浓荫。编织一个梦想，可以描绘未来的远景。生涯导师通过指导学生认识自己，可以帮助他们更加明晰前行的方向，为其生涯发展填筑内心的原动力。

第一节　兴趣探索

美国芝加哥大学心理学家米哈伊·希斯赞特米哈伊（Mihalyi Csikszentmihalyi）毕生致力于研究成功人士的高峰体验和巅峰表现。他进行了大量的人物访谈，想知道什么东西能真正令人感到幸福和满足。研究发现，和人们通常所认为的不同，人们不是在放松休闲时最幸福，而是在专心致志地从事某项工作忘记了时空和自己时才最幸福。他将这种状态称为"福流"（FLOW），也叫作"心流体

＊　本章为学生生涯课方案。

15

验"。什么事情能够激发人们的心流体验呢？是让自己非常感兴趣的事情。兴趣能够让人乐此不疲，忘我投入，激发潜能，创造成功。如果在生涯规划时指导学生充分考虑自己的兴趣所在，那么，未来的道路将会充满乐趣！

一、生涯体验

指导语：生活中，做哪些事情可以让你感到愉悦？请根据你的第一感觉写出10项此类活动，并简述喜欢的理由。

表 2.1　兴趣感知

序号	活动名称	喜欢的理由
1		
2		
3		
4		
5		
6		
7		
8		
9		
10		

思考与分享：

1. 反思你喜欢的事情，它们有哪些共通性？

2. 这些事情对自己或者社会发展有哪些帮助？

二、兴趣内涵

兴趣是人们在从事不同的活动时，心中所产生的乐趣和满足感。兴趣关系着一个人是否能长期将精力投入在某一个理想上，不仅无怨无悔，而且乐在其中。兴趣可以理解为一旦投入某项活动就会产生的一种最沉浸的感觉，也就是人们常说的高峰体验、忘我的愉快感。著名的兴趣与测量专家爱德华(A. L. Edwards)将兴趣比作船舵，决定着一个人生涯发展的方向。如果学生的大学志愿选填、未来的职业选择能够符合自己的兴趣，那么内心就会产生源源不断的动力，从而全身心地投入，不断提高自己应对挫折以及解决问题的能力，将兴趣发展为能力。

愉悦和快乐的体验还不能称为真正的兴趣，兴趣对人们的精神世界有更高的要求。兴趣的产生和发展有三个层次：有趣、乐趣、志趣。

有趣是兴趣过程的第一个阶段，也是兴趣发展的低级阶段，它往往短暂易逝，非常不稳定。处于这一阶段的兴趣常常与人们对某一事物的新奇感相联系，但随着这种新奇感的消失，兴趣也会自然地退去。

乐趣是兴趣过程的第二个阶段，它是在有趣定向发展的基础上形成的，是兴趣发展的中级阶段。在这一阶段中，人们的兴趣开始聚焦、深入，但容易忽视乐趣背后带来的东西，如一个人喜爱网络文学，可能会整天沉溺于网络文学作品中不思进取。

志趣是兴趣发展过程的第三个阶段，当乐趣同人们的社会责任感、理想、奋斗目标结合起来时，乐趣便成了志趣。志趣具有社会性、自觉性和方向性，它不仅让人体验到快乐，更会让人获得满足、充实与成就感。人们在探索自己兴趣的过程中应不断提升兴趣的层次，使兴趣逐渐转变为志趣。这一层次的兴趣是帮助人们取得生涯成就的根本动力。

三、探索过程

兴趣能够激发个体投入某一活动的内部动机，找到自发努力的方向，起到目标导向的作用。有关资料表明，如果个体对某项工作感兴趣，就能发挥其潜能的80％～90％，并能较长时间保持高效而不感到疲劳。如果不感兴趣，则只能发挥20％～30％，也容易疲劳厌倦。古今中外大多名人志士也都是在强烈的兴趣推动下，探索追求，取得成功的。

约翰·霍兰德是美国约翰·霍普金斯大学心理学教授，美国著名的职业指导专家。他于1959年提出了具有广泛社会影响的职业兴趣理论，认为人的人格类型、兴趣与职业密切相关，兴趣是人们活动的巨大动力。具有职业兴趣的职业，可以提高人们的工作积极性，促使人们积极、愉快地从事该职业，且职业兴趣与人格之间存在很高的相关性。

那么，怎样了解自己的兴趣呢？可以尝试下面的一则心理学实验。

我的岛屿旅游计划

指导语：恭喜你得到了一次免费海岛游的机会！你可以从下列六个岛屿中任选一个。唯一的条件是你必须要在这个岛上待一年的时间，并且按照岛上人们的方式去生活。请从你的兴趣出发，选择你最想去的岛屿并和这里的人度过一年的时光。

R 自然原始岛：岛上自然生态保存完好，有各种野生动植物。居民以手工见长，自己种植花果蔬菜、修缮房屋、打造器物、制作工具，喜欢户外运动。

I 深思冥想岛：有多处天文馆、科技博览馆及图书馆。居民喜好观察、学习，崇尚和追求真知，常有机会和来自世界各地的哲学家、科学家、心理学家等交换心得。

A 美丽浪漫岛：岛上遍布各种美术馆和音乐厅，街头雕塑和街边艺人也随处可见，整个岛上弥漫着浓厚的艺术文化气息。居民保留了传统的舞蹈、音乐与绘画，许多文艺界的朋友都喜欢来这里寻找灵感。

S 友善亲切岛：居民个性温和、友善、乐于助人，各社区自成一个密切互动的服务网络，人们重视互助合作，重视教育，关怀他人，充满人文气息。

E 显赫富庶岛：居民善于企业经营和贸易，能言善道。经济高度发展，处处是高级饭店、俱乐部、高尔夫球场。来往者多是企业家、经理人、政治家、律师等。

C 现代井然岛：岛上建筑十分现代化，城市发达，以完善的户政管理、地政管理见长。岛民个性冷静保守，处事有条不紊，善于组织规划，细心高效。

我选择的岛屿是：_____岛。

思考与分享：

1. 你为什么选择这个岛屿？

2. 和你处在同一岛上的人在生活中有哪些相似的地方，有哪些不同的地方？

3. 你喜欢这个岛屿的哪些部分，不喜欢哪些部分？

4. 光阴荏苒，现在各位已经在这个小岛上生活了大半年的时间。深入领略了各岛风情，接下来你们的小岛有能力接纳更多的游人了。请你们选出自己小岛的代言人来向别人分享你们小岛的魅力和岛上的生活感受，赢得更多的游客。

_____

_____

_____

指导语：每个小岛都各有风情，而你也在小岛上住满了一年的时间。带着依依不舍的心情，你要准备离开了。正在这时你收到了一封信。信上写着："尊敬的×× 先生/女士，为了表彰你对小岛所做的贡献，现在奖励你再获得一次新的海岛游机会。"这次同样可以待一年的时间，并遵循岛上人的生活方式。但是非常遗憾，不能再选择原来的岛屿。

我第二次选择的岛屿是：_____岛。

思考与分享：

1. 做这个选择容易吗？

2. 你为什么要选择这个岛屿？

3. 这个岛屿和你第一次选择的岛屿有什么区别和相似的地方？

4. 你能从这个岛上获得什么新鲜有趣的体验？

5. 美好的时光总是过得很快，你同样在这个岛上度过了愉快的一年。在离别的时候，你发现这里虽然不是你的首选，但也越看越美丽，你真诚地愿意向别人推荐这个美丽的岛屿。现在请每个岛派一个发言人来分享离别感言。

_____

_____

_____

指导语：大家回到家中还是对这六个小岛念念不忘，第二年大家又获得了一次旅游的机会。这次是十年的计划，你迫不及待地整装待发。不走回头路的你这次又会选择去哪里呢？接下来的一分钟请大家自由选择你心仪的岛屿。

我第三次选择的岛屿是：_____岛。

思考与分享：

1. 你为什么选择这个岛屿？

2. 这个岛屿和你前两次选择的岛屿有什么区别和相似的地方？

3. 你能从这个岛上获得什么新鲜有趣的体验？

_____

_____

_____

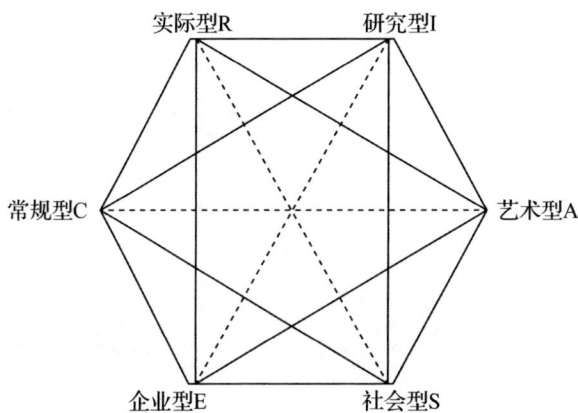

图 2.1　霍兰德六角模型图

小结：这六个小岛的位置关系是有意义的，正好组成了一个六边形。S 岛与 E 岛更接近，而与 R 岛更远。如果你 3 次选择都在比较接近的区域，那么在今后的职业选择中你会遇到较少的冲突，但是对于其他职业类型却难以适应。如果你的选择包含对角线关系的岛屿，那么你的职业适用范围会更宽，但是在具体的选择过程中会比较纠结。另外，请大家思考，你对这三个选择的偏好是怎样的？如果你觉得三个岛屿甚至六个岛屿对于你来说都差不多，那么可能你的职业适用范围更大更宽，也可能你对自己的兴趣点到底在哪里还没有十分清晰的认识，需要进一步探索、厘清。

在实施本次活动中有以下几点注意事项：

1. 提前做好环境创设，如准备六个岛屿的海报，多个兴趣小组的桌牌。

2. 在岛屿宣传计划中，强调不同职业的独特性，避免学生产生职业偏见。

3. 总结环节可以向学生提供更多关于霍兰德职业类型理论的资料，便于课后阅读加深对自己的了解。

4. 特别需要引导学生反思自己选择的难易程度、选择的方式，以此来探索自己的兴趣点。

5. 霍兰德类型侧重职业兴趣的维度，忽略了个人成长发展和学习经验的重要性。在成长和学习过程中可以不断培养和发展个人兴趣，使之与生涯发生更紧密的联系，为能力课程做准备。

四、兴趣与职业

霍兰德在其著作《如何选择你的职业》一书中，系统阐述了人职匹配的理论观点。其基本思想是，个体差异是普遍存在的，每一个个体都有自己的个性特征，而每一种职业由于其工作性质、环境、条件、方式的不同，对工作者的能力、知识、技能、性格、气质、心理素质等有不同的要求。进行职业决策时，就要根据一个人的个性特征来选择与之相对应的职业种类，即进行人职匹配。如果匹配得好，则个人的特征与职业环境协调一致，工作效率和职业成功的可能性就大为提高。反之，工作效率和职业成功的可能性就很低。因此，对于个体来说，进行恰当的人职匹配具有非常重要的意义。而进行人职匹配之前，学生不仅需要了解自己个性特征中的职业兴趣，还要了解相关的职业信息，才能够进行正确匹配。面对当下选学选考的高考新政策，只有将学业、职业与大学专业联系起来综合考虑，才能够科学地进行学业方面的整体规划，指导当下的生涯决策，进而采取实际行动，达到由知导行的教学目的。

根据霍兰德的职业兴趣理论，当一个人的兴趣与其职业相匹配，能够提高个体的工作满意度、职业稳定性和职业成就感。因此帮助学生了解并发展自己的兴趣将有助于其进一步明确自己的学业、专业、职业以及休闲生活等领域的选择和投入。霍兰德的兴趣类型、职业特点及较为适宜的职业领域归纳如下(见表2.2)。

表2.2　兴趣类型与职业

兴趣类型	职业特点	典型的职业领域
实际型 (Realistic)	行动者(Doer)喜欢户外和使用工具的工作,偏好与物件、机器、工具、运动器材相关的工作。	木工、电器技师、制图员、建筑师、运动员、机械装配工、森林工人、厨师、技工。
研究型 (Investigative)	思想者(Thinker)喜欢以任务为导向的工作和独立完成任务,他们喜欢解决抽象的问题和探索物质世界。	科学研究人员、电脑编程人员、医生、系统分析人员、估测衡量人员。
艺术型 (Artistic)	创作者(Creator)喜欢在能够提供自我表达的艺术氛围中工作。	演员、设计师、雕刻家、建筑师、广告制作人、音乐家、乐队指挥、作家。
社会型 (Social)	辅助者(Helper)擅长社会交往,有责任感且关心他人的利益,喜欢从事提供信息、启迪、培训、开发、治疗等领域的工作。	教师、教育行政人员、咨询人员、公关人员、护士、社区工作者、心理健康工作者。
企业型 (Enterprising)	说服者(Persuader)喜欢从事经营、领导、演讲、劝服、监督和推销的相关工作。	企业管理人员、项目经理、销售人员、金融家、零售商、投资人、代理人。
常规型 (Conventional)	组织者(Organizer)喜欢类似办公室工作,根据特定的要求或程序组织数据和文字的工作。	会计、出纳、秘书、银行职员、成本核算员、图书管理员、审计人员、人事职员。

以上资料可以作为学生喜欢什么职业的重要参考,但不可能作为选择职业的唯一依据。兴趣类型对应的只是广泛的职业领域,根据感兴趣的职业,学生可以进一步探索相关的大学专业,进而思考选学选考的问题,指导当下的学习。

表2.3　学科类别与代码表

学科类别	代码	学科类别	代码	学科类别	代码	学科类别	代码
哲学类	AS	工商管理类	CES	地球物理学类	IR	草业科学类	IRS
中国语言文学类	AS	图书档案类	CAS	大气科学类	IAS	森林资源类	I

续表

学科类别	代码	学科类别	代码	学科类别	代码	学科类别	代码
外国语言文学类	AS	管理科学与工程类	ECR	海洋科学类	IR	环境生态类	IRA
新闻传播类	AS	数学类	IRS	环境科学类	IRS	动物医学类	IRS
艺术类	AS	化学类	IRS	环境与安全类	IRS	基础医学类	ISA
历史学类	ASI	生物科学类	IRS	轻工纺织食品类	IRS	中医学类	ISA
林业工程类	AIR	天文学类	ISA	生物工程类	IR	药学类	ISR
经济学类	CES	地质学类	IA	农业工程类	IR	体育学类	RSE
统计学类	CE	地理科学类	ISA	公安技术类	IE	职业技术教育类	RSE
物理学类	RI	能源动力类	RI	武器类	RI	教育学类	SA
力学类	RI	电器信息类	RI	工程力学类	RI	心理学类	SA
电子信息科学类	RI	土建类	RIE	植物生产类	RI	预防医学类	SI
材料科学类	RIE	水利类	RIE	动物生产类	RI	临床医学类	SIA
系统理论类	RI	测绘类	RIA	水产类	RIE	口腔医学类	SIA
地矿类	RI	化工与制药类	RIC	法学类	SA	护理学类	SA
材料类	RI	交通运输类	RIE	马克思主义理论类	SA	公共管理类	SEC
机械类	RI	海洋工程类	RI	社会学类	SA	农业经济管理类	SCE
仪器仪表类	RI	航空航天类	RI	政治学类	SA		

通过以上资料的介绍，你了解你的兴趣代码对应的大学专业和相关职业了吗？

表 2.4　兴趣代码及对应的大学专业和相关职业

我的兴趣代码	大学专业	相关职业

五、兴趣发展

兴趣具有稳定性，但并非一成不变。兴趣可以从有趣发展为乐趣、志趣，发展过程中形成系统能力，能力才是面对未来发展更有价值的竞争力。这也正是当下教育的本质，即从显性知识到隐性知识的拓展，从知识的学习到能力的发展。课堂教学和各类活动对学生未来发展有着至关重要的价值和意义，可以激发学生认真地对待当下的学习生活，培养未来的职业能力，激发内部动机，促进自主发展。

(一)学会利用身边的资源

尽可能多地参加学校活动，在实践中发现兴趣，培养能力。

把握学校、家庭、社会的实践机会，在体验中了解感兴趣的职业。

多与他人沟通，从他人反馈中了解自己的兴趣爱好与能力特长。

利用网络、书籍以及自己感兴趣的相关职业的生涯人物访谈，了解详细信息（工作环境、性质、内容、待遇、要求等），认识自我兴趣与相关职业是否匹配，从而增强发展这一职业兴趣的信心与动力。

(二)把兴趣发展为能力

兴趣对于个人的未来发展，发挥了导向作用，最终是否能够获得发展，则需要把兴趣倾向培养成体系化的个性能力。一个单位招聘职员，可能不是特别关注你的兴趣，而是在乎你有什么能力、能够完成什么任务。兴趣的培养，本质是在自己天性的基础上，把属于自己的独特能力磨炼出来，找到相匹配的发展道路。例如，北京大学2014届古生物学专业只有一位毕业生，她学习了很多关于古生物的知识，同时，学习过程中也培养了良好的记忆、分析、总结、研究等能力。所以她可以匹配的职业也非常广泛，可以从事科研院所、高等学校的研究与教学；可以担任古生物及其他自然类博物馆、国家及省市自然保护区及地质公园的科研或管理人员，国土资源行政部门的化石管理人员，石油、煤炭及地质调查等部门的研究、实验人员等。

(三)兴趣发展计划

学科学习、生活休闲、社团课外活动为学生探索自己的兴趣提供了良好的机会。从以上三个方面可以发现自己的兴趣爱好，并分析它产生的原因。将来还希望发展哪方面的兴趣，也可以记录在下表中。

表 2.5　兴趣发展计划

	兴趣爱好	产生原因	未来发展
学科学习			
生活休闲			
社团课外活动			

第二节　挖掘能力宝藏

尽管我们常常谴责人类不了解自己的缺点，但恐怕也很少有人了解自己的长处。就像在泥土中埋藏着一罐金子，土地的主人却不知道一样。

——乔纳森·斯威夫特

每个人来到这个世界上，都有自己的能力优势：有的人拥有美妙的歌喉，能够用表演感染观众；有的人善于控制自己的身体，在赛场上脱颖而出；有的人能言善辩，笔下生花；有的人见微知著，独具慧眼；还有的人左右逢源，八面玲珑……优势能力就是我们职业生涯的主力。取己之长、补己之短才能让自己的优势发挥到极致，从而获得成功。

2016 年 9 月 13 日，"中国学生发展核心素养"研究成果在京发布。核心素养以培养"全面发展的人"为核心，分为文化基础、自主发展、社会参与三个方面，综合表现为人文底蕴、科学精神、学会学习、健康生活、责任担当、实践创新六大素养。其中，健康生活主要是学生在认识自我、发展身心、规划人生等方面的综合表现。指导学生探索自己的能力既有助于认识自我，也有助于规划人生。

面对新高考的改革，相当一部分学生对职业生涯的选择准备不足。而选择职业方向，确定未来的生活道路，本身就是高中时期学生生活中的一个重要任务。

一、生涯体验

生活中除了短板理论，还有长板理论，只有了解自己的优势所在才能更好地对自己的职业生涯做规划。

奇幻之旅

想象自己远离了当前生活的世界，去寻找最能放松心灵的新世界。现在你坐上了一台时空机器，正准备拜访你最想去的世界。但被告知只有成功挑战下面八个关卡中的一个关卡，才能进入神秘世界。你想挑战哪一关？

A. 参加文字猜谜考验。猜出谜底后，即兴创作一篇抒发感想的文章。

B. 根据故事情境中提供的各种线索，找到埋藏多年的宝藏。

C. 运用肢体和表情表演哑剧，将观众逗笑。

D. 为 3 首诗歌创作曲子，并演唱。

E. 当场识别 10 个人的情绪状态，并找到他们的优点。

F. 现场完成自己的个人成长档案，包括你的特质、性格、兴趣、目标等。

G. 当场辨别 10 种鲜花，并说出其特征。

H. 运用色彩、线条画出人物肖像。

思考与分享：

在挑战这个关卡中，我主要运用的能力是＿＿＿＿＿＿＿＿＿＿＿＿＿。

同学对我是否能够成功挑战关卡的看法是＿＿＿＿＿＿＿＿＿＿＿。

我觉得还可以尝试挑战的关卡是＿＿＿＿＿＿＿＿＿＿＿，因为我觉得自己还有以下几方面的能力：＿＿＿＿＿＿＿＿＿＿＿＿。

要想成功拜访神秘世界，我们首先要找到自己最擅长的关卡，也就是要了解自己的优势能力。事实上，生活中很多事情就像这个关卡，不需要全部挑战，只要有一项突出的能力，就可以获得成功。因此，探索自己的能力也是生涯规划中不可缺少的一步。

二、能力内涵

美国哈佛大学心理学教授加德纳在 1983 年提出多元智能的概念。加德纳认为过去对智力的定义过于狭窄，不能正确反映一个人的真实能力，不同的人会有不同的智能组合。了解多元智能的概念，对于我们发现自己的优势能力有很重要的意义。

图 2.2　加德纳的多元智能论

多元智能理论

加德纳认为，支撑多元智能理论的是个体身上相对独立存在着的、与特定的认知领域和知识领域相联系的八种智能。加德纳还提出人的智力不是一种能力而是一组能力，任何一个正常人都在一定程度上拥有其中的多项能力；八种智能在个体的智能结构中占有同等重要的地位；不存在谁比谁更聪明的问题，只存在谁在哪一领域、哪一方面更擅长的问题。

表 2.6　多元智能理论

智能类型	解　　释	反映这种智能的任务
语言智能	有效地运用口头语言或文字表达自己的思想，并理解他人。灵活掌握语音、语义、语法，具备将言语思维、言语表达和言语理解结合在一起并运用自如的能力。	讲故事、阅读、讨论问题、编短剧、访谈、写作、制作简报等。
逻辑数学智能	运算和推理等科学或数学的一般能力，以及处理较长推理、识别秩序，发现模型和建立因果模型的能力。	用数学公式表达结论、设计和实施实验、运用推论的方法论证问题、运用类比的方法说明、对事物分类等。
运动智能	善于利用身体来表达思想和情感、运用双手灵巧地生产或改造事物的能力。	学习一种舞蹈、展开某项运动、郊游、实验操作等。
空间智能	准确感受视觉—空间世界的能力，包括感受、辨别、记忆、再造、转换以及修改物体的空间关系，并借此表达思想和情感的能力。	制图、作画、制作艺术品、涂鸦、雕刻、构图等。
音乐智能	个体感受、辨别、记忆、改变和表达音乐的能力。	打节拍、唱歌、分辨音乐的节奏、为课文设计背景音乐等。
人际智能	能很好地理解别人和与人交往的能力。善于察觉他人感觉、感受，辨别不同人际关系的暗示以及对这些暗示做出适当反应的能力。	主持班会、参与公益性活动、参与小组合作学习、和同学交流讨论等。
内省智能	拥有良好的自我认识并据此做出适当行为的能力。认识自己的优缺点，意识到自己的内在爱好、情绪、意向、脾气和自尊，喜欢独立思考的能力。	确立目标与制订计划、写日记、自我评价、描述自己的感受、阅读名人传记、发现他人优点、接受他人反馈等。
自然智能	观察自然界，对物体进行辨认和分类的能力，表现为对自然界、社会及个体性貌特征的敏感性。	观察自然界、坚持记观察笔记、饲养宠物、了解自然现象、从事园艺、到大自然中郊游等。

上述各种智能对应的任务并不是只需要一种智能就可以完成的，而是以某一种智能为主体，以其他智能为支持。如一位优秀的画家，既需要空间智能来构图、运动智能来动手绘画，还需要事前利用自然智能观察外界事物。

三、探索过程

帮助学生探索自己的优势智能，进一步明确自己的能力优势。同时启发学生，每个人都拥有不同的优势智能组合，单纯和他人比较某一个方面是没有意义的，及早发现自己的智能组合并有针对性地训练和培养，可以帮助我们找到更适合自我发展的职业方向和生活空间，在相关领域取得更突出的成绩。

指导语：我们根据已经了解的多元智能理论，找到自己的优势智能，可以通过以下四个维度，共 12 条标准来评估自己的各项智能水平。将各项智能分别代入 12 条标准判断是否与自己各项智能情况符合，每条标准符合得 1 分，不符合得 0 分，每项智能总分为 12 分。根据分数画出属于自己的多元智能雷达图，以清楚表达自己不同智能间的分数差异及所占比例。

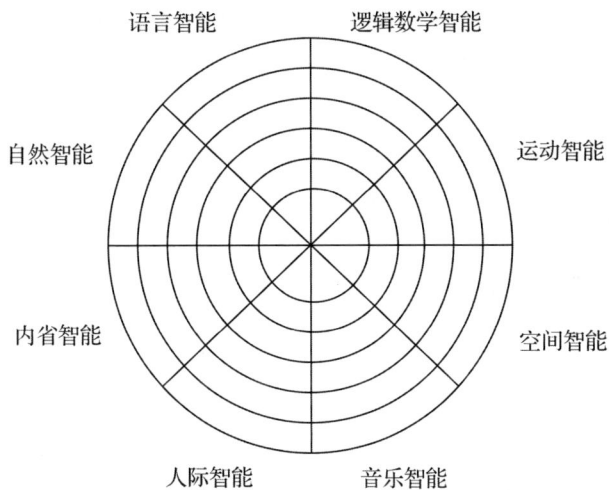

图 2.3 多元智能雷达图

如某一个同学语言智能天性维度得分为 2 分，需要维度得分为 1 分，成长维度得分为 3 分，成功维度得分为 2 分，那么语言智能总分为四个维度分相加，即 8 分。雷达图中，每一格代表分为 2 分，该同学需要在语言智能区域涂满 4 格，若有单数分，则涂半格，其他智能以此类推进行绘制。

某些方面具有优势的四个特征

Instinct 天性

- 感到真实地拥有某种能力或天赋

- 发挥它的时候感到兴奋，渴望发挥这种优势

- 不知道是从哪里学来的，就像本能一样与生俱来

Need 需要

- 总想有机会做类似的事情

- 回想做这些事情是有乐趣的

- 获得很强的满足感

Growth 成长

- 在相关方面学得非常快，不断学习发挥该优势的新方法

- 禁不住想怎么做得更好

- 用的时候不觉疲劳反而更有力量

Success 成功

- 在这方面曾取得过较大的成功

- 别人告诉我，我有这方面的天赋

- 我曾因此得奖或者得到认可

思考与分享：

我最优势的三项智能是＿＿＿＿＿＿＿＿＿，有何表现＿＿＿＿＿＿＿＿＿。

在与别人分享你的雷达图的时候，你会发现你们之间的能力或多或少会有一些不同，这说明，每个人的八项能力发展水平是不同的。你有你的优势能力，他也有他擅长的事情，因此单纯地和别人比较某一种能力意义并不大，我们应该根据自己的能力分布图，找到适合自己的生涯之路。

四、能力与职业

教师引导学生分析能力优势与自己的兴趣是否匹配，启发学生思考如何培养自己的潜在能力，以便丰富自己兴趣与能力匹配的专业和职业。

指导语：同学们在探索活动中找到了自己的优势能力，那么这些能力和未来的职业有怎样的关系呢？与兴趣一样，能力也会影响生涯发展。不同的能力适合的职业类型不同，不同的职业也会有不同的能力要求。如果把人的生涯发展看成是一个完整的系统，那么在这个系统中，兴趣和能力结合得好，系统就能卓有成效地运转。例如，选择与自己的优势能力和兴趣爱好相匹配的工作，不仅能体验到工作的乐趣，还有利于取得成绩。

兴趣能力四象限

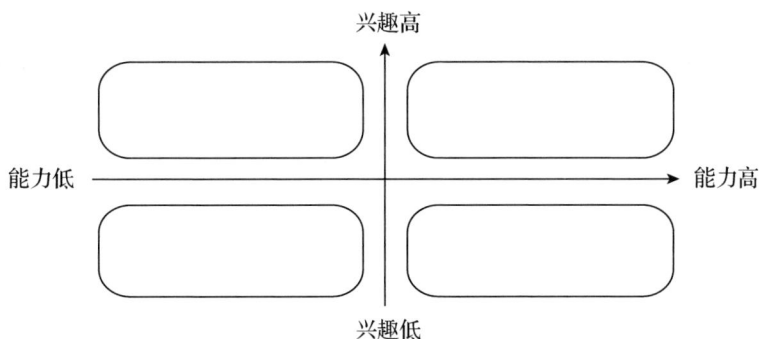

图 2.4　兴趣能力四象限

以下是各项智能对应的典型专业和职业。请根据你的兴趣和优势能力，将以下专业和职业填入你的兴趣能力四象限中。

表 2.7　智能类型对应的典型专业和职业

智能类型	典型专业示例	典型职业示例
语言智能	文学、各类语言学、新闻传播类	文案策划、记者、翻译、播音员、相声演员

智能类型	典型专业示例	典型职业示例
逻辑数学智能	各理学类、金融学类、统计学类	数学研究员、精算师、统计学家
空间智能	地理科学类、测绘类、美术学、设计学	画家、室内建筑设计师、城市规划师
运动智能	体育学类、土木类、地质类、医学类、舞蹈类	运动员、舞蹈家、手工艺者、地质勘探、机械工程师
音乐智能	音乐类、艺术教育、学前教育等	作曲家、乐团指挥、混音师
人际智能	社会工作、教育学类、工商管理类、旅游管理	销售、外交官、公关人员、主持人
内省智能	心理学类、哲学类、教育学类	心理咨询师、教师、社会工作者
自然智能	生物科学类、自然保护与环境生态类	农业科学家、地质学家、动物医生

思考与分享：

在生涯规划中，我们期待自己第一象限的专业或职业越多越好，但处于第二象限和第四象限的专业和职业，我们应该如何对待呢？

如何提高自己的短板能力，以帮助自己将第二象限的内容填入到第一象限中？

人的能力不仅包括优势能力，也包括短板能力和一般能力。对自己的能力进行评估时，发现短板能力和找到长板能力同样重要，因为这些潜在能力是可以通过偶发事件被激发的。不过人的时间和精力有限，不能被动等待，所以我们还需要让每个人努力从不断尝试中逐渐发展出能力优势，做最好的自己。

五、能力发展

引导学生了解当今社会中，现代人最需具备的软技能，使其明白在发展自己优势智能的同时，也要重视职场通用能力，有意识地在高中阶段开始培养相关能力，以便为未来职业生涯做准备。

智能与职业的关系并不是一一对应的，某一项智能可能对应多种职业，某一个职业也需要多种智能类型。同时也会有一些通用能力是所有职业都需要的。曾有人力资源软件公司总结了职场上最看重的五大软技能。

1. 解决问题的能力

最重要的软技能是解决问题的能力，62％的招聘人员正在寻找能提出解决方案的人。这种软技能对于希望从事管理工作的员工也是最重要的。

2. 适应能力

第二个重要的软技能是适应能力，49％的招聘人员都在寻找这种特质。这项技能对入门级别的职位非常重要。

3. 时间管理能力

第三个重要的软技能是管理时间的能力，48％的招聘人员很重视这一特性。

4. 组织能力

第四个重要的软技能是组织能力，39％的招聘人员将其列为理想化的一个特质。在面试过程中，这一点经常会通过你的行为表现出来。根据研究，最常见的一些错误包括迟到、忘记感谢面试官、忘记面试官的名字等。

5. 表达能力

最后，公开发言并与他人沟通的能力是第五个重要的软技能，38％的招聘人员在寻找拥有这项技能的人才。良好的沟通技巧当然是必不可少的，沟通不畅会导致误解，甚至会减慢工作进度，阻碍公司向前发展。

第三节　性格探索

一、生涯体验

迷茫的晓文

晓文是一个热情开朗、有活力、热爱运动的高一男孩，平时见到大家都是乐呵呵的。可最近他仿佛"蔫了"一样，无精打采的，每次见到好朋友雨辰，都要抱怨半天，说自己这段时间很迷茫。原来，晓文在年级的行政组织部任职，平时负责年级学生的获奖登记、材料汇编等工作，后来越做越觉得枯燥，觉得没有意义。他一方面不想继续干这样郁闷枯燥、压抑性格的工作；另一方面又难以放弃年级职务带来的荣誉。雨辰对晓文说，他是典型的"鱼和熊掌都想要"，于是建议他去和生涯老师聊聊。通过咨询和自我分析，晓文认识到自己是一个偏外向、有灵感、有情感力的性格，还有点运动和艺术特长，并不适合目前行政组织部"按部就班、追求秩序、缺乏变化的工作"。于是，晓文计划在下一次年级选举中，申请竞聘体育部或文艺部的职位。

思考与分享：

1. 晓文决定更换年级工作部门的原因是什么？

2. 如果晓文顺利进入体育部或文艺部，你觉得可能是他哪些性格特点帮助了他？

世界上没有完全相同的两片树叶，更没有完全相同的两个人，每个人都是独一无二的，不同性格的人构成了多姿多彩的世界。你是活泼开朗还是文静内敛，是按部就班还是率性而为？这些其实就是在描述人的性格特征。作为一种相对稳定又具有个人特色的心理特质，性格是一种无形的力量，它一方面展现出个体独特的魅力，另一方面更是人生的重要资产。人的性格，通过对人对事的态度和习惯化的行为模式来展示。只有全面客观地了解自己的性格，才能清楚自己的生活选择和生涯方向。

在文学家眼中，人的性格是其一生命运的写照，他们笔下的人物拥有怎样的性格，往往蕴含着他命运的方向，所以狄更斯说"一种健全的性格，比一百种智慧都更有力量"，而歌德说得更加直接，"性格就是命运"。

这些话向我们传达了性格的重要性。幸运的是，性格并不是不可改变的，我们可以通过多种途径来认识自己的性格、完善自己的性格，进而去勾画人生的绚烂彩虹。

二、性格内涵

性格是一个人对现实稳定的态度，以及与这种态度相应的、习惯化了的行为方式中表现出来的人格特征。

态度是一个人对人、物或思想观念的一种反应倾向性，它是在后天生活中习得的，由认知、情感和行为倾向三个因素组成。一个人对现实的态度，表现在他在生活中追求什么、拒绝什么。

性格具有稳定性。性格是在学习、工作、生活实践中逐渐形成的，一经形成便比较稳定，它会在不同的时间和不同的地点表现出来。性格不同于气质，它受社会历史文化的影响，有明显的社会道德评价的意义，直接反映了一个人的道德风貌。所以，气质更多地体现了人格的生物属性，性格则更多地体现了人格的社会属性，个体之间人格差异的核心是性格的差异。性格，作为一种相对稳定而又极具个人特色的心理特质，影响着人的生活与选择。它本身并无好坏之分。比如怯懦的人可能比较随和，勇敢的人可能比较鲁莽。

但是，性格具有稳定性并不是说它就是一成不变的，性格本身具有可塑性。性格在一个人的生活中形成后，生活环境的重大变化可能会带来他性格特征的显著变化。例如，一个人在中学时，腼腆内向，二十几岁时，可能变得开朗外向；一个比较粗心的人，也可能通过长期从事文字校对工作，形成认真细心的作风。

三、探索过程

活动中认识我的性格：性格的花瓣

指导语：请你找到周围的朋友、同学，让他们在花瓣上写下他们眼中你的性格特点。然后你在两个叶片上写下你对自己性格特点的认识，并思考这些性格特点是如何形成的。最后，和家人、同学或最好的朋友沟通，让他们分别举一些实例对你的性格特点进行描述。

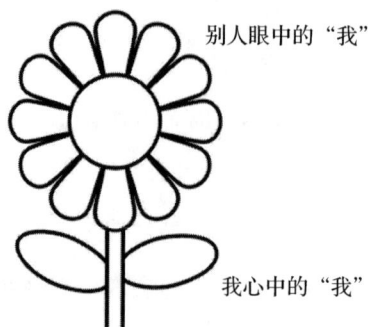

图 2.5　性格的花瓣

表 2.8　他人眼中的我

	他人眼中的我	实例
1		
2		
3		

思考与分享：

1. 有哪些他人眼中的你是你之前不知道的？

2. 你如何看待别人对你性格特点的描述？

关于自我认知，有一个著名的"周哈里窗理论"。"窗"是指一个人的内心，周哈里窗展示了关于自我认知、行为举止和他人对自己的认知之间可分为四个部分的一扇窗户，人的心理也是如此。因此把人的内在分成四个部分：开放我、盲目我、隐藏我、未知我。

其中，开放我是自己了解而别人也知道的部分，如性别、身高、籍贯等。盲目我是自己不了解而别人却知道的部分，如我们的一些习惯、口头禅等。盲目我的大小与自我反思有关，如果能"吾日三省吾身"，盲目我自然就会变小。隐藏我

开放我	盲目我
隐藏我	未知我

图 2.6　自我认知的周哈里窗

是自己了解而别人不知道的部分，如童年或不开心的往事等。未知我是自己不了解而别人也不知道的部分，这就是所谓的每个人性格中没被发现的潜能的部分。个人要了解自我，就是要清楚地掌握自己的四个部分，并经由自我坦诚及他人的回馈，使开放我的部分尽量扩大。

迈尔斯-布里格斯类型指标性格测试

美国心理学工作者凯瑟琳·库克·布里格斯（Katharine Cook Briggs）和伊莎贝尔·迈尔斯·布里格斯（Isabel Myers Briggs）依据著名心理学家荣格（Carl G. Jung）的心理类型理论，提出了迈尔斯-布里格斯类型指标（MBTI），用以描述人们在能量来源、获取信息、做出决策和生活方式四个维度，每个维度有两个方向，共组成 16 种性格类型。对于性格认知的 MBTI 测试，可以通过性格测试或性格自评、他评确认性格类型。

表 2.9 MBTI 性格测试

维度	方向一	方向二
能量来源	E(外向) 易被外部世界吸引，善结交朋友，善表达，易被了解，爱热闹，先想后做，追求宽度	I(内向) 关注内在，不善表达，不易被了解，爱独处，三思而后行，追求深度
获取信息	S(感觉) 着眼于现实，注重细节，喜欢观察与收集事实，喜欢实用的、具体的东西	N(直觉) 着眼于未来，注重整体，喜欢探寻规律与可能性，喜欢理想的、抽象的东西
做出决策	T(思考) 不情绪化，以问题解决为中心，理性，善分析，重逻辑	F(情感) 情绪化，以融洽的关系为中心，感性，重人情
生活方式	J(判断) 有组织，有条理，按部就班，深思熟虑	P(感知) 自由、灵活、不喜欢被限制，率性而为

四、性格与职业

与兴趣和能力优势一样，性格也会影响职业生涯的选择与发展，这种影响更具独特性，是一个人的职业生涯发展路径，使个人明显区别于他人。下表为各种性格类型及其匹配度较高的职业或专长。

表 2.10　MBTI 性格与职业

ISTJ 会计、警察、工程师	ISFJ 护士、教师、宗教、心理	INFJ 艺术、宗教、音乐、心理、作家	INFP 艺术、娱乐、编辑、心理、作家
ESTJ 行政管理、财务管理、经理	ESFJ 美容业、健康护理、办公、秘书	ENFJ 宗教、艺术、教师、督导	ENFP 演员、营销、记者、公关
ISTP 手工、建筑、机械、统计	ISFP 建筑、音乐、户外工作	INTJ 律师、规划、系统分析、法官	INTP 软件开发、系统分析、工程师
ESTP 投资营销、服务业、系统开发	ESFP 幼儿教师、教练、督导	ENTJ 行政人员、律师、演讲家	ENTP 演员、记者、艺术、产品开发

　　我们可以根据 MBTI 性格测试来进一步了解自己的性格，并作为职业选择的参考，但需要注意的是，职业与性格的关系并不是固定的、静止的，职业环境或个人的主观调节都会改变性格。例如，内向害羞的人做了接待员之后，表达能力变强了，与人交往也更加自然了；原本粗心马虎的人从事了校对工作后，也会变得认真仔细等。由此可见，性格也是可以因生活经验和经历而改变的。另外，只有少数职业可能对性格类型有特殊的要求，大多数职业与性格并没有过于严格的对应。对于适应能力较强的人来说，同一性格类型在不同的职业领域或者不同的性格类型在相同的职业领域都会有出色的表现。客观、全面地了解自己的性格特征，思考选择适合自己性格的职业及生活的同时，也不要被目前的性格表现限制了生涯发展的多种可能性。

五、性格发展

　　人的性格存在着发展变化的过程，良好的性格有利于我们顺利地完成学业，选择职业并适应社会，因此我们应该学会自我反思，不断完善自己的性格。

接纳独特的自己

要积极地看待自我性格的各个方面，相信自己是与众不同的，并不意味着刚愎自用、无视他人的评价。接纳独特的自己指的是敢于坦诚面对自己的优劣得失，能够接受自己、肯定自己。我们可以从三个方面积极地认识自我：一是客观地看待他人与自己的差异，既不自卑也不自大；二是以发展的眼光看待自己，相信通过自己的努力可以塑造良好的性格；三是避免完美主义，在努力修正或改变自身不足的前提下，也能容忍自己的不完美之处，合理看待理想自我与现实自我的差距，这样的人才会散发出独特的人格魅力。

(一)在习惯培养中形成性格

性格是一种成为习惯的情感与思维，有些习惯会关乎人一生的发展。例如，回家后是先做作业还是先娱乐，学习用具是收拾整齐还是乱扔乱放，这些小的行为习惯会逐渐演变为个体为人处世的态度。因此培养好习惯、改变坏习惯的过程，就是形成良好性格、改变不良性格的过程。良好行为习惯的形成需要意志的努力，要经过几个阶段才能最终成为人的性格。我们首先要刻意提醒自己去改变，起初会感到有些不自然，但一段时间的不舒服之后就会习以为常；当然一不留意还是有可能恢复到从前，因此需要继续提醒自己改变，直至最终完成自我改变，习惯形成并开始自然地为性格效劳。

(二)在人际关系中完善性格

性格通过人际交往体现出来，也通过人际交往得到完善和发展，父母的言传身教、同学之间的潜移默化，都会对我们的性格产生影响，因此应该避免封闭自己和过度掩饰自己。无论在与父母、老师还是同学的交往中，适当地展现自我的真实性格，积极听取他人的评价与建议，同时主动观察和分析他人性格中的优点，反思自己的不足，以他人为榜样，使自己的性格得以优化。

表 2.11　我的性格完善计划

我性格的优点有哪些？	
我目前有哪些好习惯？	
这些好习惯有利于形成哪些性格？	
我性格中有哪些不足？它对于完善我的性格有什么帮助？	
哪些可以通过自己的努力而改变？	
我如何看待别人对我的评价？	
周围哪些人的性格我最欣赏？	
我希望从他们身上学习的是：	

第四节　价值观探索

当面临人生中的重要决策时，个体认为什么重要、值得，就会优先考虑什么。著名管理学家德鲁克认为"你到底重视这个，还是那个"的态度就是价值观。它不仅影响个体的态度、决策，同时也会影响生涯和职业的发展。价值观是中学生值得探索和完善的。

一、生涯体验

学生遇到选择，特别是人生中重大的两难或者几难选择的时候，往往不知道该依据何种原则进行取舍。面对这个问题，可以指导学生从价值观的角度入手，将"看重"的价值观作为取舍的一个参考。创设贴近学生生活的场景，使学生感同身受。

陈芳的出国烦恼

陈芳是一名学习成绩名列前茅的高二学生。大学出国是她的梦想，但是她的家庭支付出国费用相对吃力，让父母为自己辛苦她很心疼。距离高三还有一年的时间，陈芳的规划和选择要尽快完成，她却面临两难选择：是选择申请国外大学现在准备出国事宜，还是参加高考考取国内大学？

思考与分享：

面对两难选择，陈芳该做出什么样的选择呢？如果你是陈芳，你会做出什么样的选择？理由是什么？

在生涯发展中，当面临选择，特别是人生的重大时刻遇到两难冲突，所参考的原则除了征询他人意见、折中选择以外，还要明确自己内心"看重"的是什么。这种"看重"的标尺即价值观。越清楚自己的价值观，越了解自己看重的是什么，那么选择就会越负责任，生涯目标也就会越清晰。

二、价值观内涵

园子里有一棵古松，木匠、画家和农民都跑去观赏。木匠看了感叹不已："真是一根上好的梁啊！"画家看了，认为古松很美，是园中最有诗意的一景。种地的农民看后满心欢喜："树下乘凉真不错！"不同的人都从各自的角度看到了古松的价值所在。同样，对我们周围事物的是非、善恶以及重要性，每个人心中也有一杆秤，那就是我们的价值观。

价值观是一个人关于什么是"重要的、值得的"的看法，它体现了我们的人生态度和对自我人生意义的诠释。在面临人生中的重要决策时，人们认为什么重要、值得，就会优先考虑什么。

价值观的形成与许多因素有关。学生的成长背景影响其价值观的形成。例如，家庭经济条件不好让学生懂得了节俭，父母的教育方式让学生学会了宽容、上进、责任和爱；受教育的经历、环境（校园环境、班级风气、社会上的舆论导向等），以及文化传统等都在潜移默化中塑造着学生的价值观，影响着学生的态度、情感和行为。可以说，价值观是人生历程的定向器。人总是有意无意地按照自己的价值观去行动。

工作价值观是指与职业有关的价值观，反映了个人对某种职业优劣和重要性的内心尺度。一个人越清楚自己的价值观是什么，在面临人生重要的决定或职业选择时，就越能为自己做出确切的选择。

三、探索过程

帮助学生了解职业与职业偏见对未来生涯规划的影响，有助于其确立生活目标，理清自己未来的发展方向。

指导语：人在面临不同选择时可能会有这样或那样的困惑。你是否希望自己的人生追求更加清晰和明确呢？让我们一同去探索精神世界最深处的奥秘吧。

活动：冰冻危机下的选择

假如明天过后，冰封大地，地球将变得极其寒冷，不再适合人类生存。住在北回归线的你，幸运地拥有一处不会因为寒冷而被急速冷冻的秘密基地，里面的食物、水和燃料可供 6 个人维持三个月的生活，且目前的情报显示三个月后冰冻危机会解除。你只能从下面的人中选 5 个人和你一起生活。你会选择谁？

1. 学识渊博的教授
2. 医术高超的医生
3. 顶尖的气象学家
4. 形象设计师
5. 人生经验丰富的导师
6. 建筑师
7. 24 小时都快乐的小丑
8. 影视明星
9. 能看穿人心的魔法师
10. 最亲的人
11. 电脑游戏设计师
12. 怀孕的妇女
13. 总统
14. 心理学家
15. 喜欢成就人的专业人士
16. 世界首富

请写出你的选择及理由：

表 2.12　你的选择及理由

你的选择	你的理由
1.	
2.	
3.	
4.	
5.	
对你来说，以上各理由的共同点是：	

你选择的理由投射出你的价值观。美国心理学家洛特克(Rokeach)提出了 13 种价值观，分别是：成就感、美感、挑战、健康、收入与财富、独立性、爱与家庭及人际关系、道德感、欢乐、权利、安全感、自我成长、协助他人。

通过活动，了解一下自己的价值观是什么。将你在"冰冻危机下的选择"中选择的理由与下表中的"价值观内涵"进行对照，越是相同或者接近，就越能反映你所看重的价值观。

表 2.13　洛特克 13 种价值观内涵

价值观名称	价值观内涵
1. 成就感	关心取得成就，获得赞扬，实现自己想做的事
2. 美感	追求美的东西，得到美的东西
3. 挑战	喜欢动脑筋，学习以及探索新事物，解决新问题
4. 健康	关心自己的健康和生命
5. 收入与财富	关心优厚报酬，喜欢占有金钱和物质
6. 独立性	喜欢按自己的方式、步调或想法去做，不受他人干扰
7. 爱与家庭及人际关系	重感情，喜欢与人相处时的温暖感觉，看重愉快和谐的人际关系
8. 道德感	看重社会规范
9. 欢乐	看重内心真正的喜悦和满足
10. 权利	希望能够影响或者控制他人，并以此获得他人尊重
11. 安全感	追求保障和保证
12. 自我成长	希望自己的经验得以丰富和提高，追求最好的自己
13. 协助他人	致力于为大众的幸福和利益而努力

思考与分享：

1. 你最看重的 5 种价值观是什么？请按照最看重到最不看重进行排序。

2. 其他人是如何选择的：你们最初选择的人一样吗，理由一样吗？他们的价值观和你相同吗？

前面供选择的 16 种人与洛特克的 13 种价值观并不存在绝对的一一对应关系，关键是选择的理由是什么。理由不同，投射出的价值观也很可能不同。排序后最重要的价值观，是目前你认为最重要的价值观。

在现实中，对价值观的选择不是一件简单的事情，也不能只凭一个假设的"冰冻危机下的选择"活动予以澄清，特别是面临两难选择。

引导学生讨论：你认为"生涯体验"中陈芳这个案例中呈现的两难选择分别代表着什么价值观？如何根据这些价值观做出她的选择？

通过陈芳这个案例，我们发现出国学习更符合"成就感"这个价值观，心疼父母考取国内大学更符合"爱与家庭及人际关系"的价值观。怎么澄清这些价值观的孰轻孰重呢？从现实角度澄清价值观，并做出明确选择，可以使用"价值观赋值排序表"这个方法。

表 2.14 价值观赋值排序表

两难选择或不能选择的事件	两难选择或不能选择的事件反映的价值观	价值观的赋值及排序

价值观赋值排序表使用方法：用金币代表个人的时间精力，以 1000 金币为单位递增为难以取舍的价值观赋值并排序，并将相应的内容填入"价值观赋值排序表"中。赋值高并且排序高的价值观指向的选择就是你最终的选择。

活动：方法用一用

周末，学校组织大家到外省进行天文观测的活动。作为天文爱好者，小刚非常想去，但周一回来就是期中考试，他又想利用这个周末复习功课。他面临两难选择，请你用"价值观赋值排序表"帮他做出选择。

现实中，两难选择，生涯目标的明确，都需要价值观做参考。"是这个重要，还是那个重要"在人生中起着重要的作用，它为人们的学习生活、职业选择和未来发展，指明了方向。

四、价值观与职业

下面我们通过于涵的故事来了解什么是职业价值观，而"职业宝贝拍卖会"活动则帮助学生了解职业价值观的种类，以及目前看重的职业价值观和未来可能从事的职业的关系；通过讨论，启发学生总结职业也对所从事的人有特定的职业价值观要求。因此不断培养、发展自己的职业价值观是非常必要的。

故事：于涵的志愿选择

于涵高考成绩优异，超一本线 30 多分，但在填报志愿时，他放弃了合肥工业大学的土木工程专业，选择了安徽医科大学的高等护理专业。身边的朋友、同学对他的选择感到意外。而这样的选择，于涵却有自己的看法，原来于涵的妈妈是医院的一名护士，她努力敬业奉献、协助他人的价值观和工作中对病人的悉心关怀，从小让于涵深有感触，他想从事和妈妈一样的护理职业。因此他才义无反顾地放弃了工科专业，选择了护理专业。看过了于涵的故事，你认为价值观在生涯规划职业选择的过程中有什么作用？

价值观在职业生涯上的作用表现为职业价值观。美国著名的生涯辅导大师舒伯（Donald E. Super）认为，职业价值观是个人追求与工作有关的目的，从事满足自己内在需求的活动时所追求的工作特质或属性，它表明一个人通过自己的职业追求的目标是什么，为了追求财富，为了造福人类、服务大众，还是为了⋯⋯

活动：职业宝贝拍卖会

15 种你看重的职业价值观是什么？假如你有 100 万元资产，代表你一生的时间和精力，你想拍以下哪种职业宝贝？拍卖规则：10 万元起拍，叫价以 10 万元为单位增加，出价最高者得到职业宝贝；如果叫价 3 次没人加价，本次宝贝拍卖结束。老师和学生主持拍卖。15 种职业宝贝及解释详见下表。

表 2.15 15 种职业宝贝及解释

职业宝贝名称	职业宝贝解释
利他主义	能让你为了他人的福利做贡献、社会服务方面的职业。
美的追求	使你能够制作美丽的物品并将美带给世界的职业。
创造发明	能使你发明新事物、设计新产品或产生新思想的职业。
智力激发	能让你独立思考、了解事物怎样运行和作用的职业。
独立自主	能让你以自己的方式去做事、或快或慢随你所愿地工作。
成就满足	能让你有一种做好工作的成功感、能给人现实可见的结果的职业。
声望地位	让你在别人的眼里有地位、受尊敬、能引发敬意的职业。
管理权力	允许你计划并给别人安排任务的职业。
经济报酬	报酬高、使你能拥有想要的事物的职业。
安全稳定	不太可能失业，即使在经济困难的时候也有工作的职业。
工作环境	在怡人的环境里工作，环境或工作的物质条件非常重要，对相应的工作条件比工作本身更感兴趣。
上司关系	在一个公平并且能与之融洽相处的管理者手下工作，和老板相处融洽。
同事关系	能与你喜欢的人接触并共事。对某些人来说，职业中的社交生活比工作本身重要得多。
多样变化	在同一份职业中有机会尝试不同种类的职能。
生活方式	职业能让你按照自己所选择的生活方式生活并成为自己所希望成为的人。

15 种职业宝贝代表着 15 种职业价值观，不论你是否拍到职业宝贝，通过拍卖活动，现在是否已经知道你最看重的职业价值观？它们是什么？这些职业价值观适合从事的职业有哪些？

思考与分享：

将来想从事的职业是什么？这个职业对职业价值观有什么要求？

越了解自己的职业价值观，越能明确自己选择职业的方向。另外，从事某些职业的人，如果具备某些职业价值观，那么从事这个职业的人会获得更多的动力和职业成就感。例如，教师、心理咨询师具备利他主义的职业价值观；雕塑师、服装造型师具备美的追求的职业价值观等。因此，自己想从事哪种职业，自觉培养与其相对应的职业价值观是非常必要的。

五、价值观发展

价值观并非一成不变的，中学时代的价值观需要培养；价值观不仅反映个人需要的意志，在取舍过程中也要考虑环境及他人是否可以成为资源，自己的价值观是否对他人、社会带来积极价值。

(一)价值观具有非绝对性和变化性

人本主义心理学家罗杰斯(C. R. Rogers)认为"价值观并不是静止不动的，恰恰相反，它总是处在不停地变化发展中"。因此，现在认为重要的价值观，在遇到新的生命体验后，也许会发生变化。中学时代的价值观更是有可塑空间，培养利于自己生涯发展的价值观和职业价值观是非常必要的。最重要的是，要在教育实践中关注自己价值观的变化，关注更为广泛的、主流的价值观。

(二)价值观反映内心的需要

人本主义心理学家马斯洛(A. H. Maslow)提出，人有五个层次的需要：生理需要、安全需要、归属需要、尊重需要和自我实现的需要。只有当低层次的需要得到满足后，人们才能更好地致力于高层次的需要。这些需要在现实中的反映，就是价值观。因此，价值观为我们从事各种活动提供动力，反映了个人意志。

(三)价值观的取舍

美国发展心理学家布朗芬布伦纳(Urie Bronfenbrenner)提出的生态系统理论认为，系统与个体相互作用并影响着个体的发展。根据这个理论，价值观的形成和选择不仅受到环境的影响，依据价值观选择的行为也会反映到环境系统中，然后环境系统中的影响再反馈到个人的价值观形成和取舍及后续的行为上。由此看来，价值观取舍的过程中，应该参考环境系统中具体哪个资源能帮助自己(例如，反映成就感这个价值观的出国留学行为决策过程中，可参考父母、老师、同伴意见，了解留学的成本等)，并且也要考虑价值观的取舍对环境的影响是否具有积极价值(出国留学是否能带给自己更好地发展，是否超越了自己的能力范围等)。

遇到两难选择，特别是人生中重大选择，在澄清最重要的价值观的过程中，我们不仅要考虑个人意志和需要，而且要考虑周围可用的资源，并且多思考一下这个价值观和自己的行为是否能给自己、支持我们的人、大众、社会带来更积极的价值和变化。

　　了解并澄清自己的价值观能促使我们聚焦、奋斗在对自己重要的领域中，更重要的是，价值观还为我们进行决策和选择提供了方向和参照。

参考文献：

[1]金树人．生涯咨询与辅导[M]．北京：开明出版社，2012.

[2]蔡永红，林崇德，肖丽萍．中学生职业兴趣的结构及其特点[J]．心理发展与教育，2002（01）.

[3]王笑梅，文军庆．高中人生规划学生读本[M]．北京：北京师范大学出版社，2014.

[4]陈恒华，孙铭铸．高中生生涯规划指导[M]．吉林：吉林教育出版社，2017.

[5]朱凌云．生涯规划（高中）[M]．北京：北京师范大学出版社，2014.

[6]林甲针，陈如优．高中生职业生涯规划与班级团体辅导[M]．福州：福建教育出版社，2015.

[7]北京教育科学研究院．高中生生涯规划与管理[M]．北京：北京出版社，2013.

[8]程雪峰，缪仁票等．智慧走人生·高中生生涯规划[M]．杭州：浙江教育出版社，2015.

[9]北京师范大学附属实验中学．生涯规划（高中）[M]．北京：商务印书馆，2011.

[10]郑蓓蓓．遇见，自己——自我认识辅导设计[J]．中小学心理健康教育，2011(24).

[11]黄天中，吴先红．生涯规划——体验式学习（中学版）[M]．北京：北京师范大学出版社，2010.

[12]王建明，赵林．为自己的青春做主——高中生涯规划教程[M]．上海：华东师范大学出版社，2014.

（撰写者：程忠智、刘海连、张梦楠、杨露露、张静）

第三章　职业探索

在生涯规划系统中，职业规划是其中的重要组成部分，是学业准备、高考志愿填报的最终归宿，也是全部生涯规划的方向。职业规划包括职业探索、生涯决策两个部分。

所谓职业探索，就是充分认识职业对人生的意义，从而积极开展职业规划，了解职业概念的内涵、分类及职业的特点，把握规划职业的正确原则，逐步厘清职业定向，并为此做好相应的职业准备，包括思想准备、学业准备、素养准备、能力准备等，把握人生的主动权。职业探索可以为生涯决策确定具体职业，奠定坚实基础。

第一节　职业概览

一、职业概念

职业是性质相近的工作的总称，通常指个人服务社会，并作为主要生活来源的工作。意即参与社会分工，并以专业知识和技能创造物质或财富，获取合理报酬，以丰富社会物质和精神生活的工作。

(一)职业名称

职业名称即职业称呼，每个职业只能有一个职业名称，标志着职业的独特性和唯一性，使职业之间相互区别。在《中华人民共和国职业分类大典》中，每个职业名称都被纳入了国家标准化管理。如教师、公务员、工人、军人等。

(二)职业含义

职业含义即某种职业区别于其他职业的主要特点，包括工作性质，工作的主要内容、范围，工作过程和环境条件等。具体说来，第一，与人类的需求和职业结构相关，强调社会分工；第二，与职业的内在属性相关，强调利用专门的知识和技能；第三，与社会伦理相关，强调创造物质财富和精神财富，获得合理报酬；第四，与个人生活相关，强调物质生活来源，并涉及满足精神生活。

(三)职业与职位、工作、行业

这几个概念之间，既相互联系又有明显区别。

职位：即工作岗位，是组织分配承担的一系列职责的具体位置，是职业在组织中的具体定位。和分配给个人的一系列具体任务直接相关。因此，职位和参与工作的个人相对应，有多少参与工作的个人，就有多少个职位。例如，小张是某俱乐部足球队的前锋。

工作：是由一系列相似的职位所组成的一个特定的专业领域。如后勤服务。

职业：是在不同的专业领域中一系列相似的服务。如运动员。

行业：指从事国民经济中同性质的生产，或其他经济社会的经营单位或个体的组织结构体系。一般是指生产同类产品或具有相同的工艺过程，或提供同类型的服务划分的经济社会活动类别。如林业、汽车业、银行业等。行业与职业的主要区别在于，行业是按工作对象来划分的，而职业是按工作职能来划分的。

二、职业及其探索意义

职业对人生具有至关重要的影响。俗话说，男怕入错行，女怕嫁错郎。当今社会，所从事职业是否与自己相匹配、是否遂心十分重要。职业是一个人实现人生价值的重要载体。每个人都有自己的理想抱负，实现理想抱负，需要一个现实的平台，这就是职业。社会是个大舞台，人人都是演员，都承担着一定的职责。社会分工造就了不同职业，人的美好年龄段与主要精力都与职业相关。

职业在很大程度上也决定着人的生活方式。职业性质不同，决定了其工作环境、工作对象以及相应的工作规范和纪律等的不同，进而对人带来不同的影响。如有的工作状态稳定、上下班规律，有的则恰恰相反；有的工作主要与人打交道，有的则主要与物打交道。另外，每个人的朋友圈也多与职业相关。此外，职业对应一定的物质报酬与福利待遇，影响一个人的收入，影响精神需求的满足程度。

职业规划助推人生精彩。规划职业，就是让学生一方面认识社会实践，了解社会需求；另一方面认识自我，包括志向、兴趣、性格与能力倾向等，逐步厘清自己的职业发展方向，并为此积极做好相应准备。

比利时有一家杂志社，对全国 60 岁以上的老人做了一次问卷调查——这辈子你最后悔的是什么？在问卷中，调查者列出了十几项生活中容易后悔的事情，供被试选择。其中，75％的人后悔年轻时不够努力，以致事业无成；70％的人后悔年轻时错误地选择了职业；62％的人后悔对子女教育不够或方法不当；57％的人后悔没有好好珍惜自己的伴侣；49％的人后悔锻炼身体不足；只有 11％的人后悔没有赚到更多的钱。可见，少壮努力以及科学的职业规划多么重要！

有没有职业规划的人生的确不一样。有目标的人在奔跑，没有目标的人在流浪，因为他没有方向。俗话说，选择比努力还重要。

有职业规划的人生底蕴深厚。马太效应，就是指强者愈强、弱者愈弱、多者愈多、少者愈少的现象。任何个体群体或地区，在某一方向（如金钱、荣誉、地位等）获得成功和进步，就会产生积累优势，就会有更多机会以获得更多的成功或取得更大的进步。人生也是如此！吸引力法则认为，思想是具有磁性的，会吸引所有相同频率的同类事物。要想获得理想职业，并能在职场游刃有余，至少从高中时期，就要开始科学规划职业，规划人生。你若盛开，蝴蝶自来。所谓心想事成，就是有今天的"心想"，才有明天的"事成"！

三、职业特征

（一）职业性质

1. 社会性

职业是社会分工的产物。随着经济社会的发展，社会分工不断发展变化，职业也相应变化。旧职业逐渐淘汰消失，新职业不断涌现产生。

2. 技术性

职业的专业性要求相应的专业技术与工作职责。当然，随着时代的发展，同一职业的技术要求，也呈现出鲜明的时代色彩。

3. 规范性

职业的规范性包括两层含义：一是职业内部的规范操作要求，以保证职业活动的专业性；二是职业道德的规范要求，以保证在对外服务时，符合社会伦理道德。

4. 功利性

职业的功利性，又称职业的经济性，是指职业作为人们赖以谋生的劳动过程中所具有的逐利性。即通过得到报酬满足职业者自身需求的同时，又通过提供产品或服务满足经济社会需求。

(二)相关要求

1. 职业资格

职业资格，又称任职资格，是对从事某一职业所必备的学识、技术和能力的基本要求，包括从业资格和执业资格。从业资格，是指从事某一专业（工种）学识、技术和能力的起点标准。执业资格，是指政府对某些责任较大、社会通用性强，关系国计民生、关系公共利益的专业（工种）实行准入控制，是依法独立开业或从事某一特定专业（工种）学识、技术和能力的必备标准。

2017 年 9 月 12 日，人力资源和社会保障部（简称"人社部"）发布《关于公布国家职业资格目录的通知》，规定专业技术资格由人社部人事考试中心主管，职业技能鉴定考试由人社部职业技能鉴定中心主管。国家职业资格共计 140 项。2019 年 1 月 17 日，人社部公布了最新的国家职业资格目录清单，国家职业资格共计 139 项，与 2017 年相比，变化不大。

2. 职业素养

职业素养是指职业内在的规范和要求。是在职业过程中表现出来的综合品质，包括职业道德、职业技能、职业行为、职业作风和职业意识等。职业素养是一个人职业生涯成功的关键因素。职业素养量化而成"职商"，英文 Career Quotient，简称 CQ。有人甚至提出，一生成败看职商。工作固然需要知识，但更需要智慧，而最终起关键作用的就是素养。缺乏职业素养，一生将碌碌无为，往往与成功无缘。

3. 职业能力

职业能力是人从事某种职业的多种能力的综合，包括三个层面：一般职业能力、专业职业能力和综合职业能力。能力，是成功地完成某种任务，或胜任工作必不可少的基本因素。没有能力或能力低下，就难以达到工作岗位要求，不能胜任工作。职业能力是人的发展和创造的基础。

一般职业能力，主要是指一般的学习能力、文字和语言运用能力、数学运用能力、空间判断能力、形体知觉能力、颜色分辨能力、手的灵巧度、手眼协调能力等。此外，任何岗位都要与人打交道，因此人际交往能力、团队协作能力、对环境的适应能力以及遇到挫折良好的心理承受能力，都是在职业活动中必不可少的基本能力。

专业职业能力是指从事某一职业所需要的专业技能。

综合职业能力包括四个方面：一是跨职业的专业能力，即运用数学和测量方法的能力、计算机运用能力、运用外语解决技术问题和进行交流的能力；二是方法能力，包括信息收集与筛选能力，制订工作计划、独立决策与实施能力，准确的自我评价和接受他人评价的承受力与接纳改进提升能力；三是社会能力，即团队协作力、人际交往和善于沟通能力、在工作中能够协同他人共同完成任务、公正宽容地对待他人，以及准确裁定事物的判断能力和自律能力等；四是个人能力，爱岗敬业、认真负责、注重细节的职业人格，也是一种能力。

四、职业类别

(一)我国职业分类

职业分类，是指按一定的规则标准及方法，依据职业的性质和特点，把一般特征和本质特征相同或相似的社会职业，统一归纳到一定类别系统中去的过程。

1999 年 5 月正式颁布的《中华人民共和国职业分类大典》，对我国职业进行了科学分类，是一部权威性文献。2015 年 7 月、2021 年 4 月分别做了进一步修改，参照国际职业标准，从我国实际出发，按照工作性质统一性的基本原则，对我国社会职业进行了科学划分与归类，全面客观地反映了现阶段我国社会职业结构状况。根据《中华人民共和国职业分类大典（2022 年版）》，我国的职业分类结构为 8 个大类，79 个中类，449 个小类，1636 个细类（职业）。与 2015 年版相比，8 个大类不变，增加了法律事务及辅助人员等 4 个中类，数字技术工程技术人员等 15 个小类，碳汇计量评估师等 155 个职业。

（二）职业类型

美国约翰·霍普金斯大学心理学教授约翰·霍兰德于 1959 年提出了具有广泛社会影响的人业互择理论（或称人格互择理论）。这一理论首先根据劳动者的心理素质和择业倾向，将劳动者划分为 6 种基本类型，相应的职业也划分为 6 种类型：实际型、研究型、艺术型、社会型、企业型和常规型。霍兰德职业选择理论的实质在于劳动者与职业的相互适应。

第二节　职业倾向

职业倾向是指在职业评价基础上形成的一种稳定的行为倾向，即个人职业选择的趋势和大致方向。正确把握职业倾向，可为职业决策奠定基础，并保证决策的顺利完成。

一、收集职业信息

职业定向的前提是了解职业，了解职业必须要广开途径，全面收集信息。了解职业信息，主要侧重于每一种职业的工作要求、工作环境、发展机会、前景展望及其优势和局限等。

(一)身边的职业信息

1．家庭职业信息

家庭是成长、生活的主要场所，是学生在社会化过程中重要的环境和影响力量所在。家庭是未成年社会化过程的起点，家庭环境影响着未成年人的成长和发展。

每个家庭的社会经济状况、家庭结构，家庭成员的受教育程度、职业地位、交际范围等，对于子女的角色模仿、自我概念的形成、职业动机的产生、职业信息和发展环境的选择，都有不同程度的影响。同时，家庭期望、亲子依恋模式、教养方式、亲子沟通和亲子活动等家庭成员间的互动形态与情绪联结程度，也会影响到孩子的职业行为。所以，收集职业信息往往先从家庭成员的职业着手。

要将家庭成员的职业一一列出，并找出最成功的家庭成员，分析其成功的原因，看其成功是否可以复制模仿，甚至改进放大，以作为参照模板。

2．亲戚及其职业

调查亲戚的职业情况，包括职业名称、职位、工作内容、薪资福利、工作环境以及工作满意度等；并询问若重新选择职业，他会如何选择以及这样选择的原因；征求其对自己职业选择的建议。

3．同学父母职业

通过同学，就近了解同学父母都从事什么职业，看是否有自己感兴趣的。

(二)学习生活信息

记录整理学习和日常阅读书籍里的主要人物及其职业，包括人物传记。从所观看的电影、电视节目里某些人物的职业，找出自己感兴趣的。

(三)网络媒体研究

一是浏览招聘网站，看需要哪些职位，其基本要求是什么，待遇如何。二是阅读一些关于就业、人才培训、就业指导等方面的文章，以及各类职业发展方面的分析预测文章，了解有关职业的现状需求、用人条件、工资待遇、未来发展前景等，找出自己感兴趣的职业。

搜索职业信息，不仅要了解目前职业发展状况，还要预测未来职业发展的走向。因为高中阶段之后一般还要经过本科乃至研究生的学习，才会进入正式就业期，所以要有前瞻性，要了解 5 年后特别是 10 年后职业的市场需求。

二、把握规划方向

面对林林总总、方方面面的职业信息，该如何甄别、取舍呢？"横看成岭侧成峰，远近高低各不同。不识庐山真面目，只缘身在此山中。"只有坚持正确方向，才能进行有效探索，找到属于自己的归宿。

刺猬理念能够给予我们有益启发。刺猬理念是吉姆·柯林斯（Jim Collins）在《从优秀到卓越》（*Good to Great*）一书中提出的。在古希腊寓言中，狐狸是一种狡猾的动物，能够设计无数复杂的策略，偷偷向刺猬发动进攻。但每一次刺猬都蜷缩成一个圆球，浑身的尖刺指向四面八方。刺猬屡战屡胜。刺猬理念的核心内容就是将事情简单化。面对纷繁复杂的社会，只有将事情简单化，才可能集中精力去拼搏。

(一)坚持基本原则

1. 择己所爱

从事一项你所喜欢的工作，工作本身就能给你一种满足感，你的职业生涯也会从此变得妙趣横生。兴趣是最好的老师，是成功之母。调查表明，兴趣与成功概率有着明显的正相关性。一代球王贝利，以视足球为生命的执着，成为举世瞩目的球星。对经商有强烈兴趣的北大方正集团总裁张玉峰的创业史也说明，浓厚的职业兴趣是一个人事业腾飞的引擎，而对兴趣无悔的追求，是事业成功的巨大推动力。在设计自己的职业生涯时，务必注意：考虑自己的特点，珍惜自己的兴趣，择己所爱，选择自己所喜欢的职业。

2. 择己所长

任何职业都要求从业者掌握一定的技能，具备一定的能力条件。而一人一生中不能将所有技能都全部掌握。所以在进行职业选择时，必须择己所长，从而有利于发挥自己的优势。运用比较优势原理，充分分析别人与自己的优势差异，尽量选择冲突较少的优势行业。如空间能力强的人，适合从事机械制造、工程设计、建筑等方面相关职业。

3. 择世所需

社会的需求不断演化，旧的需求不断消失，新的需求不断产生。所以在设计自己的职业生涯时，一定要分析社会需求，择世所需。要把目光放长远，在准确预测未来行业或职业发展方向的基础上做出选择。尤其是当国家需要时，我们都应该积极响应号召，投入其中，奉献自我，实现自身的价值。

4. 择己所利

职业是个人谋生的手段，追求个人幸福是重要目标之一。因此在择业时，在满足社会、国家需求的前提下，个人预期收益也是一个非常现实的考虑因素。明智的选择是在由收入、社会地位、成就感和工作付出等变量组成的函数中找出一个最大值。这就是选择职业生涯中的收益最大化原则。

遵循以上原则，个人就可以设计职业生涯规划了。根据不同的情况，可以制定一个整体生涯规划，作为一个纲领性长期规划；或者制定一个 3～5 年的生涯规划，作为一种发展的中期规划；或者制定一个 1 年的生涯规划，作为一个可操作性强、变化较小的短期规划。有了规划，生活就有了目标，不会迷失前进的方向。尤其要注意的是，职业生涯规划是人生规划的主体部分，是同个人、家庭和社会生活结合在一起的，是和个人追求幸福生活密不可分的。所以制定职业生涯规划，要和个人人生目标结合起来，要把职业生涯和家庭、社会生活结合起来。

（二）实现五个统一

面对职业生涯规划，高中生往往处在多重矛盾交叉点上，至少在五个维度上冲突明显，即自我期待与自身实力、自我世界与外部世界、短期目标与长期方向、职业理想与社会现实、学业压力沉重与人格亟须完善。只有辩证认识并正确处理好这五对矛盾，实现五个方面的统一，才能科学规划职业，稳步走向美好的明天。

1.“我想”与“我能”的统一

在进行职业生涯规划时，不仅要考虑自己的兴趣、爱好，还要考虑自己是否有适合某种工作的能力。这就要求学生一方面总结个人的兴趣爱好和能力倾向，树立适合自己的职业理想；另一方面通过专业的性格、兴趣、能力等测试，并参照家长、老师、朋友对本人的评价，全面地认识自我，找到"想从事的职业"和"能从事的职业"两者的最佳结合点。

2."小我"与"大我"的统一

以往，高中生在进行职业选择时，受家庭和社会上实用主义思想影响，考虑最多的往往是薪酬、升职等，所以倾向选择一些热门职业，但有时人还没毕业，热门职业就变为冷门职业，导致不能顺利就业。所以说，职业选择要符合自身特质，更要符合社会长远发展需要和人民利益。在职业选择和发展中，学生应跳出"小我"的圈子，把自身能力和社会需要相统一，把"小我"和"大我"相统一。

3．短期明确性与长期方向性的统一

高中生具有可塑性，发展空间大。学生在高中阶段的职业生涯规划，应该明确三年的具体学习计划和规划未来的发展方向。学生在不同年级所面临的规划重点不同，例如，高一学生主要是学会规划高中三年的学习生活，明晰各阶段的目标；高二学生主要面临选科问题，对其辅导主要是帮助他们认清自己的兴趣、能力，综合考虑后自主选择学科；高三的辅导则与志愿填报、选择大学、专业等升学指导紧密结合。

高中生拥有明确的学习目标，学习动机也会随之加强，同时学生通过测试了解自己的职业倾向，选择自己喜欢的专业，进入大学后学习将更加主动，减少就业时的迷茫。但高中阶段毕竟没有面临真正的工作选择，学生本身就是有很强的可塑性，再加上未来可能出现的不可抗拒的情形，所以高中阶段的职业规划要做到明确短期规划，选择一个长期职业方向、职业目标和确立职业道德。对于未来发展、晋升等，可以有一个大致方向，此阶段稍作模糊处理即可。

4．职业理想与社会现实的统一

理想和现实的统一，就是把学生自己的主观愿望同社会实践活动相统一，把对社会的主观判断同社会实际情况相统一。

职业规划，一方面是让学生认识社会实际，了解社会需求；另一方面让学生认识自我，包括性格、兴趣、能力倾向等特质。这些认识可以通过专业测试获得，更主要的还是在实践中认识自我、完善自我。例如，学校可以开设社会实践课，让学生根据自己的兴趣爱好组成不同的集体，利用课余或寒暑假空余时间到不同的岗位实习。一方面，学生可以更好地认识社会，了解自己想要从事的职业特点，了解这个职业的要求，认清社会发展和行业前景，及时修正理想；另一方面，还可以在社会实践中了解自己的不足，明确提升能力的方向。

5. 规划职业与人格完善的统一

目前高中生较突出的问题是缺乏人际交往的能力、缺乏对社会的认识，加之学校教育较功利化，智育和德育脱节，书本知识和社会实践脱节，因此普遍难以正确认识社会和认识自己。由此可见，高中生生涯规划更具有德育和完善人格的意义。它迫使学生在高中阶段就思考现在与未来、自我与社会的关系，参与社会实践，扮演社会角色，承担社会责任，体会社会艰辛。

当今社会处在变革的时代，充满着激烈的竞争，物竞天择，适者生存。要想在这场激烈的竞争中脱颖而出并立于不败之地，必须认识自我、规划未来。高中生未雨绸缪，做好未来职业生涯规划，以清晰的认识与明确的目标来引领高中学习，才能达到事半功倍的效果。

三、深入了解意向职业

在搜集职业信息的基础上，坚持正确选择方向，职业倾向会逐渐凸显出来。在生涯决策理论与方法的指导下，可以发现意向职业。对意向职业，还要做深入考察了解，以便验证决策的正确性，进而坚定信念，激发斗志，积极做好相应准备；如果通过了解，其实际情况与初衷出入较大，则要重新决策。深入考察了解意向职业，主要从以下几个方面考量。

(一)工作职责

工作职责体现工作性质。任何一种职业都会有其工作职责，有些职业的工作职责比较明确，如医生、工程师等；有些职业的工作职责则比较宽泛，如秘书、行政助理等。工作职责基本上确定了你每天可能的工作内容。通过了解一种职业的工作职责，可以基本清楚这种职业或这种工作到底每天干什么。如某公司招聘一名市场拓展专员，其职责要求如下：

1. 负责与客户进行有效沟通，根据用户需求提供咨询服务。

2. 负责培训和指导，并提出合理建议。

3. 负责拓展业务，不断开发新客户，维持老客户。

4. 负责与相关部门进行有效沟通。

从上述岗位要求基本可以看出，其主要工作内容就是开发新客户，为用户提供咨询等，这些工作内容想必高中生基本能够清楚。但有些技术含量要求比较高的职业，则未必能够明白，如某公司对土木工程师的要求：

1. 研究工程项目，勘察施工地址。

2. 计算、设计建筑结构并编制成本概要、施工计划和规格说明。

3. 确定土木工程材料的种类、施工设备等。

4. 编制土木工程进度表并指导施工，全面负责项目现场土木工程的施工管理工作，并就土木施工、设计及监理等与相关单位协调沟通。

5. 审查土木工程的施工方案、技术方案、进度计划等，并提出专业意见。

6. 研究与开发在特殊地质条件和困难施工条件下新的施工方法。

7. 负责土木工程的质量、进度、安全的监督管理，进行现场管理与现场技术服务。

大部分人看了以上工作职责，可能对土木工程师的工作内容还是一头雾水，对于这种职业要求比较高且比较专业的工作，如果要搞明白，可以向自己的亲戚朋友求解，也可以寻找专业人士解答。

(二)工作活动

工作活动描述该职业日常的动态过程。如会计，日常工作是操作计算机进行账务处理，对大量的财务数据进行分析，建立财务档案，获取各部门财务信息进行分析，提出财务意见等。

(三)工作特点

工作特点包括职业的社会地位、劳动报酬、福利保障等，还有工作时间的长短。虽然 8 小时工作制度得到了法律的承认，但在当今的社会，除了少数职业以外，每日 8 小时或每周 40 小时的工作时间还是一种"奢侈品"。以高中生最熟悉的职业——高中教师为例，大部分教师的工作时间都会超过法定的工作时间。很多高中教师通常会上几个班的课，还需要备课、改作业、参加监考等，综合算下来的工作时间一般都超过 8 小时。如果是班主任，还得花时间与学生和家长沟通，这个时间就不可细算了。当然，教师的好处是有较长时间的假期，这也是教师这个职业的一个特点。

(四)工作环境条件

职业不同，工作环境条件也不同。有的职业以室内活动为主，如会计；有的则以室外为多，如快递员；有的职业则需要经常出差。

(五)专业知识技能与任职资格

职业不同，需要的专业知识技能与任职资格也不同。如教师，除需要本学科的知识素养外，还要有教育学、心理学等方面的知识修养，并拥有教师资格证书；律师要有良好的法律知识素养与律师资格证书。社会竞争日益激烈，要想在就业竞争中胜出，就需要有扎实的专业功底和良好的综合素质。

(六)特需兴趣与天赋

有些职业需要从业者具备特定的智体能力、专业兴趣、工作价值观和工作风格。这些特定需要，决定一个人是否适合从事这一职业，也决定一个人在该职业道路上能走多远。美国作家马克·吐温曾下海经商，第一次从事打字机生意，赔了 19 万美元；第二次开办出版公司，又赔了 10 万美元。两次经商活动，不仅把自己多年心血换来的稿费，赔了个精光，还欠下一屁股债。幸亏其妻子深知他不是经商的材料，却有文学天赋，便鼓励其重新走上文学创作之路。最终马克·吐温凭借文学创作摆脱了困境，并取得巨大成就。

第三节　活动案例解析

活动一：名人进校园(校友报告会)

一、活动目的

聘请名人到学校做报告，通过现身说法，阐述职业规划的意义，引领职业规划的方向及方法。

二、操作程序

1. 聘请报告人。报告人最好是本校的杰出毕业生或职场达人。

2. 听报告。被告人回忆人生之路，总结人生经验教训，阐述职业规划对事业成功与人生幸福的重要意义，指导学生科学规划职业生涯。

3. 开班会。先以小组为单位交流讨论。然后各小组派代表班级发言，最后由班主任总结点评。

活动二：人物访谈

一、活动目的

通过对意向职业人士的采访，近距离了解、体验该职业，为职业生涯规划提供第一手材料，验证具体职业决策。

二、操作程序

1. 确定访谈对象。

具体标准要求：

(1)必须是意向职业的从业人士。

(2)数量足够，建议 3 人以上。

(3)人员结构合理，建议访谈不同年龄段、不同从业年限、不同职位层次的从业人士。

（4）访谈对象可以熟人推荐，也可以有目标地联系。

2．做好充分准备。

（1）收集访谈对象信息，包括年龄、工作单位和有关工作成就等基本信息。

（2）拟定访谈提纲。包括该职业的工作内容、活动情况、发展前景、需要的从业知识技能、报酬福利待遇、工作意义等。

（3）联系确定采访时间、地点、时间。

3．实地或视频电话采访。

注意：

（1）严格守时。

（2）讲究文明礼貌。

（3）认真记录。

（4）如内容还不够充分，可预约再次进行访谈。

4．分析论证。

将访谈内容与原有知识、意识逐一对照，找出差距，分析原因，做出判断。

5．拟写访谈报告。

将三次访谈综合起来，简要记述过程，分析情况，形成基本结论。

三、注意事项

1．高度重视，不走过场。

2．周密计划，不落程序。

3．用心采访，取得实效。

4．尊重对方，讲究礼貌，保守秘密。

活动三：模拟招聘

一、活动目的

通过参与仿真招聘会，真实体验招聘全过程，感受就职要求，包括学历、知识、能力与素养的要求，激发学习与成长的动力。

二、操作程序

1. 准备。

基本流程：

(1)拟定模拟职位，明确基本要求。

(2)发布招聘简章。

(3)投递个人简历。

(4)报名与资格审查。

2. 面试。

3. 公布招聘结果。

三、注意事项

1. 过程设计要完整、周密。

2. 强调基本条件要求，包括学历、任职资格、从业资格。

3. 突出能力素养要求。

4. 对应聘成功者，给予一定物质奖励或学分认定等。此外，职位拟定要求在学生中广泛发动，力争丰富多样。

附：山东莒县一中校博会——应聘风云

山东省莒县一中的校博会是学生才艺技能博览会，既能进行才艺大展示，又能开展技能大比拼，为丰富学生课余生活、缓解学习压力，发挥了积极作用。校博会面向全体在校生，以班级为单位开展，不限内容，不限方式，学生自搭展台，相互观摩，相互切磋，共同提高。如火如荼的校内大博览，也深深地吸引着高考重压下的高三同学，他们忙里偷闲，放下学习重负，踊跃参加到活动中来，形成了一道独特的风景，激励和鼓舞着低年级的同学们。

第十二届专项校博会之应聘风云

一、主题——应聘

二、活动方案

以班级为单位，高一、高二全体学生参加并组织承办，组织班级分别扮演公司或学院；高三同学只参加，不参与组织。

三、活动记录

7：10 工作人员入场集合。

8：00 各班项目负责人入场就位。

8：40 全体同学站队入场。

9：00 开幕式正式开始。

9：10 开幕式结束，校博会正式开始。

11：30 校博会结束，各班有序带回。

四、活动要求

1. 所有同学必须先参加学院的培训项目，在毕业测试项目通关后，领取"毕业证书"方可参加单位或公司的应聘项目，单位或公司应聘项目通关后将颁发"聘任证书"。

2. 领取学院"毕业证"的同学若想参加单位或公司的应聘，所领取的"毕业证"必须与本单位或公司的优先学历、合格学历、次等学历相符合，否则不能参加其单位或公司的应聘。（具体请见招聘指南表）

3. 单位或公司的应聘将会根据同学所持有的优先学历、合格学历、次等学历来决定应聘同学的项目游戏难度。

4. 获得"毕业证"与"聘任证"的同学，可持双证前往校博会现场指挥部进行登记。组委会将根据各班级所获得双证的数量进行评比，评出一、二、三等奖，并给予班级量化管理，在周一升国旗仪式上进行表扬，所得奖励可计入个人成长档案。

5. 获得"双证"后的同学，可继续参加其他学院与单位的应聘，但不可重复参加先前参加的学院、单位或公司，若经查出视为无效，并取消先前所领的"双证"数量。

6. 为保证活动的公平性与真实性，"双证"必须由每个班级选出负责学院、单位或公司的总负责人亲笔签名和加盖印章，经组委会指挥部成员验证无误后，方可生效。

7. 为保证活动的公平性与真实性，所有同学尽量不要参加本班负责组织的学院、单位或公司的应聘。即使参加，人数也要控制在 10 人内；一旦超出 10 人，证书数量全部作废。

8. 领取"双证"数量最多的同学将被评为"莒县一中校博会应聘达人"，并在周一升国旗仪式上进行表扬，由学校颁发精美礼品。

9. 各班同学请规范着装校服，佩戴学生证，以便学院、单位或公司负责人查明、核实应聘同学的班级与姓名。

10. 请各班同学遵守会场纪律，保持会场卫生，听从工作人员安排，有问题可前往校博组委会现场指挥部询问，退场后所有同学打扫好自己的卫生区域，将本班的所需物品有序搬运回教室。

表 3.1　招聘指南表

单位名称	优先学历	合格学历	其他学历
医院	医学院	无	无
学校	师范院校	无	无
银行	财政学院	数学学院	无
法院	司法学院	公安学院	政治学院
电视台	播音学院	文学学院	无
公安局	公安学院	司法学院	军事学院
市政府	政治学院	司法学院	无
外交部	外语学院	政治学院	无
武装部	军事学院	公安学院	无
大酒店	厨师学院	无	无
国安局	情报学院	公安学院	无
电影公司	电影学院	播音学院	无
体育公司	体育学院	无	无
考古学会	历史学院	无	无
网络公司	信息学院	无	无
广告公司	美术学院	无	无
音乐公司	音乐学院	无	无

续表

单位名称	优先学历	合格学历	其他学历
文学协会	文学院	无	无
礼仪公司	公共关系学院	无	无
心理诊所	心理学院	无	无
工程公司	物理学院	无	无
科学研究院	数学学院	无	无
地质勘查局	地理学院	无	无

表3.2　校博会毕业证与聘任证样本

毕 业 证 书
兹证明　　　级　　　班　　　　同学 于　　　　　　　　　学院　　　　　　专业学习中成绩合格，准予毕业。 特此证明 　　　　　　　　　　　　　　　　院　长： 　　　　　　　　　　　　　　　　　　　年　月　日

表3.3　聘任证书

聘 任 证 书
恭喜您　　　级　　　班　　　　同学 经过多项考核，您已成功被本单位聘任为正式成员。 　　　　　　　　　　　　单位名称： 　　　　　　　　　　　　人事主任： 　　　　　　　　　　　　　　　年　月　日

（撰写者：侯月映）

第四章　专业探索

国务院 2014 年 9 月颁布的《关于深化考试招生制度改革的实施意见》指出，本轮考试招生制度改革把"促进学生健康成长成才"作为改革的出发点和落脚点，通过"完善法律法规""完善政府监管"，并"从基础教育到高等教育"整体设计考试招生制度等举措，以"扭转应试教育倾向""促进公平公正""增加学生选择权""加强各级各类教育的整体性"。改革任务与措施包括改进招生计划分配方式、改革考试形式和内容、改革招生录取机制、改革监督管理机制和启动高考综合改革试点五个方面。其中对高中学校和学生来说，重点涉及招生计划的分配方式、考试形式和内容以及招生录取机制三个方面的变化。其中的考试形式与招生录取方式变化较大，在高中阶段的科目选择与高考报考时对高校专业的信息掌握情况对学生的人生道路选择会产生较大的影响，因此有必要对学生进行专业、学科、高校等相关方面知识的普及和认知。

第一节　专业与学科

一、"专业""学科""职业"定义[①]

根据《中国大百科辞典》，"专业"指的是"高等学校和中等专业学校根据学科分类或职业分工划分的学业门类"。该定义中涉及两个关键词，即"学科"和"职业"。

"学科"是一门学问依照其性质而作出的学术分类。根据教育部公布的《研究

---

① 杨玉春、李红兰：《新高考高中科目与大学专业衔接指南》山东卷，24－28 页，北京，北京师范大学出版社，2018。

生教育学科专业目录(2022 年)》，我国目前的学科门类共 14 种，分别是：哲学、经济学、法学、教育学、文学、历史学、理学、工学、农学、医学、军事学、管理学、艺术学和交叉学科。学科门类下设一级学科，现有一级学科共 117 个。

"职业"是指从业人员为获取主要生活来源所从事的社会工作类别，同时它是一种劳动活动，要求劳动者具备一定的专业知识与劳动能力。《中华人民共和国职业分类大典(2022 年版)》将我国职业划分为 8 个大类，79 个中类，449 个小类，1636 个细类(职业)。

专业与学科、专业与职业有着密不可分的关系，但专业不等于学科，也不等于职业。专业以学科为依托，一个专业可以是多个学科知识的综合，个人所学的专业预示着他们未来可能从事的职业。我国《普通高等学校本科专业目录(2022年)》共有 12 个学科门类(未设军事学学科门类，其代码 11 预留)，92 个专业类和771 种专业。不同专业适合的职业范围大小有差异，开设在不同学校的同一个专业的内涵也可能不同，因此培养出来的人才实际上适宜从事的职业也会有较大差别。

要全面认识一个专业，既要知其内涵，也要知其外延，了解它本身的专业特质，洞悉它如何被社会大环境影响，个人特点又会怎样与专业相互作用，从而达到完美匹配。

二、专业内涵

1. 专业解释[①]

当我们听到一个专业的名称的时候，心里会对这个专业大体涉及的内容有一个判断。的确，专业名称通常是对一个专业的学习内容和研究对象的高度概括。它是我们了解专业时最直观的入口。不过，正因为专业名称的高度概括性，自然也容易因为概念模糊而引发误解。实际上，对专业的解释，需要从该专业更为具

---

① 杨玉春、李红兰：《新高考高中科目与大学专业衔接指南》山东卷，24—28 页，北京，北京师范大学出版社，2018。

体的定义出发，了解该专业是什么、学什么、有哪些特点、培养什么样的人、未来可能从事哪些方面的工作等。

以"口腔医学专业"为例，该专业名称明确告诉我们它所在的专业领域为医学，而且主要的研究对象不是其他的身体部位而是口腔，据此我们可以推测口腔医学专业所培养的学生以后应该主要成为口腔医师，从事与口腔保健或诊治相关的工作。很幸运，这样按字面意思来理解口腔医学专业基本上符合它的专业内涵。再来看"口腔医学技术专业"，同样有"口腔""医学"两个关键词，还多了一个"技术"，这个专业是不是培养掌握专门技术的口腔医师的呢？这次恐怕是望文生义了。如果按照这样的想法报考了口腔医学技术专业，有志于成为口腔医师的同学们可能会后悔莫及，因为口腔医学技术专业培养的主要是掌握口腔修复体（比如义齿）制作工艺的专门人才，对口工作是各类义齿的生产加工或者是相关商业企业的管理运作。最重要的是口腔医学技术专业毕业生是不能参加口腔执业医师资格考试的，也就不具备成为口腔医师的基本条件了。

2. 人才培养

为了避免被专业名称误导，还应从人才培养的角度，深入研究专业的培养方案，从大学期间的学习内容与方式、未来的发展方向等了解专业与学习者的匹配度。

普通高等学校本科专业的培养方案主要有四个组成部分，分别是：学制学位、培养目标与培养要求、课程设置、培养模式。每个部分都能为我们解释专业名称背后的实际含义。

专业的学制学位指明了该专业的修业年限和学生毕业时获取的是哪种学位。修业年限决定学习的时间成本，而所获学位的不同在某些领域有可能成为你是否能够从事特定职业的门槛。

以前两个专业为例，口腔医学专业本科修业年限为五年，毕业生获医学学士学位；口腔医学技术专业本科修业年限为四年，毕业生获理学学士学位。两个专业虽同属医学学科门类，但颁发的学位却截然不同。获得医学学位是参加执业医师考试的必要条件，那么口腔医学技术专业的毕业生在这一项上已经不符合要求了。讲到这里，还要提醒同学们，并不是所有医学学位都满足参加执业医师考试的条件，如基础医学类专业，虽然该专业目前授予的依然是医学学位，但 2014 年后入学的学生都已不具备报考执业医师的资格。

培养目标与培养要求反映一个专业要求学生应该掌握的知识和技能领域，以及它所培养人才的大致毕业去向，是该专业毕业生主要对口就业行业的展现，也能从侧面反映该专业对毕业生的一些职业性格要求。

例如，传播学专业的学生主要学习新闻传播学的基本知识，掌握各类媒体的运作机制和应用技能，未来的对口工作领域为公共关系协调和公共信息传播等；服装设计与工程专业的学生则需要在服装设计、服装生产和营销方面具有一技之长，主要对口就业岗位为服装设计师或服装工程师。

值得注意的是，同一个专业的培养目标和要求会因院校不同而存在不同程度的差异。高校一般会依据自身的办学定位或优势背景设置特定专业的培养方案，有的则直接注明了专业培养方向。例如，中央财经大学的应用心理学专业是"经济心理学"方向，这是依托该校较强的财经背景而设立的，突显了专业的院校特色。但很多时候，某一学校的专业即使有培养侧重，但仅通过稍显概括性的培养目标又很难发现具体的不同点，那应该怎么办呢？这个时候大家可以查找具体院校专业的课程表，因为课程安排是培养目标实现的途径，学校的专业特色通常集中表现在专业课程设置上。

例如，同为艺术设计学专业，苏州大学的课程多为一般艺术设计理论课，湖南师范大学略微偏重图形基础、专业设计等技法课程，四川文化艺术学院则偏向广告传播、市场调研等方向。不同类型课程的侧重，会把学生引向不同的学业发展方向，影响他们的升学和就业去向。

此外，专业的核心课程所涉及的主干学科表明了该专业的知识所涉及的基本学科领域。比如海洋科学专业的主干学科有海洋科学、化学、生物学和地质学，可见这个专业的知识是多学科交叉的。大学期间所学课程也会与这些学科知识密切相关，如果对这方面的课程不感兴趣的话，那么就要慎重选择。同时，因为主干学科往往与高中时期所学的科目有一定的对应关系，如生物学与生物科目、物理学与物理科目，所以在决定是否要报考某专业时，可以分析自己是否擅长该专业主干学科所对应的那些高中科目，尽量避免包含自己短板科目的专业。

此外，不同院校在同一专业的培养模式上也存在不同。目前，各高校除了传统的按专业培养的模式之外，还设立了几种较为特殊的培养模式，主要有：大类培养(包括按试验班培养)、基地班培养、中外合作办学、校企合作办学等，有的还设立了"双培""外培"等校际合作培养的模式。

实行按大类培养的院校，能够让学生在按专业大类学习阶段(一般是大一、大二)接触到更多相关学科的知识，有助于拓宽并坚实学科基础，为后期的专业学习做更好的准备，这是大类培养的主要优势。不过，宽口径的培养也容易导致学生知识面广但却缺乏深度。另外，学生在大学后期仍会经历专业分流，因为各个院校专业大类下的具体专业并不一致，而且专业分流可能并不完全由学生个人意愿决定，很多时候还涉及成绩考核等问题，因此未来具体会分配到哪个专业是比较不确定的，这将影响学生的课程学习和未来就业。对于是否报考按大类招生的专业，需要综合考虑大类培养的优劣势。其他特殊类型培养模式也各有特色，例如，基地班培养主要针对拔尖学生，表现优异的学生有机会获得更有利的教育资源；中外合作办学有助于学生获得中外两校双学历，能够体验国外优质教育资源，在回国工作以及继续留学深造方面更有优势；校企合作培养则更好地实现了产学研结合，企业的加入为学生提供更多的实习平台，锻炼了学生的就业竞争力。不同类型的培养模式对学生的学业和职业发展有不同的加持作用，在挑选专业时，如果能够多关注各院校和专业在培养模式上的创新，我们的决定又会相对多几分洞见。

三、学科与专业

我国高等学校本科教育专业设置是按学科门类、专业类、专业三个层次来设置的。即一个学科门类下面设置若干专业类，一个专业类下面设置若干专业。如表 4.1、表 4.2 所示。

表 4.1 学科门类与专业类

学科门类	专业类(92)
哲学（1）	哲学类
经济学(4)	经济学类、财政学类、金融学类、经济与贸易类
法学（6）	法学类、政治学类、社会学类、民族学类、马克思主义理论类、公安学类
教育学(2)	教育学类、体育学类
文学(3)	中国语言文学类、外国语言文学类、新闻传播学类
历史学(1)	历史学类
理学(12)	数学类、物理学类、化学类、天文学类、地理科学类、大气科学类……
工学(31)	力学类、机械类、仪器类、材料类、能源动力类、电气类……
农学(7)	植物生产类、自然保护与环境生态类、动物生产类……
医学(11)	基础医学类、临床医学类、口腔医学类……
管理学(9)	管理科学与工程类、工商管理类、农业经济管理类……
艺术学(5)	艺术学理论类、音乐与舞蹈学类、戏剧与影视学类……

表 4.2 部分专业类与专业

学科门类	专业类	专业
艺术学	设计学类……(1/5)	数字媒体艺术、环境设计……(2/56)
管理学	工商管理类、工业工程类、管理科学与工程类、电子商务类、物流管理与工程类、公共管理类……(6/9)	市场营销、会计学、财务管理、工业工程、信息管理与信息系统、电子商务、工程管理、工商管理……(8/68)
经济学	经济与贸易类、经济学类……(2/4)	国际经济与贸易、金融学、经济学……(3/26)
法学	法学类、社会学类……(2/6)	法学、社会学……(2/52)
文学	外国语言文学类……(1/3)	英语、俄语、日语……(3/124)

续表

学科门类	专业类	专业
工学	航空航天类、自动化类、电子信息类、机械类、仪器类、计算机类、力学类、材料类、兵器类、测绘类、能源动力类、核工程类、电气类、土木类、环境科学与工程类、建筑类、交通运输类、化工与制药类、食品科学与工程类……(19/32)	飞行器设计与工程、电子信息科学与技术、自动化、电子信息工程、通信工程、机械设计制造及其自动化、飞行器制造工程、飞行器动力工程、测控技术与仪器、计算机科学与技术、信息安全、工程力学、飞行器环境与生命保障工程、复合材料与工程、电子科学与技术、光电信息科学与工程、探测制导与控制技术、电磁场与无线技术、遥感科学与技术……(51/265)
理学	数学类、地球物理学类、统计学类、物理学类、化学类、生物科学类……(6/12)	信息与计算科学、空间科学与技术、统计学、生物信息学……(4/50)

学科是高校教学、科研等的基本功能单位，是对高校人才培养、教育教学、科学研究等隶属范围的相对界定。新专业目录中把学科划分为哲学等 13 大门类。不同的学科就是不同的科学知识体系。例如，经济学学科门类包含经济、财政、金融、贸易等领域的知识，工学学科门类包含机械、仪器、材料、电子、土建、地矿、化工、轻工纺织、航空航天、环境安全、食品科学等领域的知识。

专业类是在同一学科知识体系下，根据知识面侧重的不同而分解出来的不同专业类别。如理学分为数学类、物理学类、化学类、天文学类、地理科学类、大气科学类、海洋科学类、地球物理学类、地质学类、生物科学类、心理学类、统计学类。这些专业门类具有相同的理学特性，但相互之间又侧重不同的知识范畴。

专业比专业类更加具体，是在一个专业门类里派生出来的具体方向。在一个学科，可以组成若干专业。如土木类就包含土木工程、建筑环境与能源应用工程、给排水科学与工程、建筑电气与智能化四个专业。在不同学科之间也可以组成跨学科专业。如过程装备与控制工程，横跨机械工程和化学工程两个学科。

学科和专业的核心区别在于其构成和目标不同。学科的构成要包含研究的对象或研究的领域，即独特的、不可替代的研究对象；理论体系，即特有的概念、原理、命题、规律等所构成的严密的逻辑化的知识系统/方法论，即学科知识的生产方式。专业的构成要素主要包括：专业培养目标、课程体系和专业人员。培养目标即专业活动的意义表达。课程体系是社会职业需要与学科知识体系相结合的产物，是专业活动的内容和结构。课程体系的合理设置与否、质量高低、实施效果好坏直接影响人才培养目标的实现状况。

学科发展的目标是知识的发现和创新。专业的目标是为社会培养各级各类专门人才。专业是学科承担人才培养职能的基地；学科是专业发展的基础。一所高校的人才培养质量如何，取决于其学科、专业水平的高低。例如，2017 年 9 月国家公布的双一流大学名单中的一流学科就是以高校学科为单元进行的评估。

双一流学科"材料科学与工程"高校名单如下：

北京大学、清华大学、北京航空航天大学、北京理工大学、北京科技大学、南开大学、天津大学、吉林大学、东北师范大学、哈尔滨工业大学、复旦大学、上海交通大学、华东理工大学、南京大学、苏州大学、东南大学、浙江大学、安徽大学、中国科学技术大学、南昌大学、郑州大学、华中科技大学、武汉理工大学、中南大学、中山大学、华南理工大学、四川大学、西安交通大学、西北工业大学、中国科学院大学

双一流学科"化学"高校名单如下：

北京大学、清华大学、南开大学、天津大学、大连理工大学、吉林大学、东北师范大学、复旦大学、上海交通大学、华东理工大学、南京大学、浙江大学、中国科学技术大学、厦门大学、福州大学、山东大学、郑州大学、武汉大学、湖南大学、中山大学、华南理工大学、四川大学、兰州大学、新疆大学、中国科学院大学

从学科招生结构看，有以下三种趋势：管理学、工学、艺术类专业招生数占比呈上升趋势；外语、法学、理学以及师范类专业招生数占比呈下降趋势；文学、历史学、哲学、农学、医学类专业招生数占比基本不变。招生比例最高的前三位是工学（34％）、文学（19％）、管理学（18％）。

从在校生结构看，有以下三种趋势：工学、文学、管理学、艺术类专业在校

生呈上升趋势；师范、理学、外语、法学类专业呈下降趋势；医学、教育学、农学、历史学变化不大，哲学类专业趋于边缘化。

我国工程教育第一大国名副其实。数据显示，中国普通高校工科专业招生数、在校生数、毕业生数都远远高于世界其他国家，稳居世界首位，数量比紧随其后的俄罗斯、美国等国高出 3～5 倍。

第二节　院校开设分析

截至 2022 年 5 月 31 日，全国高等学校共计 3013 所，其中，普通高等学校 2759 所，含本科院校 1270 所、高职（专科）院校 1489 所；成人高等学校 254 所。不同专业在不同院校开设数量有较大差异。有的专业的开设院校所覆盖的院校类别很广，而有的专业则比较集中地分布在少数几个类型。我们在了解一个专业的院校开设基本情况时，一般会收集它的整体开设数量、该专业主要分布在哪几类院校，以及这类院校主要分布在哪些地区等相关信息。这些信息能在一定程度上反映该专业的发展是否成熟、社会需求的多寡、地理位置上的偏好等。

一、院校优势筛选

在行业形势日新月异的当今社会，专业开设院校如果实力强劲，相当于给学生未来的就业竞争力又添了一项保障。很多学生在选择学校的时候，首先会考虑院校的综合排名，但在此基础上，也必须兼顾所报考的学校在自己将要学习的专业上是否具有优势。因为优势学科和专业往往意味着更成熟的教学机制、更丰厚的学术底蕴、更优秀的师资配备以及更多其他教育资源的投入，这些资源切实地落在自己所学的专业之内，学生各方面能力的成长绝对会快于其他学校同一专业但资源薄弱的同辈。

一般情况下，可以从两个方面来判断一所学校的某个专业实力是否处在全国前列。

（一）专业发展概况

专业发展概况，包括开设时间、教学设施、师资力量、科研情况。

具有悠久办学历史的专业各方面发展都较为成熟，在各院校的专业介绍中，往往都有涉及专业发展历程的内容，诸如"起源于""发起成立""最早设立"等字眼。例如，南京农业大学（时为南京金陵大学农学院）在1921年首开农业经济专业（农林经济管理专业的前身），经历了90余年的发展，形成了较强的学科实力。

教学设施是保障专业发展的外在因素，拥有科研基地、国家重点实验室、实习基地等教学设施的专业，在提升学生的实践能力和科研能力方面都具有优势。

师资力量、科研情况是促进专业发展的内在动力，院士、长江学者、国家"千人计划""万人计划"、973首席科学家、国家杰出青年、享受国务院特殊津贴者、教授、博导，国家自然科学基金项目，国家973、863等科研项目，这些都可以较为直观地反映专业的教学和科研能力。

（二）权威评估结果

权威评估结果，包括依托学科的发展（国家重点学科、学科评估），是否是特色专业（国家级特色专业、省级特色专业），是否入选人才培养计划（如卓越人才培养计划、基础学科拔尖学生培养试验计划、国家理科基础科学研究和教学人才培养基地），是否是省级综合改革试点专业，是否是品牌专业（省级、校级）等。

1. 学科评估

《普通高等学校本科专业目录（2012年）》中的专业类、专业和《学位授予和人才培养学科目录（2018年4月更新）》中的一级学科、二级学科是基本对应的，具有较强的关联性，因此学科发展水平往往可以反映相关专业的发展水平。国家重点学科是国家根据发展战略与重大需求，择优确定并重点建设的培养创新人才、开展科学研究的重要基地，在高等教育学科体系中居于骨干和引领地位。学科评估从师资队伍与资源、科学研究水平、人才培养质量、学科声誉四个维度对一级学科进行综合考察。可见，国家重点学科以及学科评估排名靠前的学科，其相关专业的实力也是较强的。

2. 特色专业

特色专业是一所高校在长期的办学实践中形成的，在办学思想、培养模式方面具有自身显著特点和风格的专业，其特点是"人无我有、人有我优、人优我新"。许多国家级特色专业不仅是全国高校某一同类专业的"领头羊"，而且在国际上也具有一定的影响力。从地域范围和建设层次来说，有国家层面和地方层面之分。教育部和财政部2007年至2011年先后在全国本科高校立项建设了七批特色专业建设点。第一批特色专业建设点，主要是依据国家需要，在优先发展行业、紧缺专门人才行业和艰苦行业中，选择若干专业领域的专业点进行重点建设；第二至第六批特色专业建设点，主要面向国家和区域经济社会发展需要，选择优势明显、特色鲜明的专业点进行重点建设；第七批特色专业建设点，是为推进战略性新兴产业人才培养和进一步加强红色经典艺术教育支持建设的。

3. 人才培养国家专项计划

入选各种国家级人才培养计划的专业，在国家政策支持、科研经费投入、奖助学金以及院校师资、资源等方面都会得到一定或较大程度的倾斜，有利于专业的进一步发展。卓越人才教育培养计划是为落实《国家中长期教育改革和发展规划纲要（2010—2020年）》而制订的，实施时间为2010—2020年，包括卓越农林人才教育培养计划、卓越法律人才教育培养计划、卓越医生教育培养计划、卓越工程师教育培养计划。基础学科拔尖学生培养试验计划是国家为回应"钱学森之问"而推出的一项人才培养计划，旨在培养中国自己的学术大师，首先从数学、物理学、化学、生物学、计算机科学与技术这五个学科开始试验。国家理科基础科学研究和教学人才培养基地选自一批代表我国较先进水平的、在国内具有重要影响和起骨干带头作用的数学和自然科学一级学科专业点，目前有106个，涵盖数学专业、物理学专业、核物理专业、化学专业、生物学专业、地理学专业、地质学专业、大气科学专业、海洋科学专业、天文学专业、力学专业、心理学专业、基础医学专业、中医基础专业、基础药学专业和一个大理科试验班（南京大学）。

二、毕业去向

专业本科生的毕业去向分为两类：直接就业和升学深造。

（一）关于就业

存在即合理，每一个专业就其本身而言，并没有价值高低之分，但是因为社会的外部需求和评价的差异，我们经常可以看到"最热门专业排行""各个专业毕业生薪酬排行""就业红牌/绿牌专业"等对专业价值做区分的榜单，专业也就有了所谓的"好""坏"之分。

排除个人主观喜好因素，一个专业是不是"好"，最直观的评价指标主要有：毕业生的就业率、升学率、薪资水平、工作与专业相关度、工作满意度等。总体而言，都与"就业前景"息息相关。

关于专业的就业前景，可以从该专业的全国总体水平来分析，分析标准主要包括两个方面：第一，该专业所属行业的自然发展状态。以工程造价专业为例，由于我国以房地产业为龙头的建筑市场的蓬勃发展，近几年工程造价专业毕业生的全国整体就业率均在 90％以上，这个成绩可谓名列前茅，旺盛的市场需求让该专业的学生无论毕业于哪所学校都不太可能面临高失业率的风险。但是，各行业的发展始终是动态的，并不具备永久稳定性。有统计显示，到 2030 年左右，我国房屋建筑市场会逐渐饱和，这意味着国内的建筑市场对工程造价专业毕业生的就业拉动能力极有可能降低。

第二，该专业所属行业在国家宏观调控中的位置。以罗马尼亚语、立陶宛语、爱沙尼亚语等非通用语种（即小语种）专业为例，这些语种由于适用范围小，长期以来都是乏人问津的冷门专业，甚至惨遭裁撤。自 2015 年 3 月国家发展改革委、外交部、商务部联合发布了《推动共建丝绸之路经济带和 21 世纪海上丝绸之路的愿景与行动》以后，我国与"一带一路"沿线国家的相关经贸交流日益频繁，对能熟练使用相关国家语言的人才需求急剧增加，因而不少院校新建或复建了"一带一路"沿线国家语种专业。可见，国家的经济战略布局对相关行业有至关重要的影响，政府的政策或财政扶持也有可能让濒危专业迎来春天。

专业全国整体就业率是考察该专业就业水平的第一因素，但同一专业在不同层次水平的院校的表现也是有差距的，因此具体到院校的专业就业率也是衡量的重要指标。

即使一个专业所在行业的整体发展缓慢，它也不是不可能实现"好就业"。事实上，任何现存行业都有它特定的社会功能，人才需求量小的行业也不意味着不需要高端人才，关键在于我们是否能够成为被青睐的那一小部分。在当前的劳动市场中，毕业于社会知名度较高的院校的学生显然更易于获得用人单位抛出的橄榄枝，因为抛开个人差异，名校光环总能在一定程度上为他们的专业水平和就业能力代言，这就是为什么同一专业优势院校的毕业生相对于普通院校就业前景更好的原因。

以音乐表演专业为例，根据麦可思研究院的统计，该专业从 2014—2016 年连续三届被亮红牌，是高失业风险型的专业。从社会大环境角度分析，这里面有我国当前整体文化建设水平不高，大众在音乐表演等艺术类活动方面的需求较低，相关市场没有完全被打开的原因。不过，与整体不佳的就业形势形成鲜明对比的是音乐表演专业的优势院校在就业水平上的表现。例如，中央音乐学院音乐表演专业毕业生的总落实率 2015 年为 97.41%，2016 年为 98.44%，其中超半数毕业生进入国家院团、部队或地方院团、艺术院校等高层次单位就业，远超全国平均水平。

(二)关于升学

随着大学教育从精英化走向大众化，学生在本科毕业之后选择继续升学深造的比例越来越高，这是社会发展的整体走向。但由于各个专业及其开设院校在人才培养目标上的差异，专业的升学率还是会有所不同。

以应用心理学专业为例，查询 8 所不同类型院校的近年应用心理学专业升学率，其中北京大学、南开大学等综合类院校，财经类院校中的中央财经大学及政法类院校中的中国政法大学，应用心理学本科毕业生升学率都超过了 50%；工科类院校华北理工大学和体育类院校北京体育大学，应用心理学毕业生升学率较小，在5%～15%。而师范类的华东师范大学、医科类的南京中医药大学升学情况也较为可观，升学率为30%～40%。出现这样的毕业去向差异的原因是多样的，首先是各院校在应用心理学专业培养目标上的差异，综合性大学的应用心理学专业更倾向于培养学生的综合能力，为成为可继续攻读相关学科硕士、博士学位的高学历复合型人才打下基础，而师范类、理工类、医科类、体育类院校则在应用心理学学生的培养上更具针对性，相对侧重应用心理学学生在不同领域，如教育教学、工业与商业设计、医护、体育等的实际工作能力。其次，各个院校的总体办学实力和院校定位(研究型或应用型)也影响应用心理学专业学生的去向情况，例如，中央财经大学开设的应用心理学属经济心理学方向，专业定位明确，学生适宜从事经济决策、市场营销类工作，但直接就业率较之升学率偏低，可能与该校整体升学倾向有关。

可见，同一个专业在不同学校的升学率的差异并不小，想在本科毕业后继续升学的同学也应该关注自己意向院校的专业升学率，分析这所学校的专业是否有利于自己将来的学业规划。

(三)我国高校类别划分

目前，国内还没有一个权威的高校类别划分方法。现将大家基本认同或使用的高校分类方法归纳如下。

1. 按学科设置特点进行分类

按学科设置划分有两种分法。一种按学科设置数量的多少进行分类，分为综合性、多科性(如××科技大学)、单科性(如××音乐学院、××体育学院)院校；另一种按学科设置的类别进行分类，分为综合类、理工类、文科类、医药类、农林类、师范类、政治类院校，再加上高职高专类院校。我国高校按学科设置特点进行分类的方法起源于20世纪50年代，至今教育主管部门所设置的行政业务管理机构或学术指导机构的划分仍主要依据此分类方法。

2. 按科研规模和研究生比例进行分类

按科研规模和研究生比例划分，可分为研究型、研究教学型、教学研究型、教学型、专业型大学。中国管理科学研究院研制公布的"中国大学评价"中，确定研究型大学的标准是：将全国所有大学的科研得分，按学校得分降序排列，并从大到小依次相加，至得分累积超过全国大学科研总得分的 61.8%（优选法的0.618）为止，在此分数上的大学是研究型大学。除了已被确定为研究型的大学，其余院校再次使用上述方法，确定出研究教学型大学，并以此类推确定出教学研究型和教学型大学。

3. 按隶属关系或经费来源渠道进行分类

按隶属关系划分，可分为部委属、省（自治区、直辖市）属院校，现在又增加了地区级的院校。由于前几年部委属院校的调整，除教育部所属的 35 所院校外，其余的院校下放到地方管理，又产生出由省（自治区、直辖市）管理。按经费来源渠道划分，可分为公办和民办院校。

4. 按发展目标和水平进行分类

按发展目标和水平划分，有"世界一流""国内一流""985 工程""211 工程"、重点、一般等大学的分类方法。实际上国外并不存在被普遍公认的"世界一流"大学的严格定义和衡量标准，而较具科学性的观点是："世界一流"大学就是对人类社会做出了重大贡献，并得到国际社会公认的高水平大学。依此类推，"国内一流"大学的概念应该是：对中国社会经济的发展做出了重大贡献，并得到全国普遍公认的高水平大学。

一流大学建设高校 42 所，其中 A 类 36 所，B 类 6 所。

A 类 36 所：北京大学、中国人民大学、清华大学、北京航空航天大学、北京理工大学、中国农业大学、北京师范大学、中央民族大学、南开大学、天津大学、大连理工大学、吉林大学、哈尔滨工业大学、复旦大学、同济大学、上海交通大学、华东师范大学、南京大学、东南大学、浙江大学、中国科学技术大学、厦门大学、山东大学、中国海洋大学、武汉大学、华中科技大学、中南大学、中山大学、华南理工大学、四川大学、重庆大学、电子科技大学、西安交通大学、西北工业大学、兰州大学、国防科技大学

B 类 6 所：东北大学、郑州大学、湖南大学、云南大学、西北农林科技大学、新疆大学

---

5. 按照招生对象不同分类

根据招生对象不同划分，可以分为普通高等教育学校与成人高等教育学校。普通高等教育是与成人高等教育形式相对而言的。普通高等教育学校指主要招收高中毕业生进行"全日制"学习的学历教育，通过普通高等学校招生，全国统一考试入学。成人高等教育学校是招收"在职"职工边工作、边学习的函授、夜大、职工大学等，通过成人高考入学；成人教育包括高等教育自学考试、成人高考、网络教育、开放教育。普通高等学校包含普通高等教育学校与成人高等教育学校。

上述的高校分类方法不是孤立的，往往相互联系使用。例如，"985 工程"的大学就有可能建设成为"世界一流"的大学，且基本为研究型高校；"新建本科院校"有可能建设成为国内一流或区域一流的大学，且基本为教学型和教学研究型高校。与此同时，各种分类方法往往也不是被单一采用的，而经常被联合使用，如"部委属重点大学""新建地方本科院校"等。中国管理科学研究院研制"中国大学评价"时，综合采用了上述第 1 种和第 2 种分类方法，提出高等院校类型的划分应由"类"和"型"两部分组成，先按"类"、后按"型"对大学进行划分。"类"反映大学的学科特点，分为综合类、理工类、文科类、医药类、农林类、师范类、政法类等；"型"反映大学的科研规模和研究生的比例，分为研究型、研究教学型、教学研究型、教学型和专业型等。

第三节　高校与专业的选择

高考志愿的选择实质就是专业和学校的选择，那么如何选择理想的学校和适合自己的"最好"的专业呢？解决这个问题，要先弄清几对关系。

一、大学与专业

考生在志愿填报时，首先要弄清楚是专业重要还是学校重要。其实作为考生或是为考生负责的家长应该非常清楚，就学校和专业而言，新高考专业在志愿选择中应该更为重要，因为专业不仅关系着考生四年的大学经历，更会对考生未来的人生发展产生重大影响。从某种意义上说,选择专业就是选择职业、选择未来。一个人的职业在绝大多数情况下与其所学的专业有着直接的关系,专业虽然不能决定一个人将来从事的具体职业,但基本上界定了未来职业的范围。

目前,除了个别省(自治区、直辖市)外,大部分都采取知分填报志愿,加平行填报志愿的方式,可以说已将高考分数用到"极致",很多家长在给考生填报志愿的时候,都抱着一分也不能"浪费"的想法,什么样的分数就要上什么样学校,只要能进入某名牌大学,不管录取什么专业,专业实力强不强、考生喜欢不喜欢、考生有没有这方面的特长和潜质等都一概不问,这是填报志愿的一个比较大的误区。试想,一个考生为了进入名牌大学而放弃自己喜爱和擅长的专业,屈就于自己不喜爱甚至厌恶而又不擅长的专业,如何能够在专业学习上好好发挥,取得长足的进展,甚至可能会因为对专业的厌恶导致成绩下滑,变为后进生,过早被淘汰出局。另一方面,过分地追求名校,也会导致对专业考查不全面、不细致。名校虽然在硬件设施、软件配套上都有较多的优越,能考上名牌大学当然是好事,但若只从"名牌"出发选学校,而不考虑其他因素,尤其是专业因素,则是不可取的。因为名校并不是所有学科专业都很强,每所大学都有其自身的优势和特色,很多普通高校的某些专业也有特色,也具有很强的实力。考生在选择的时候还是要全面考查自己喜欢的专业,要对不同学校的相同专业进行横向的、细致的比较。

二、专业"冷"与"热"

何为"热门专业"?到底哪些专业是"热门专业"?高考志愿中,专业的"冷"与"热"是相对的,而且任何一个专业的冷热程度不是一成不变的。从全局来看,一个专业近来社会需求大、就业形势好、通用性强,报考的人数多了,分数高了,也就相对"热"起来了。但随着社会的不断发展、不同行业对人才需求的不断变化,专业的冷热也在随之变化,今年的"热门专业"到毕业时不一定就抢手,今年的"冷门专业"未必将来就业还是"冷门"。从局部来看,所谓"冷"与"热",同一专业在不同学校的冷热程度应该有所区别,因为不同的学校其学科设置、办学特色各有不同，这也导致了不同学校的不同专业发展不可能完全相同。

那么，是不是录取分数高的专业就是"热门专业"？这也不能一概而论，因为对于一所高校来说，影响专业录取分数高低的因素是多方面的。这里有专业计划及其分布的影响，有社会对该专业需求的影响，也有报考考生分数分布的影响，但更多的还是这个专业自身综合实力对考生的吸引。如河海大学的水利工程专业，虽然这个专业未来的就业条件有点艰苦，但每年在各省（自治区、直辖市）的录取分数都很高，一方面是就业形势较好，但更多的还是专业自身的综合实力较强。

相对来说，有"热门"就有"冷门"，那些应用面相对较窄、就业形势欠佳，或是学习难度稍大的专业，都不为大部分考生所青睐。这样的专业填报的考生就会少些，分数线也相应较低，在录取中，可能需要调剂其他专业志愿的考生进来。但这不代表某校这个专业就不好，实力就弱。所以考生即便是在没有满足专业志愿的时候被调剂到所谓的"冷门"专业，也不要气馁，塞翁失马，焉知非福。

关于"冷""热"专业的选择，建议考生要进行细致的自我剖析，全面了解自身的兴趣爱好、挖掘特长和潜质，把握能力和实力，并根据国家和社会发展对人才的需求状况，科学做出判断，结合自己的志向和职业规划合理地圈定专业范围，而不要盲目追求所谓"热门"专业，更不要仅凭专业名称来判断专业"好坏"。

三、辩证认识新增专业

教育部 2012 年修订并颁布了新的本科专业目录，新目录中设置了 12 个学科门类，92 个专业类，506 种专业。普通高校可以根据学校自身的办学目标和办学实力，申报目录中的专业，经教育部审核通过后即可面向社会招生。所以，一些高校根据社会需求的变化，结合学校自身发展，经常会新增或减少一些招生专业，关于这个问题要辩证看待。

新增专业一般是目前社会需求量较大或是学校为了长远发展而增设的一些专业，短期内，未来的就业前景应该不会太差；而对于具体的高校来说，新增专业虽然已有一定的办学基础，学校也具备了举办该专业的实力，但在师资力量建设、硬件配套设施配置、学科专业的积淀等方面，与原有专业相比可能还有差距，而且一般不具备对应的硕士点或博士点。所以，并不是说新增专业就是好专业，考生在选择专业的时候，没必要刻意追求学校的新增专业。建议考生在考虑一所高校的专业时候，一定要大致了解你所要报考的专业情况，包括专业内涵建设、发展历史、培养目标、课程设置、将来的就业去向等。

四、专业与就业，不直接对等

"老师，这个专业就业去向是什么?""你们学校今年就业率多少?""××专业将来都去哪儿工作?"……无论是现场咨询还是电话咨询，抑或是网上答疑，除了"你们学校多少分能录取"之外，问及最多的就是将来的就业情况。这个可以理解，一个专业将来的就业前景、出路，对考生和家长填报志愿产生着很大的影响。

可以说，就业和专业关系密切，但又没有必然的对应关系。因为大学就像一个大熔炉，经过四年或五年的历练，学生在这里学到的不只是本专业的书本知识和技能，而且还有如何适应和面对社会，如何与人相处，即如何做人；如何发现问题，遇到问题如何高效、便捷、创造性地去解决，即学会终身学习的方法、自我创新的能力等。因此，考生在专业选择的时候，不能仅仅考虑专业的就业去向、待遇，还要考虑自身的兴趣爱好和未来的人生规划等。

此外，目前许多高校，尤其是重点大学，都实施了大类招生，淡化学生的入学专业。考生入学后经过新生专业教育和大学生涯设计指导，发现并增强自己的兴趣爱好，充分挖掘特长和潜质，并通过一到两年对各专业全面的体验和了解之后，再进行明确的专业定位；有的学校给学生提供多次重新选择专业的机会，让学生大学期间再进行专业修正；有的学校给学生提供辅修第二专业的机会。这都在很大程度上弥补了高考志愿填报不合理而带来的遗憾。所以考生在录取时，即便没有录取到理想的专业，甚至是被调剂到其他专业，也不要灰心，机会永远留给有准备的人。

在明确以上几对关系的情况下，考生便可根据自身的高考成绩合理定位，结合自身的特长、优势、兴趣、能力、潜质等，科学填报志愿。

第四节　选择路径

高校与专业选择不能仅由外界客观因素决定，高校与专业是关乎未来学业、职业和人生发展的重要一环，而作为专业学习的主体，个人自身的实际情况是否与意向专业匹配，也是必须关注的重点，因为适合自己的才是最好的。

一、个人兴趣

对某一事物是否感兴趣，很多时候都决定了个人是否有动力对该事物进行自主地学习和钻研。"兴趣是最好的老师"，这个道理非常浅显，但是问题在于很多学生并不知道自己的兴趣是什么，或者将兴趣建立在自己对某事物的主观臆断之上，而做出了错误的兴趣判断。例如，一个学生说他对在外企工作很感兴趣，认为那里自由度高，有挥斥方遒的潇洒，但他内心对强烈的竞争环境却是排斥的，但这种竞争性才是外企的实质。可见这个学生羡慕的是外企白领光鲜的表象，对这份工作却没有正确的认识，当真正接触到他所谓的"兴趣"时，可能发现自己并不合适。

关于如何培养和明确个人兴趣，最关键的还是要通过各类实践活动去不断尝试。学生可以先借助一些专业性的职业兴趣测评，例如，国际公认较为精确的MBTI职业性格测试，来对自己的性格类型做一个初步判断，加强对自己的了解，再根据自己的潜在兴趣范围去做一些实践探索。这是一个比较漫长的过程，而个人兴趣越快得到明确，自己的奋斗目标也越早能够确定，所以从小有意识地开展个人兴趣探索十分必要。

二、个人能力

兴趣影响目标设定，而能力决定是否能够达成目标。学生对自己能力的判断同样也有不切实际的问题。盲目自信的学生容易好高骛远。在实行新高考后，各院校都对其招生专业做了明确的限考科目范围。例如，大部分临床医学专业都要求选考生物、化学、物理等科目。而如果一个想要学习临床医学的学生在生物、化学、物理这些专业基础科目上的成绩很差，就是对能力做了误判。

当然，还有很多学生存在自信心不足的问题，会在本可以轻易跨过的障碍面前胆怯，因而失去成长的机会。另外，一个人的总体实力是多方面能力综合的结果，随着高考改革综合评价的推进，学生的思想品德、学业水平、艺术素养、创新实践和运动健康水平逐步得到全面的衡量。学生在对自我能力进行评价时，也要全方位多角度地来认识自己，做到科学合理。

三、家庭环境

家庭环境包括但不限于家长的职业和教育背景、社会经济和文化地位等。根据一项对不同阶层考生专业选择的影响因素差异的研究，家长意见对考生专业选择的重要性随阶层的降低而降低。也就是说，优势阶层的家长因为良好的职业、教育背景，对社会需求和专业内涵有更好的了解，他们对孩子专业选择的建议相比于对高等教育不甚了解的低社会阶层家长而言更具说服力，影响更深远。另外，经济实力的差异让来自优势背景的学生能够较少地为将来的就业焦虑，他们会更多地从个人兴趣出发选择专业，而弱势背景的学生则更为注重专业的就业前景，身上也背负着较重的来自父母的就业期望。

原生家庭对个人的成长有着深深的烙印，学生在做个人学业规划时，不得不将自己的家庭背景纳入考虑范围，但是家庭的束缚不应该是个人意志的枷锁，对自身兴趣和能力的尊重才能使人生充满自我效能感，实现人生的跨越式发展。

四、身体素质

不同的专业对考生的身体素质要求也不相同。

教育部《普通高等学校招生体检工作指导意见》明确指示，考生若存在与高校相关专业要求相悖的身体健康问题，高校可不予录取。除了直接拒绝录取的情况外，关于存在某些身体状况而不宜就读相关专业的条件也有做了说明，考生可以查看具体文件，对比自己的身体健康状况，提早发现自己是否有不宜报考的专业。考生如果被录取到不宜就读的专业后，将会在专业学习、就业等方面遇到巨大困难，不利于未来的整体发展。

另外，部分院校对一些身体素质要求较高的专业（如体育类、艺术类、医学类等）还做了格外要求。例如，西南大学对报考音乐表演（声乐方向）的考生要求"女生身高1.60米以上，男生身高1.70米以上"。

排除一些生理缺陷或相关疾病的问题，身体基本健康的同学也应该注意培养日常运动习惯，保持身体和心理的健康状态。尤其是那些有较多户外实践的专业（如测绘工程），或课业繁重对学生精力投入要求较高的专业（如临床医学），如果学生的健康状况不佳，将不利于学业水平的提高。而经常性的运动能够帮助学生强身健体，还可以缓解学业和生活压力，释放负面情绪，增进身心健康。

大学的专业教育是学生从掌握学科基础知识的中学阶段成长为拥有一定专业知识和技能并能够从事某一特定职业的专门人才的必经之路。专业教育决定了学生能够接受何种专业基础知识培养和专业技能训练，因而在很大程度上决定了未来可以选择的职业范围。不同的专业赋予了学生不同的技能，也限定了学生未来的职业方向。学生如果对自己就读的专业不满意，毕业后想要转行，就必须再付出学习新知识和技能所需的时间、金钱，而且新领域的专业性越强，转行的成本就越大。这也就是为什么我们希望在接受专业教育之后能够从事对口职业的原因之一。所以从自己的职业意愿出发，做好专业选择，加强职业—专业匹配，对增进未来就业质量，促进专业—职业—人生的整体化发展具有重要意义。

附：知识点　　　　新高考方式录取——"专业＋学校"模式

填报方式

先选专业，后选学校。

在统一高考招生、单独考试招生中，考生按"专业＋学校"填报志愿。考生在选报"专业＋学校"志愿时，自己的选考科目与高校要求的选考科目至少需有1门一致方可报考。

在高校提前招生中，考生可以报考多所高校，一档多投；同时被多所高校拟录取的，由考生选择确认其中1所录取高校。

适用省市

第一批（2014年启动试行）：浙江省、上海市。

第二批（2017 年启动试行）：北京市、天津市、山东省、海南省。

模式解读

1. 高校根据自身办学定位和专业培养目标，分专业（类）确定选考科目范围，但至多不超过 3 门，并在招生两年前向社会公布；考生选考科目只需 1 门在高校选考科目范围之内，就能报考该专业（类）。高校没有确定选考科目范围的，考生在报考时无科目限制。

2. 高校可对考生高中阶段综合素质评价提出要求，作为录取参考。

3. 考生志愿由"专业＋学校"组成。

4. 录取不分批次，实行专业平行投档。填报志愿与投档按考生成绩分段进行。

录取流程

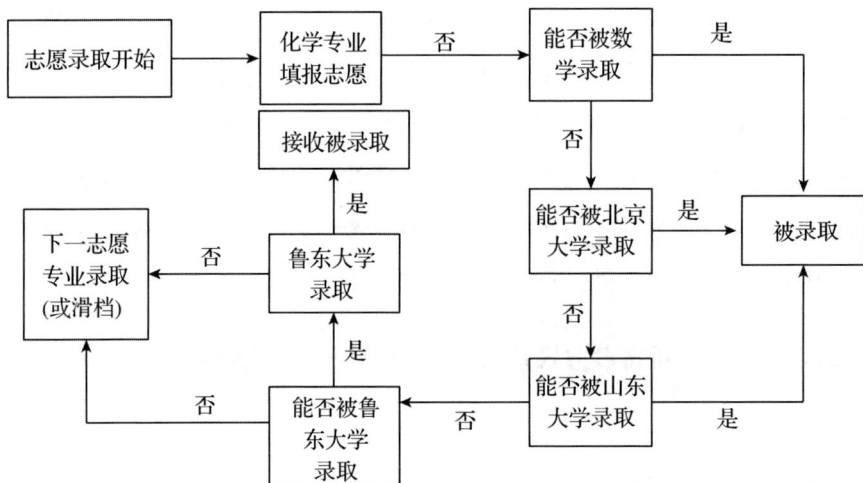

参考文献：

杨玉春，李红兰. 新高考高中科目与大学专业衔接指南（山东卷）[M]. 北京：北京师范大学出版社，2018：24－28.

（撰写者：谭旭翔）

第五章 生涯决策

人生的道路虽然漫长，但紧要处常常只有几步，特别是当人年轻的时候。没有一个人的生活道路是笔直的、没有岔道的。有些岔道口，譬如政治上的岔道口、事业上的岔道口、个人生活上的岔道口，你走错一步，可以影响人生的一个时期，也可以影响一生。

——柳青

对于高中生而言，人生中第一个重要的抉择一般都是在本阶段面对的。特别是在新高考改革的背景下，选课、选考、报志愿每一步都面临着一个岔道口，都有着多个方向通向前景各异的未来，到底该何去何从？这就涉及"生涯决策"的重要内容了。在事关学习适应、高考成功和职业未来的重要生涯决策中，需要决策者综合考虑认知、情感、态度、能力、价值等多方面因素，力求做出最顺应国家人才战略、最体现经济社会发展需求、最符合自身条件、最有利于未来发展的人生抉择。这既考验高中生本人的生涯决策能力，也考验学校、家庭和社会的生涯决策支持能力。

第一节 内涵和意义

一、生涯决策的内涵

什么是生涯决策？在学术界，生涯决策（Career Decision-Making）的概念最初源于英国经济学家凯恩斯（J. M. Keynes）的理论，后来引入心理学领域。凯恩斯认为，生涯决策是指一个人在选择目标或职业时，为使个人获得最高报酬，而将损失降至最低而采用的方法。作为一个复杂的心理过程，决策者需要具备相关的知识，掌握决策的操作方法，拥有决策能力。在这一过程中，决策者搜集有关自我和环境的信息，仔细考虑各种可供选择的生涯前景，做出生涯的公开承诺（Public Commitment）。该过程涉及决策者决策的情景（社会期望）、内在资源和外在资源三个方面，因此可以说生涯发展是进行一系列决策所得到的结果。

生涯决策有广义与狭义之分。广义概念认为生涯决策贯穿生涯规划的全过程，是决策者从问题提出、资料搜索、订立目标、设计方案、分析评估到最后决策、监督修正的全部活动过程。具体过程可用螺旋图（图 5.1）表示。

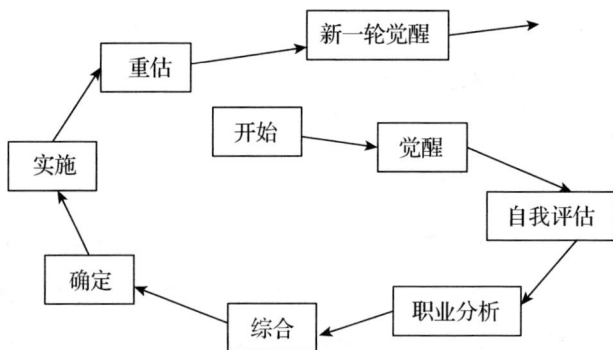

图 5.1　生涯决策步骤流程图①

狭义概念则抽取了广义概念中的最后决策环节，认为在前期的一系列活动后，最后选择并确定的方案即为生涯决策。

对于高中生而言，生涯决策就是将个人信息与目标信息、社会信息进行梳理整合并进行综合分析的过程，也是学生实施选择和采取行动的准备过程。个人的价值观念、资料获得的程度以及策略的选择与应用，都关系到最后选择的结果。同时，生涯决策也是一种交互的过程，这种决策不仅反映个人自主的选择结果，也反映社会所提供的生涯机会与要求。在当代，面对急剧变迁的社会，一劳永逸地做出完美决策的可能性基本上是不存在的。个体必须具备根据社会环境的变化不断做出调整与适应的生涯决策能力。②

① 王蕊：《高中生父母生涯教育及其与心理分离、生涯决策的关系》，硕士学位论文，苏州大学，2015。

② 张冬梅：《高职生生涯决策班级心理辅导设计与操作》，载《职教通讯》，2013（1）：16—19 页。

二、生涯决策的意义

(一)科学的生涯决策——升华"十字路口"的重要抉择

人的生涯发展是由一个又一个生涯决策组成,生涯决策在自我认识和对外探索的基础上,回答"我最应该去哪儿"的问题。在缺少科学依据支持的背景下,许多高中生的生涯决策过程常常武断片面,效果也可想而知。总结起来,不当的生涯决策大致包括替代决策、片面决策、拍脑袋决策、随机决策,甚至占卜决策等。

所谓"替代决策"就是由他人代替自己做出决策,这里的"他人"一般是学校老师、学长、家长、亲戚,甚至是通过一些社会关系联系上的某个公认的"成功人士"。他人代替的决策可能有一定的价值,但也可能仅仅是其个人经验,根本不适合当事人。更重要的是"替代决策"剥夺了当事人生涯决策的权利,不能有效促进其生涯决策能力的内生,不利于其在未来面临不断变化的社会情境时的生涯决策应对。

所谓"片面决策"是指依据个别信息或非关键信息而做出决策。例如,有些高中生仅仅因为某科成绩好、喜欢某位老师或者基于自己好朋友的选择而选了某个学科;或者仅仅因为喜欢某个城市的风景、美食、电影而选择报考设在该城市的某所大学。这种决策可能有效,但更可能因考虑不够全面而做出舍本逐末的选择。

所谓"拍脑袋决策"是指"跟着感觉走"的决策。例如,中国当代的高中生大多没有什么社会经验,也没有认识到生涯决策的重要性,于是不少高中生根本没有把决策当回事,没经过多少信息搜集或审慎思考,仅凭直觉"拍脑袋"就做出了选课、走班、选考或报志愿等的决定,直觉有时候反映潜意识的偏好,但重大决策仅凭直觉还是未免过于草率了。

所谓"随机决策"是指类似"赌博""碰运气"式的决策。例如,有些高中生甚至用类似抽签、掷硬币的方式决定自己生涯发展中的重大事件,寄希望于冥冥中的神秘力量代替自己做出决定。这显然是放弃决策责任的做法。

所谓"占卜决策"是指求助类似看相、算命、占星之类的无稽之术来做出决策。这是没有任何科学道理的，也是对自己极其不负责任的做法。

以上决策方式显然带有很大的决策风险，当然还有相当一部分高中生存在决策困难，"从来没有想过"决策或者认为自己"无从决策"，陷入无尽的困扰之中。因此，科学指导下的生涯决策对于新高考背景下的高中生而言意义非常重大。虽然没有任何决策方式可以保证万无一失，但在科学生涯理论和数据分析基础上的生涯决策比起前述几种决策类型都要可靠得多。没有科学的生涯决策作为支撑，就好比在危机四伏的丛林中"裸奔"，是在将其一生发展置于危险之境地。

(二)生涯决策指导——提升终身决策素养的必由之路

长期以来，我国绝大多数学校和家庭都缺乏系统的生涯决策或生涯指导，期待高中生自身具有科学理性的生涯决策意识和能力显然是不现实也不可能的。因此，加强系统科学的生涯教育、开展生涯测评和生涯决策指导，对于当代高中生至关重要。

有学者曾举过两个真实的例子。小王，两年前是北京某知名高校电子信息工程专业高才生，既是班长又是学生会主席，老师、系里都对这位品学兼优的学生寄予厚望。然而，大一一年课程结束之后，小王没有先兆地提出了退学。退学之后小王没有待业、没有创业，而是回到自己曾经就读的高中重新备战高考，并且选择了文科，这一弃理从文的决定让老师和家长大为惊讶，大家都想问小王一句"为什么"。而今，小王已是广播电视新闻专业的一名大一新生。中途退学、重新高考、弃理从文，究其原因在于学生缺乏生涯规划的意识，盲目决定或者没能遵循自己的特质做出决定。这显然是缺乏生涯决策指导而多走的弯路。[1]

另一名高一学生小黄聪明而有潜力，但是学习一直处于松懈状态，不仅上课不认真听讲，而且作业也不按时完成，成绩持续下滑。家长、老师每天在耳边敲

---

[1] 彭勃：《高中生涯教育实践模式新探索——一个中心，三个基本点》，载《中小学心理健康教育》，2010，5(上半月刊)：30－32 页。

警钟也无济于事，过度的敦促反而引起了他的抵触情绪。他跟班主任陈老师的一段谈话，道出了他的心声："反正我将来生活不愁，为什么要拼死拼活地学习这些无聊透顶、又不知有何用的枯燥知识呢？"心理教师王老师意识到这一普遍性问题之后进行了深入分析，王老师认为：帮助学生清晰认识自我，认识当前学习和未来人生发展的关系，激发学生的学习兴趣与动力，并结合自身优劣势树立人生目标，明确长短期学习规划，是解决学生学习动力不足的关键所在。解决小黄的"问题"时，王老师重点突出了两个内容：生涯意识启蒙、自我认识提升。生涯意识启蒙目的在于引领学生从人生发展的角度看待当前的学习；自我认识提升帮助学生澄清我喜欢什么、适合什么、想要什么等，让学生了解自己的特点和优劣势，并有针对性地提高。

生涯教育在国外已经发展得非常成熟，而且是一项终生教育工程，从学前阶段就开始引导孩子进行有意识的探索，规划自己的生涯。因此，在我国实施新高考的背景下，非常有必要对高中生就如何做出生涯决策进行指导。生涯决策指导不仅对处于迷茫中的高中生眼下面临的选课、选考、报志愿意义重大，而且能够为其一生发展带来理性思维方式，提升其自身的终身决策素养。

第二节　理论与模型

一、生涯决策的理论进展

1974 年，吉普森(Jepsen)和盖拉特(Gelatt)最早提出了生涯决策的概念，从此开始了生涯决策的相关理论研究。40 多年的研究大致可以分为两个阶段：以特质因素理论为基础的"人职匹配"决策研究阶段和以生涯混沌理论为基础的"适应改变"决策研究阶段。

(一)强调"人职匹配"的经典理论

早期研究阶段主要以特质因素理论为基础，从人与环境相匹配的角度，把职业生涯决策视为个体了解自身与职业的特点，并实现二者之间最佳匹配的过程。这种理论取向的核心观点有二：一是认为决策者是理性的，二是认为人职匹配的职业生涯决策是好的决策。也就是说，早期的生涯决策理论假设决策者都能够理性搜集、整合与分析个人特质和职业需求的相关信息，能够理性评估个人性格、气质、能力、价值观、兴趣以及某项职业岗位的基本需求，在此基础上做出人职匹配最优化的生涯决策。

人职匹配的思想发轫很早。1908 年，美国人弗兰克·帕森斯（Frank Parsons）在波士顿开创了为年轻人提供职业咨询的先河，首次提出了"职业指导"的概念。在《选择一份职业》一书中，帕森斯提出了职业选择的三个基本原则：第一，对本人自身的能力、兴趣、志向、智能和自身局限有清楚的认识，理解自身特点形成的原因。第二，对成功的要求、条件、不同行业工作的优劣势、机会和前景有详细的了解。第三，对前两个原则之间的关系进行深入的分析，进而实现人与职业的匹配。显然，帕森斯职业选择原则提出意味着经典人职匹配思想的初步形成。

帕森斯的理念被逐步发展成"特质因素匹配"理论，并在 20 世纪七八十年代被美国约翰霍普金斯大学心理学教授霍兰德推到新的高度。这一理论提出了四个基本假设：(1)大多数人都可以被归类为 6 种人格类型中的一种，这 6 种类型的人格分别是实际型、研究型、艺术型、社会型、企业型、常规型；(2)同样也存在 6 种环境，这 6 种环境是实际型、研究型、艺术型、社会型、企业型、常规型；(3)人们都在寻求一种环境，能够运用他们的技能和能力，表达他们的态度和价值观、处理适当的问题和承担一定的角色；(4)一个人的行为取决于其人格特点与环境特点的交互作用。霍兰德对每一种类型的人格的内涵进行了解释，分类的依据则是严格的心理学依据，而心理测量技术和手段的发展使得人格类型的测评具有更大的可能性，并且科学性也能够得到一定的保证。目前，霍兰德的人职匹配理论依然是生涯指导的主流理论之一。[①]

---

① 王亚丰：《生涯决策的理论观照与教育关怀》，硕士学位论文，湖南农业大学，2013。

(二)强调"适应改变"的现代理论

21 世纪以来，随着全球化趋势的日益发展，人类社会经济生活的不确定性在不断增加，学业、职业、生活等生涯发展都处在急速变化之中，生涯发展的路径越来越难以界定和预见。同时，工作环境更加复杂，影响因素更为多元，个人生涯发展取向也更为多样化。在中国，改革开放 40 年来的社会结构变迁和经济社会发展更为迅猛，体制机制改革日益深化，"互联网＋经济"不断发展，"铁饭碗"被打破，"单位人"不复存在，统招统分已成为历史，大学生都要自主择业，作为世界工厂的各类制造业企业遍地开花，新兴行业与日俱增，大量的农民工、技术工人随着产业的变化不断从一个城市迁到另一个城市、从一个企业换到另一个企业，甚至跨行业、跨身份的变动也已经习以为常。由此产生了全球化和信息化背景下的新的生涯形态，有学者称之"无疆界生涯"，也有人称之为"无常生涯"，用以区别于传统的生涯形态，其意即开放的、弹性的、变化的、个人驱动的和自主的生涯。[①]

在此背景下，早期研究阶段的经典生涯理论的解释开始显得力不从心，生涯混沌理论应运而生。生涯混沌理论认为，生涯发展是一个动态、开放的复杂系统，影响个体生涯心理的内外因素复杂多样，必须从整体的角度将个体生涯心理置于复杂的关系网中去理解和把握。由此，当代研究者提出了生涯决策的适应性理论，将生涯决策的关注点从"寻找匹配"的过程逐渐转向"适应改变"的过程。生涯决策不再被视为一个即时的职业选择行为，而是一个动态的过程、一个有限理性的过程，无意识和态度情绪都会影响决策的过程。[②]

---

① 刘鹏志、金琦：《生涯教育新理念：轻规划，重适应》，载《中小学心理健康教育》，2015(18)：10－12 页。

② 马青：《家庭因素对大学生职业生涯决策满意度的影响：基于 SCCT 理论的研究》，硕士学位论文，南京师范大学，2017。

二、生涯决策的主要理论

(一)霍兰德的兴趣和职业选择理论

霍兰德的兴趣与职业选择理论（Holland's Theory of Interest and Career Choice）是生涯决策领域影响最为广泛的理论，属于特质匹配理论的典型代表。该理论阐释的是独立个体的性向与职业生涯之间的关系。霍兰德根据人的兴趣类型把人分成了六种基本的人格，并按照相同的结构对个体所处的工作环境也进行了相同的六类划分。他认为，某种类型的兴趣与某种工作环境类型相互作用，可以预测和解释发生在该环境中的行为及其效果（满意、稳定性、绩效等）。霍兰德认为兴趣类型起源于遗传和后天经验形成的性向或倾向。职业生涯决策就是通过测量兴趣（即人格）找到与之相匹配的环境类型。

(二)职业选择的社会认知理论

1976 年，克朗伯兹（J. D. Krumboltz）将社会学习理论运用于职业生涯决策，提出了职业生涯决策的社会学习理论。克朗伯兹提出影响一个人的生涯决策的因素有四个：一是遗传因素和特殊能力，二是环境因素（社会情况和重大事件），三是学习经验，四是工作相关技能。1981 年，瑞科特（Racket）和波茨（Betz）将自我效能理论用于妇女职业发展研究。在此基础上，职业选择的社会认知理论（Social Cognitive Theory of Career Choice）以"社会认知理论"为主题思想，以自我效能、结果期望和目标设定三个概念为核心，强调自我效能和社会条件在行为过程中的相互作用。该理论认为，对于许多人来说，职业选择不是在理想的状态下做出的。经济需要、教育条件的限制、缺乏家庭支持等现实世界的因素将阻碍个体追求最初的兴趣或喜欢的职业目标。符合自我效能和结果期望的工作可得性比职业兴趣对目标行为的影响更大。

(三)工作适应理论

20 世纪八九十年代，戴维斯（R. Dawis）等人相继提出了工作适应理论（The Theory of Work Adjustment）及其变式个体—环境相符理论（The Theory of Per-

son-Environment Correspondence），将注意力集中于理解工作个性，如态度、价值观、需要、能力和职业环境之间的关系。该理论试图通过这种方式，并根据心理学的基本原理描述出个体与其所处工作环境之间的动态适应，研究个体变量和职业需要之间的相互作用，以及在工作环境中彼此强化的模式。如果个体需要和环境的强化刺激相符，就会产生工作满意感；如果个体的能力和职业环境所需要的能力相一致，就会使别人满意。工作适应被看作一个连续的动态的过程，个体和环境通过这一过程来维持或增进相互之间的一致性。

(四)职业生涯决策类型理论

职业生涯决策类型理论(Career Decision Types)根据决策者做决策时的特点，对决策者进行类型划分。戈登(J. Gordon，1998)经过文献综述，确立了7个职业生涯确定类型，即非常确定、有些确定、不坚定、暂时不确定、发展性不确定、严重不确定、长期犹豫不决。不同类型的决策者在进行职业生涯决策时有着截然不同的表现。例如，"非常确定"的个人相信自己的决策能力，在决策中表现得轻松自在，博学睿智；"有些确定"的个体则会对自己的职业生涯决策有些怀疑，焦虑水平较高，自我认识明晰程度较低。而"发展性不确定"的是指那些在职业生涯决策过程中正在进步、不断成熟的类型，"严重不确定"的个体则因职业选择问题而导致高水平的焦虑，以至于严重地损害了他们的决策过程。[①]

(五)幸福人生三要素理论(MPS Life Wellbeing Theory)

哈佛大学积极心理学家泰勒·本－沙哈尔在大量研究前人成果和现实案例的基础上得出结论：对于把工作看成使命感的人来说，工作本身就是目标，他们对工作充满热情，在工作中达成自我实现。工作对他们来说是恩典，而不是打工。未来能够做这样的一份工作，显然是最具幸福感的。而这样的工作必须具备三个幸福要素：意义(Meaning)、快乐(Pleasure)和优势(Strengths)，即能够从事一份让个体感到有意义、快乐和能够充分发挥自身优势工作的人生将是最让人感到

---

① 李敏：《职业生涯决策研究综述》，载《牡丹江教育学院学报》，2009(5)：103－150页。

幸福的人生。于是，被简称为 MPS 的三要素就被用作在从业之前选择幸福人生道路的定位系统。[①]

三、生涯决策的基本模型

(一)典型模型

职业决策有两个典型研究范式：规范化模型（Normative Models）和描述性模型（Descriptive Models）。规范化模型传统上认为决策者是理性的，个体能够获得并处理必要的信息，评估每一个选择，以达到决策结果的最优化。霍兰德的兴趣人职匹配模型属于典型的规范化模型。类似的模型还有美国临床心理学家安妮·罗欧（Anne Roe）于 1951 年创立的职业指导需要理论模型。需要理论以人的需要层次的存在为前提，认为个人的需要层次决定个人选择职业的倾向，由此出发职业选择的意义也在于满足个人的需要。罗欧还对职业进行划分，并力图建立起职业与人的需要结构的对应关系模型。

描述性模型认为经典的理性决策模式所要求的完全理性在现实中是不存在的，决策者的行动不仅受到时间、信息及技术等外部因素的限制，同时也受到决策者本身心理因素的制约。描述性模型认为决策过程充满了模糊性和不确定性，强调决策具有直觉的、情感的、主观的和依存性的特点，主张用满意准则来替代最优准则。描述性模型关注非理性决策策略和个体决策适应性的评估，而非仅仅评估决策结果的可取性。克里斯霍克（Krieshok）等人 2009 年提出的，适应性生涯决策三边模型（Trilateral Model of Adaptive Career Decision-Making）认为职业生涯决策是一个有限理性和丰富的无意识参与的过程。此后，加蒂（Gati）等人提出的多维职业决策模型（Career Decision-making Profile，CDMP，2010—2013）认为个体的生涯决策过程不是单一的某主要特征的表现，进而对生涯决策进行了

---

① ［以］泰勒·本－沙哈尔：《幸福的方法》，汪冰、刘骏杰译，北京，当代中国出版社，2007。

12 维度的描绘。这两个模型都应该属于描述性模型范畴。[①]

(二)认知信息加工金字塔模型

1991 年，美国学者彼德森(Gary Peterson)和桑普森(James Sampson)在对人职匹配理论局限性认识的基础上，发展出了生涯发展的新理论——认知信息加工理论(Cognitive Information Processing Theory，简称 CIP 理论)。该理论既吸收了人职匹配理论的元素，又关注了生涯问题的复杂性和结果的不确定性，提出了进行生涯决策的一种新方法。这一理论模型由知识领域、决策技能领域和执行加工领域构成生涯决策的认知信息加工金字塔模型[②]。

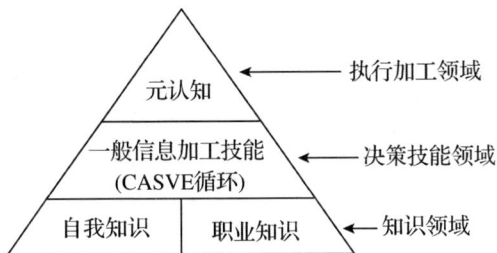

图 5.2　生涯决策的认知信息加工金字塔模型

1. 知识领域

金字塔的底层是知识领域，储存了各种事实和信息，包括自我知识和职业知识两部分，这是生涯决策的重要依据。在探讨自我知识时，CIP 理论吸收了霍兰德的人格类型学说，同时把价值观、技能等纳入其中一并考虑。因此，在进行生涯决策时，价值观、兴趣和技能被认为是需要考虑的重要因素。知识领域的第二部分是职业知识，职业知识是生涯规划的第二块基石，包括理解行业职业、学校专业及其组织结构等。这一部分还强调生涯决策需要了解学习领域、职业领域和休闲活动等，把教育、工作和休闲看成是相互关联的选择。

2. 决策技能领域

金字塔的中间层是决策技能领域，该领域包含了进行良好决策的五个步骤：

---

① 李西营：《国外职业决策理论综述》，载《河南科技学院学报》，2007(1)：66—69 页。

② 王亚丰：《生涯决策的理论观照与教育关怀》，硕士学位论文，湖南农业大学，2013。

沟通(Communication)、分析(Analysis)、综合(Synthesis)、评估(Value)、执行(Execution)，简称 CASVE 循环(图 5.3)。

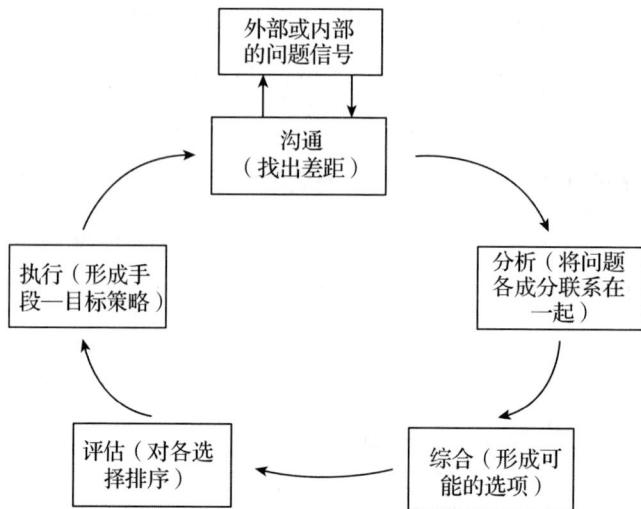

图 5.3　CASVE 循环①

沟通阶段，要通过内部或外部沟通得到关于职业理想与现实之间差距的信息。个体要意识到问题存在，确认自己需要做出选择。分析是了解自我和个人各种选择的阶段。个体要尽可能了解造成差距的原因，并把各因素和相关知识联系起来。综合阶段主要是综合和加工上一阶段提供的信息，从而制定消除差距的行动方案。评估阶段将选择一个职业、工作或大学专业。本阶段往往会选出一个最佳选项，且做出实施承诺。执行阶段则根据制订的计划把思考转换为行动，是实施选择的阶段。并且 CASVE 循环是一个不断重复的过程，在执行阶段之后，生涯决策者又回到沟通阶段，以确定和调整所做出的选择。

3. 执行加工领域

金字塔顶层是执行加工领域，也称为生涯元认知，涉及如何思考生涯决策、如何为生涯决策提供精确指导。元认知若缺失，则无法解决生涯问题。自我对话、自我觉察、自我控制和自我监督等是一些重要的元认知技能。

---

① 王亚丰：《生涯决策的理论观照与教育关怀》，硕士学位论文，湖南农业大学，2013。

认知信息加工理论揭示了生涯问题的复杂性、生涯结果的不确定性，同时强调各因素和各路径的相互联系，体现了对经典人职匹配理论的超越。就目前的理论进展而言，这一模型应该属于指导性、操作性、应用性比较强的理论模型，也是本书较为赞同的一个生涯决策应用模型。

第三节 流程与方法

一、生涯决策的基本流程

生涯规划是个系统工程，需要综合多种信息的信息加工过程。美国学者提出的生涯规划三角模型强调三个重点：个人特质的澄清与了解；教育与职业资料的提供；个人与环境的协调。这三个方面在职业生涯规划中同等重要。而生涯决策就是在综合考虑三方面信息的基础上，积极与环境互动，寻求发展机遇，克服发展障碍，解决生涯发展过程中的问题，以期实现个人生涯目标的过程。

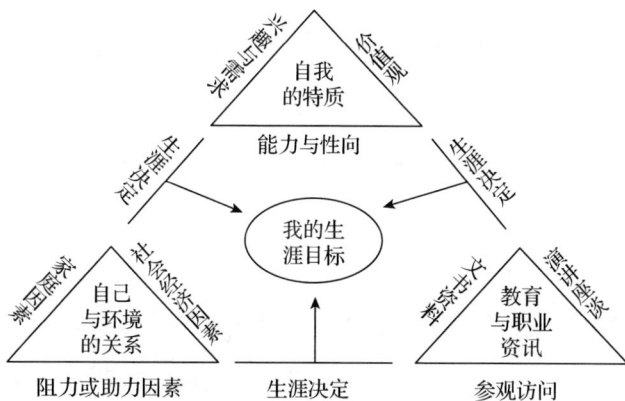

图 5.4 职业生涯规划三角模型①

新高考改革背景下，试点省份的高中学校纷纷推出了先行先试的做法，对于高中生而言，所面临的重大生涯决策事件有：在实行选科走班制的学校里如何选

① 王红丽、杨碧君：《生涯指导 36 问：给高中教师的生涯指导建议》，北京，中国少年儿童出版社，2017。

课、在"6选3"或"7选3"中如何选考、报考大学如何选专业等。在这些重大问题上，如何综合各方面信息，做出科学理性、有利于发展的生涯决策是对学校、学生和家长的另一种综合考试。要想做好这份答卷，需要遵循科学的流程，做好每一个决策环节。对于生涯决策的基本流程，不同学者提出了不同的步骤环节，如上文提到的图5.1和图5.3都从各自角度进行了划分，但整合归纳起来，其重要环节是基本一致的。

(一)启动准备阶段

1. 启动

启动环节基本对应于图5.1中的"开始"与"觉醒"。启动的方式有主动和被动之分，例如，基于理想信念的思考、生涯决策意识的觉醒等都属于主动启动，选课、选考、选志愿时间节点的到来以及老师或家长的启发、某一重要人物的影响等则属于被动启动。不管怎样，生涯决策的启动都意味着高中生开始思考自己人生道路的走向并尝试着做出选择与决定。

2. 准备

准备环节包括心理准备、信息准备和人际准备等。心理准备是指高中生要从认识上、方法上和技术上做好将要进行重要生涯决策的准备，包括引起足够重视、制订合理计划、掌握相关元认知技能等。信息的准备指的就是生涯信息的充分准备，包括关于自我的信息、关于目标的信息以及关于其他影响因素的信息等。信息准备是准备环节中最为重要的部分，高中生所搜集的信息越充分越全面，据此做出的决策就越优化。人际准备指的是有关社会支持的准备，如取得来自家人、学校、专业人士、同学、亲戚、朋友的支持，以使自己在需要他们提供咨询、分析、监督等帮助时能够获得对方的足够帮助。

(二)信息加工阶段

1. 沟通

沟通环节主要任务是了解关于各种理想目标与现实状态等之间差距状况。这些信息通过内部或外部交流途径传达给高中生。内部沟通包括情绪信号和身体信号，如兴奋、厌烦、失望，昏昏欲睡、头痛等。外部沟通包括父母对自己生涯规划的询问，老师、同学对自己的评价等。在这一阶段，个体意识到所存在的问题，确认自己需要做出选择。

2. 分析

在分析环节，高中生通过反复思考与权衡，更充分地了解现实情况与理想目标之间的关系及差距情况，不断完善自我认识，进一步了解目标状况和环境需求。在本阶段，决策者需要在他人帮助下把各因素和相关知识联系在一起，例如，将兴趣、能力、价值需求、家庭需要等都全面考虑到目标选择之中。

3. 综合

综合阶段主要是对所有信息进行整合加工，制定出行动方案选择清单，高中生可以采取"先扩大后缩小"的综合法，先调动发散思维，尽可能多地找到一系列选择，然后再用聚合思维，将有效的方案缩减到 3～5 个选项。

4. 评估

评估环节的第一步是评估每种选择对自己和他人的影响，从自己和重要他人的代价和益处两方面进行评价。第二步是对综合阶段得出的选项进行排序。决策者往往会选出一个最佳方案，且做出承诺去实施这一方案。

(三)执行重估阶段

确定实施方案后，生涯决策还没有最终完成，在条件允许的情况下，最好能进行一段时间的执行之后，对各类信息和执行效果进行重新评估，以确定所选方案是否能够达到预期效果。这就需要重新回到沟通过程，如果效果并不理想则需要从修正信息开始重新进入一轮生涯决策再循环。

二、生涯决策的常用方法

生涯决策的三个阶段分别对应不同的决策任务，启动准备阶段主要任务是搜集自我、目标和环境等各方面信息，本阶段可以采用的主要方法是量表测评法、问卷调查法、资料查阅法、深度访谈法、生涯体验法等。信息加工阶段主要任务是针对所收集的信息进行交流、分析、综合、评估，本阶段可以采用的方法主要有 SWOT 分析法和平衡单技术等。执行重估阶段是一个新的循环开始的阶段，需要重新采用上述方法进行新一轮生涯决策过程。

(一)测评问卷法

量表测评和问卷调查是获得各类信息的重要途径。在生涯决策过程中所要搜集的信息包括主要变量和影响因素两类，在当前互联网技术高度发达的今天，相关测评可以在线上测评系统平台中实现"实时做测评、实时出报告"，甚至可以进行测评工具的个性化定制和网上交互功能。以 MPS 生涯北斗导航系统（王新波，2018）为例，其主要测评工具及功能如下表所示。

表 5.1　MPS 生涯北斗导航系统主要测评工具列表

维度	量表	主要内容	功能
情感维度 （我喜欢）	性格测评	了解基本人格特质	主变量
	学科兴趣测评	了解九大学科兴趣	主变量
	职业兴趣测评	测量职业兴趣倾向	主变量
	身心健康测评	检测情绪、人际、躯体化等问题	影响因素
能力维度 （我胜任）	多元智能测评	测量语言、逻辑、空间、运动等九种智能	主变量
	学科效能感测评	测评九大学科效能感	主变量
	学科能力分析	分析各科学业能力	主变量
	学习心理测评	测评学习动机、风格、技术等六大子系统	影响因素
价值维度 （我看重）	价值观测评	了解总体价值观	主变量
	学科价值观调查	了解学科价值观	主变量
	职业价值观调查	了解职业价值观	主变量
	生涯决策困难测评	测评个体决策困难的表现与原因	影响因素

(二)资料查阅法

通过科学、权威、便捷的信息获取工具，可以更为全面地掌握生涯决策相关的重要信息。在信息高度发达的今天，获取信息的线上线下渠道非常多，如专业书籍、报刊文章、网络资源等。特别是互联网上有海量的资源可以利用，例如，JOB 搜搜就是全球最大的中文职业信息搜索引擎；百度方便、快捷，互动性强；

还有企业、大学等官方网站，内容丰富而权威。

(三)深度访谈法

对重要人物的深度访谈是获取有用信息的另一个重要途径。父母、亲戚、老师、朋友、同学、不同职业的代表性人物和相关领域的专家都可以成为访谈对象。从这些重要他人那里获得对自己的评价、建议，关于某种职业的阅历以及对备选方案的分析等对于个体决策都是重要的参考依据。但深度访谈法的应用要注意三个问题：一是访谈法不是日常随意的聊天、谈话，而是最好预先设计好访谈提纲进行逻辑严密的科学访谈；二是对于访谈结果要客观记录，系统分析；三是不管访谈对象如何权威和重要，其观点和建议也只是参考信息，生涯决策依然要以个体本身为主要依据。

表5.2　生涯人物访谈表[①]

受访者姓名：	职业：
与你的关系：	职位：
访谈时间：	地点：
访谈提纲： **1.** 您是如何从事这份工作的？您的职位是什么？薪酬待遇如何？您的主要职责(工作内容)是什么？ **2.** 就您的工作而言，您最喜欢什么？最不喜欢什么？您在哪些方面最有成就感？ **3.** 您认为要胜任这个职业，需要什么样的教育背景、任职资格和基本技能？ **4.** 什么样的个人品质和核心能力对做好这份工作十分重要？ **5.** 您的职业所面临的压力和挑战是什么？机遇和前景如何？ **6.** 您对未来的职业发展有何规划？现在正在做哪些准备？ **7.** 学习为目前的工作提供了哪些基础？ **8.** 如果回到学生时代，您会如何规划自己的职业生涯？	
访谈记录： 	

(四)生涯体验法

生涯体验法指的是在条件允许的情况下，前往目标场景中进行实际体验的方

---

① 朱凌云等：《中小学生涯教育理论与方法》，北京，北京师范大学出版社，2015。

法，如参观选课走班现场情况、到大学研学旅行、体验某种职业的日常工作过程等。这种方法可以让决策更加真切地感受目标场景的状态和要求，修正和完善自己此前的认识和存储的信息，对于科学决策具有重要意义。

(五)SWOT 分析法

SWOT 分析法最初主要用于企业战略制定、竞争对手分析等场合，通过评价企业的优势(Strengths)、不足(Weaknesses)、竞争市场上的机会(Opportunities)和挑战(Threats)，在制定企业发展战略前对企业进行深入全面的分析以及竞争优势的定位。后来用于生涯决策的信息分析过程，指的是根据个人和环境两方面的内容，分析一个人的优势、不足、机会和挑战，从而为更加科学的生涯决策提供依据。

在 SWOT 组合分析图中，"优势＋机会"区，被称为强化区，是指有利于个体发展，要充分利用优势抓住机会；"优势＋挑战"区，被称为储备区，是指个体虽在某方面有优势但面临的竞争也非常激烈；"不足＋机会"区，被称为提升区，是指需要个体去努力提升的方面；"不足＋挑战"区，被称为规避区，是指个体在进行生涯决策时要尽量避免这一选择。

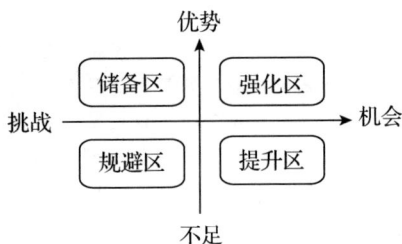

图 5.5　**SWOT** 分析模型①

(六)平衡单技术

平衡单是常被应用于重大生涯决策过程中的一种技术，旨在协助决策者系统地分析每一个可能的备选方案，判断各种方案实施后的利弊得失，然后依据其在

---

① 朱凌云等:《中小学生涯教育理论与方法》，北京，北京师范大学出版社，2015。

利弊得失上的加权计分排定各个方案的优先顺序，以执行最优先或偏好的方案。以选择职业为例，使用平衡单技术的基本步骤是：(1)列出可能的选项：首先需在平衡单中列出3～5个有待深入评量的潜在选项；(2)判断各个选项的利弊得失，主要集中在"自我—他人""物质—精神"所构成的四个方面，分别是：自我物质方面的得失(所需条件、期待待遇、升迁机会、工作环境、休闲时间、生活变化、健康等)、他人物质方面的得失(家庭经济与地位、与家人相处的时间等)、自我赞许(精神方面)的得失(生活方式、价值观、兴趣的满足、成就感、归属感、挑战性、社会声望等)、他人赞许(精神方面)的得失(孝敬父母、与朋友的关系等)。决策者可依据重要的得失方面，以"＋5"至"－5"的十一点量表(＋5、＋4、＋3、＋2、＋1、0、－1、－2、－3、－4、－5)来衡量各个选项；(3)各项考虑因素的加权计分：对当时个人而言，重要的考虑因素可乘以1～5倍分数(如最重要的×5，较重要的×4，一般重要的×3，较不重要的×2，最不重要的×1)，依次递减；(4)计算出各个职业选项的得分：逐一计算各个选项在"得"(正分)与"失"(负分)的加权计分与累加结果，并计算各个生涯选项的总分；(5)排定各个职业选项的优先顺序：最后，依据各职业选项在总分上的高低，排定优先次序。决策选项的优先次序即可作为生涯决策的依据。

表5.3　职业选择平衡单样例

影响因素	职业1			职业2		
	项目得分	权重分数	项目总分	项目得分	权重分数	项目总分
时间自由						
待遇丰厚						
离家近						
竞争程度						
家人期待						
……						
结论	总分1			总分2		

第四节　案例与实操

一、生涯决策的典型案例分析

选课走班、选考、选专业、职业生涯定向，这些生涯主题是每一个高中生都要面对的，普适性的生涯决策理论、模型、流程、方法的研究成果为高中生做出科学决策提供了很强的指导意义和价值。但每一个高中生都是活生生的个体，其个性、人生志趣、价值观、能力倾向、学科能力、家庭背景乃至区域特征、时代背景各不相同，因此面对不同的个案，还需要把相关理论研究的基本规律与每一个学生的具体实际相结合，具体问题具体分析，才能获得理想的决策结果。

(一)顺利决策的案例分析

高中生的飞行员梦

高一学生张明从小就喜欢看与飞行员有关的电视节目，成为飞行员、飞上蓝天是他一直以来的梦想。但是，通过一些纪录片、新闻报道、影视作品等节目，他只是简单了解到飞行员的分类和训练情况，至于如何成为飞行员他还是不太清楚。他借助网络搜索引擎了解到，每年的上半学期，航空公司或者空军、民航的飞行院校会在高三学生中招募飞行员，个人报名后还要参加面试和体检。他在学校的橱窗里看到了招募飞行员的通知，通过对照上面列举的飞行员的基本要求，他发现自己基本符合条件，因此感到非常高兴。他向父母表明了自己准备在高三参加飞行员招募的决定。父母表示支持，并给他购买了一些关于飞行员的书籍和杂志，鼓励他为实现梦想而努力。通过这些资料，张明找到了飞行员体检及面试的整个流程介绍，而且收集到了招收飞行员的相关大学资料及高考录取分数线。班主任得知了张明的理想也很支持，他介绍了一位已经毕业并且在飞行学院学习的学长给张明。张明通过电话咨询了这位学长，获得了很多重要的信息。学长建议他在高二时可以申请提前接受体检，看看自己是否符合飞行员的要求。学长鼓励张明刻苦学习，坚持锻炼，注意保护视力，并且告诉他有问题可以通过电子邮件和他联系。咨询了学长后，张明觉得自己目标更明确了，也更有动力了，决心为了实现梦想要加倍努力。[①]

在这个案例中，张明同学的生涯意识觉醒早并且清晰，因此生涯决策启动早，自我准备、信息准备、人际准备都非常从容。在生涯决策过程中，张明同学使用了资料查阅法、沟通访谈法等方法，幸运地获得了家人、老师和学长的支持与帮助，使得生涯决策的过程非常顺利。

(二)决策困难的案例分析

小瑞的心理梦

小瑞非常喜欢看刑侦类的影视剧，最近又迷上了美剧《不要对我说谎》(*Lie To Me*)和《犯罪心理》，他很想像剧中的心理分析师一样，通过观察表情和动作就能判断出罪犯的想法和行为。临近高考，他和父母一起参加了某大学举办的高考招生咨询会，他直接来到心理学院的咨询台旁，向老师说明了自己想学习心理学的愿望及原因，然而心理学院的老师却告诉他，心理学并不是他所想的那种"读心术"，而是研究人行为和心理活动规律的学科，未来所从事的工作也非常广泛，包括教育、培训、人力资源管理、市场研究等很多领域。

小瑞听到咨询会老师的回答觉得有些始料不及，之所以出现这样的情况，主要问题出在决策前期的信息收集与加工环节。首先把影视剧作为激发兴趣的起点本没有问题，但影视作品是进行了艺术加工过的，对一些职业进行了夸张和渲染，因此仅仅把影视作品的描述作为目标职业的信息，是非常片面的。小瑞应该提前采用资料查阅、测评问卷、访谈、实践体验等方式加深对自己和目标职业的了解，并且多跟身边的人沟通，听取意见。另外，最好在高考前，基于SWOT分析法给自己确定多个备选方案，并用平衡单技术进行严谨的分析。

---

① 朱凌云等：《中小学生涯教育理论与方法》，北京，北京师范大学出版社，2015。

小史的考古梦

小史从小喜欢恐龙化石和关于史前文明的资料。他担任学校考古社团的负责人，多次在相关竞赛活动中获奖。在高考填报志愿时，他想报考古生物学有关的专业，然而拥有家族产业的父母却希望他报考工商管理类专业，认为这样可以充分利用家族的人脉，甚至将来继承家族产业。为此，他与父母发生了冲突，谁也说服不了谁……

小史遇到的问题是生涯决策过程中沟通环节的问题。在双方相持不下的时候，主张"只听一方观点而完全忽视另一方"是不合适。这时候，作为学校老师或生涯导师，首先要做的是通过系统测评、问卷与访谈充分了解小史的个人信息和两个可供选择方案的信息，通过 SWOT 分析法和平衡单技术让双方坐下来进行冷静细致的分析，既让家长看到越俎代庖的不可取，也让小史更加明确自己的理想、兴趣、能力以及未来前景，使双方能够最大限度地达成一致，形成合理的判断和选择。

(三)曲折后成功的案例分析

刘瑞的选择

刘瑞同学连任学校天文台台长，一直非常热爱天文，但在取得高考佳绩后，让人意外的是，他并没有报考天文系，而是报考的电子工程专业。他在自己的规划书中写道："我多次认真思考了自己适合的职业以及对未来的预期，小时候很希望成为一名科学家，甚至曾希望成为第一个获得诺贝尔奖的中国人。可当我抓住了天文台台长的机会，走上科学探索之路时，虽然我从中得到快乐，但我的理想似乎改变了，变得更成熟，我希望成为一名成功的企业领导人，将天文作为终身的爱好。至于原因，是因为我自己内心的一个声音，它告诉我要成功，要以自己的智慧赢得财富和名誉，最终以自己创造出来的产品改变世界。"他接着分析了自己的特点，更喜欢做管理而不是研究，制定了高中三年的具体目标及中期和长期目标。他选择了创造一所知名的民族 IT 企业作为人生长期目标，因此放弃天文系而选择电子工程系不是无奈和随意，而是主动选择。[1]

刘瑞同学的选择经历了一个转向，由原来的天文转向了电子工程，但这是一种主动转变，是更加了解自己以后做出的理性改变，这种主动分析、主动思考、主动选择恰恰是生涯教育的重要目标之一：让学生为自己的人生发展负责。经历了这种内心的曲折，相信刘瑞同学更加深刻地认识自己，也将会更加坚定自己当前的选择。

李爽的调整

李爽从初中就特别喜欢物理，学起物理来可以废寝忘食，而且物理成绩一直相当优异，大家都说他是物理天才，他自己也暗下决心要成为一名物理学家。高二那年暑假，李爽的物理老师赵老师带李爽走进了他心心念念的大学物理实验室，实验室的李教授是赵老师的大学同学。一个暑假下来，李爽有些沮丧地回到学校，对赵老师说：我依然很喜欢物理，但是我很不喜欢实验室的工作和生活，太单调乏味了，想想以后一辈子要过这样的生活，就觉得很无聊……赵老师会心地笑了，因为他知道，李爽个性活泼开朗、爱表达、善交往，班里同学物理学习遇到麻烦时，他都会主动热情又有耐心地给同学讲解，可以说是赵老师的得力助手。赵老师与李爽认真地收集和分析了所有信息，包括李爽的兴趣、个性特点和能力。最后，李爽报考并成功进入重点师范大学物理系物理教育方向，毕业后成为一名物理教师。[2]

李爽同学的成功决策取决于两个方面：一是意义重大的生涯体验，二是与赵老师的充分沟通以及共同对信息的分析综合。当然在这一过程中他也经历了情绪上的波折，在实验室的经历让他从最初的兴致勃勃到最后的万分沮丧，产生了迷

---

[1]　朱凌云等：《中小学生涯教育理论与方法》，北京，北京师范大学出版社，2015。

[2]　王红丽、杨碧君：《生涯指导 36 问：给高中教师的生涯指导建议》，北京，中国少年儿童出版社，2017。

茫和对自己兴趣的怀疑。这些曲折在生涯决策的过程中很常见，有些人以此为契机，找到了真正适合自己的方向；而有些人则陷入了决策困难，这其中有没有用好生涯决策的规律是关键。

二、生涯决策的指导路径

面对就业环境不确定性越来越显著的当今时代，培养学生的生涯决策能力，让学生增强自主决策的本领比试图为其实现精确匹配更具有现实意义。这一能力包含着自我认知、自主发展、积极的生涯信念和责任感等多个方面，学校的生涯导师(班主任、心理教师)可以通过班级辅导课程、团体生涯辅导和个体生涯咨询等多种形式协助学生深化探索，指导学生权衡利弊，引导学生自主决策。

(一)班级辅导课程

班级辅导课程有利于培养与发展高中生的生涯决策能力，辅导的目的不是帮助个体找到一个确定的职业或生涯方向，而是希望通过手段与方法的学习，使个体学会自主决策。为此，已有研究者依据生涯决策的理论及团体辅导的理论设计出系列班级辅导方案，探索出促进生涯决策能力的实施途径与方法。[①]

生涯决策班级辅导课程是以班级为单位的辅导活动，其典型特点是课程特征明显，具有一套系统的辅导计划，活动目标、系列主题、方法手段、组织形式等都经过了精心设计。(1)课程总体的活动目标是促进学生自我概念的发展，学习相关知识与操作方法，提高生涯决策能力。(2)系列主题包括：生涯角色(工作与生活角色的平衡辅导)、生命主题(个人特质及生涯发展经历辅导)、生涯变换(社会变迁与生涯应变辅导)、生涯选择(生涯决策技术辅导)，这些主题不可能通过一次辅导活动完成，经常在同一主题下设计出系列活动。(3)方法手段主要是情境式、互动式，协助学生通过师生互动和生生互动，探索、整合并运用生涯信息与资料，提高生涯决策能力。组织方式是小组合作学习方式。辅导前，教师可以

---

① 张冬梅：《高职生生涯决策班级心理辅导设计与操作》，载《职教通讯》，2013(1)：16−19页。

将班级学生分成 8～10 人的活动小组（参见表 5.4）。

表 5.4　生涯决策班级心理辅导活动一览

单元名称	单元目的	单元活动内容
生涯角色	帮助学生识别生涯角色、理清生涯角色的地位与作用	角色优化
生命主题	学会平衡工作与生活角色	生涯角色图
生涯变换	促进学生回顾生涯成长过程	生涯传记
生涯选择	理清个人兴趣、能力、价值观等特质	改编故事
	引导学生认识生涯的不确定因素	生涯幻想
	培养对外界环境的应变与适应能力	生涯变迁
	训练学生的生涯决策思维	生涯选择
	帮助学生掌握生涯决策的操作技术	平衡单练习

例如，生涯选择辅导旨在训练学生生涯决策的思维与操作技术。活动中的第一步引导每位学生选出自认为最适合自己的两个职业，并与小组成员分享自己所选择的两个职业各有哪些优缺点。然后，与小组成员交换意见，再次权衡两个职业的优缺点，最后做出决定，选择一个自己认为最适合的职业。第二步采用平衡单练习。第一步生涯选择练习比较直观、模糊，主要训练学生形成"任何选择都有优点与缺点，没有一个选择是完美的"这一核心观念。第二步借助平衡单技术使学生更加细化地思考生涯选择所涉及的因素。最后，教师应提醒学生目前的生涯决策不是永久而只是暂时的，因为它是根据目前所能搜集到的信息及自我认识的程度做出的决策。社会是不断变化的，个体必须不断做出完善与调整，才能使自己有能力弹性地适应急剧变化的现代社会。

（二）团体生涯辅导

团体生涯辅导是将有同类需求的学生组成一个团体，让学生聚焦同一主题在团体活动中获得成长。例如，为促进学生树立"积极不确定"的生涯发展观，辅导者采用了"蝴蝶模型"设计了主题为"捕捉生命中的'蝴蝶'"生涯活动。①

---

①　朱凌云等：《小学生涯教育理论与方法》，北京，北京师范大学出版社，2015。

澳大利亚研究者基于生涯混沌理论开发的"蝴蝶模型"（见图 5.6）。左侧的部分表示可以计划的、可能发生的事情，右侧的部分代表无法预料的、偶然的事件。左侧的"计划圈"和右侧的"机会圈"就像蝴蝶的两只翅膀，承载了人生的各种可能，因此被称为"蝴蝶模型"。该模型将两类有机地联系起来，强调生涯决策中要妥善处理好计划与偶然的关系，个体要树立"积极不确定"的生涯发展观，从而实现计划与不可控因素的平衡。

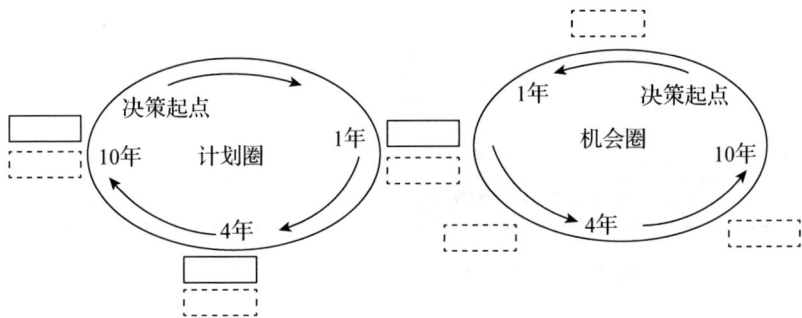

图 5.6 蝴蝶模型

捕捉生命中的"蝴蝶"

以高考专业选择为例，使用"蝴蝶模型"体验生涯决策的过程，方法如下。

第一步：请父母、老师或同学事先帮忙填写一些你在未来 1 年、4 年和 10 年之中可能遇到的"事件卡片"。例如，"未考上第一志愿""得到前往国外大学参加交换学习的机会""本专业就业形势不理想"等，可以是好的机遇，也可以是面临的挑战，还可以是其他偶然的事件。

第二步：假想自己在高三选择专业时的决定，在未来 1 年、4 年和 10 年之中将导致的结果以及最终对你的学习、生活和工作状态产生的影响。假如高三时报考了文科类的专业，1 年后就是高考结束后在大学的专业学习情况，4 年后是大学毕业时的情况，10 年后工作或继续深造的情况。在"计划圈"相应位置的实线框中填写这些预期的结果。

第三步：分别抽取自决策后 1 年、4 年和 10 年之中可能发生的"事件卡片"。

思考这些事件发生的可能性及其对自己规划的影响，并按逆时针方向把这种影响填写在"机会圈"相应位置的虚线框中，如"未考上第一志愿的新闻专业，因此进入了中文系学习"，从决策起点开始(高三专业选择)，沿着"计划圈"顺时针运动，在相应位置的虚线框中分别填写在"事件"影响下 1 年后、4 年后和 10 年后的情况。当然，实线框中的内签可以和虚线框一致，这说明偶然的事件并没有影响你某一阶段目标的实现。

请学生根据完成的"蝴蝶模型"进一步完善自己的生涯决策平衡单，比较原始的方案和经过修改的方案有什么不同。

(三)个体生涯咨询

个体生涯咨询是生涯导师(或班主任、心理教师)在学生有生涯决策方面的问题前来求助时予以个别辅导的过程。面对新高考改革的诸多革新做法，有些学生感到难以选择，甚至产生了比较强烈的焦虑、失眠等情绪问题，对此需要通过较长时间的深入咨询辅导予以化解。虽然每个学生难以做选择的原因不尽相同，但辅导者可以采用共情、回馈、作业等咨询技术，借助生涯决策平衡单等量化分析工具对其进行辅导。在整个咨询辅导过程中，生涯导师(或班主任、心理教师)需要注意强调过程的重要性，不能局限于最后的计算结果。生涯决策平衡单等技术本身只是一种工具，让学生自主思考、对决策产生新认识、形成内生能力能够进行自主决策才是最重要的。

参考文献：

[1]金树人. 生涯咨询与辅导 [M]. 北京：高等教育出版社，2007.

[2]李敏. 职业生涯决策研究综述[J]. 牡丹江教育学院学报，2009 (5)：103－150.

[3]李西营. 国外职业决策理论综述[J]. 河南科技学院学报，2007(1)：66－69.

[4]刘鹏志，金琦. 生涯教育新理念：轻规划，重适应[J]. 中小学心理健康教育，2015，281 (18)：10－12.

[5]马青. 家庭因素对大学生职业生涯决策满意度的影响：基于 SCCT 理论的研究[D]. 南京师范大学，2017.

[6]彭勃. 高中生涯教育实践模式新探索——一个中心，三个基本点[J]. 中小学心理健康教育，2010，5(上半月刊)：30－32.

[7]王红丽，杨碧君. 生涯指导 36 问：给高中教师的生涯指导建议[M]. 北京：中国少年儿童出版社，2017.

[8]王蕊. 高中生父母生涯教育及其与心理分离、生涯决策的关系[D]. 苏州大学，2015.

[9]王亚丰. 生涯决策的理论观照与教育关怀[D]. 湖南农业大学，2013.

[10]张冬梅. 高职生生涯决策班级心理辅导设计与操作[J]. 职教通讯，2013(1)：16－19.

[11]朱凌云等. 中小学生涯教育理论与方法[M]. 北京：北京师范大学出版社，2015.

（撰写者：单洪雪）

第六章　精准选科

2014 年 9 月，国务院发布《关于深化考试招生制度改革的实施意见》(国发〔2014〕35 号)改革考试科目设置。明确指出："增强高考与高中学习的关联度，考生总成绩由统一高考的语文、数学、外语 3 个科目成绩和高中学业水平考试 3 个科目成绩组成。保持统一高考的语文、数学、外语科目不变、分值不变，不分文理科，外语科目提供两次考试机会。计入总成绩的高中学业水平考试科目，由考生根据报考高校要求和自身特长，在思想政治、历史、地理、物理、化学、生物等科目中自主选择。"

2014 年上海市、浙江省分别出台高考综合改革试点方案，从 2014 年秋季新入学的高中一年级学生开始实施。

对高考改革来说，2017 年是一个特殊年份。这一年，不仅是高考恢复 40 周年，也被称为"新高考元年"，高考综合改革试点地区的考生迎来了首次新高考。由于各地采用的是根据自身条件逐步参与施行的方式，所以不同地区的考生参与新高考的时间有所不同，具体可以参见下表。

表 6.1　不同地区新高考实施时间表

批次	参　与　地　区	启动时间	首次新高考实施时间
第一批	浙江、上海	2014 年	2017 年
第二批	北京、天津、山东、海南	2017 年	2020 年
第三批	湖南、湖北、河北、辽宁、重庆、江苏、福建、广东	2018 年	2021 年
第四批	黑龙江、甘肃、吉林、安徽、江西、贵州、广西	2021 年	2024 年
第五批	山西、河南、陕西、内蒙古、四川、云南、宁夏、青海	2022 年	2025 年

第一节　科目选择

一、什么是科目选择

科目选择作为参加高考的高中生从思想政治、历史、地理、物理、化学和生物6个科目中自主选择3科作为高考的等级性考试科目。2014年新高考改革试点正式开始，作为第一批实行新高考制度的省份，浙江和上海分别公布了本省的新高考制度，浙江采用"7选3"（除上述6个科目增加技术）的选科模式，上海选科采用"6选3"的模式。

2017年作为第二批改革的省份，山东、天津、北京、海南4个省份采用"3+3"选科的模式。但是4个省份因地制宜，依据每个省的不同情况在学考和选考制度上各有不同。

2018年第三批实行新高考的省份有湖南、湖北、河北、辽宁、重庆、江苏、福建和广东8个省份。这8个省份充分借鉴第一批和第二批实行新高考省份的经验，有效地调节选课不平衡、教学资源分配不均匀的问题，采取"3+1+2"的考试模式，即确定物理或历史为必选科目，然后从剩下4个科目中选取2个科目，实行统一的等级赋分制度，选科组合数从20降为12，客观降低了学校组织难度。2021年第四批高考改革7个省份以及2022年第五批改革8个省份均采用"3+1+2"考试模式。

二、高中生学科考试的科目、形式和时间

表6.2　高中生学科考试的科目和形式

考试科目	合格考试	等级考试	高考
语文	可用高考成绩认定	—	√
数学	可用高考成绩认定	—	√

考试科目	合格考试	等级考试	高考
英语	可用高考成绩认定	—	√
物理	√		—
化学	√		—
生物	√		—
历史	√	选三科参加	—
地理	√		—
政治	√		—
体育与健康	√	—	—
艺术	√	—	—
信息技术	√	—	—
通用技术	√	—	—

等级考试：每学年组织一次，学生在高三年级第二学期参加。

合格考试：体育与健康安排在高三第二学期，艺术（音乐、美术）安排在高三第一学期末。其余11门科目合格考试每学年组织两次，分别安排在每学期末。普通高中在校学生首次参加合格考试时间为高一第二学期末。

浙江省要求，语文、数学2科学考和高考将分开安排：作为学考科目，2科满分各为100分，其报考资格、考试日期、划等（5个等级）比例方法、作用均与其他学考科目相同；作为统一高考科目，2科满分各150分，在2017年的6月安排考试，仅限当年高考考生参加。

外语科目一年两考，一考两用，一次在6月与高考语文、数学同步安排，仅限当年高考考生参加；另一次在10月与其他学考科目同步安排。首次外语考试在2016年10月开考。每次外语考试都兼具学考和高考两个功用，两次考试的学考等级和计入高考的卷面得分均由学生选择一次使用，考试卷面满分均为150分。

山东夏季高考自 2020 年起，统一考试科目为语文、数学、外语 3 个科目，不分文理科，外语考试分两次进行。考生的总成绩由 3 门统一高考科目成绩和自主选择的 3 门普通高中学业水平等级考试科目成绩组成，总分 750 分。外语科目考试分听力和笔试两次进行。其中，听力部分有 2 次考试机会，安排在高三上学期末进行，取最高原始分计入高考成绩；笔试部分有 1 次考试机会，安排在 6 月国家统一高考期间进行，取原始分计入高考成绩。外语成绩由听力和笔试两部分成绩相加组成。

三、合格考和等级考的成绩计算

合格考试成绩是普通高中学生毕业以及高中同等学力认定的主要依据。学生学业水平考试所有科目成绩将提供给高等学校招生使用。其中，将学生自主选择的 3 门科目等级考试成绩纳入高等学校招生录取工作。

合格考试的成绩只分合格、不合格两种。

天津：等级考试成绩以等级呈现，分为若干等级。等级根据原始分划定。参加本市当年统一高考考生的等级考试科目成绩将提供给招生高校使用。等级考试成绩当年有效，计入高考总成绩方式另行制定。

以上海为例，考试成绩根据人数比例，由高分到低分共 5 等 11 级，对应分值如下：

等级	A+	A	B+	B	B−	C+	C	C−	D+	D	E
比率	5%	10%	10%	10%	10%	10%	10%	10%	10%	10%	5%
分值	70	67	64	61	58	55	52	49	46	43	40

所选择参加的 3 门等级考成绩按折算后的分数（上海满分 70 分）计入高考总分。

根据山东省颁布的《山东省普通高中学业水平考试实施方案》，2017 年秋季入学的高一学生将使用新的普通高中学业水平考试方案。新的普通高中学业水平考试(简称"学考")分为合格考试和等级考试。

合格考试是普通高中生获取毕业证的主要依据,学生只需完成必修模块的学习,即可参加合格考试,"学完即考""一门一清"。

合格考试成绩分为合格、不合格。合格则能取得毕业证,不合格则无法取得毕业证。

等级考试则是从政治、历史、地理、物理、化学、生物 6 门科目中选考 3 门,前提是所选科目的合格考试成绩必须达到合格。等级考试成绩以等级形式呈现,纳入高校招生录取工作。

等级考试成绩是新高考模式下录取时"两依据、一参考"中的"两依据"之一,另一个"依据"是语文、数学、外语 3 科全国统一高考。"一参考"指的是综合素质评价。

浙江和上海对首次合格考试的考试科目数量都有限制,其中,上海市高一年级只提供 3 个科目的合格考试,浙江则是提供 13 门科目的考试,但只允许完成 3 门以内。

长期从事新高考改革研究的 21 世纪教育研究院副院长熊丙奇说,从浙江、上海的做法来判断,站在政府层面,并不建议学生高一就考很多。理由是这样的:"如果合格考达标了,一般以后就不会再碰这门课了,这从教育规律和人才培养角度并不是好事。"

上海新高考的合格考试只分合格、不合格。合格考试是高中生毕业的必要条件,所有科目都合格了才能毕业。

而浙江的学考成绩则是分等级的,分成 A、B、C、D、E 5 个等级,这个在"三位一体"招生中是要参考的。

学考成绩不会影响高校录取,高考成绩只跟选考成绩有关,只要考生的选考成绩达标,就有机会被录取。

四、等级考怎样划定人数比例

等级考试成绩以等级呈现,按获得该次考试有效成绩的考生(即缺考或未得分的考生除外)总数的相应比例划分等级。具体可以参看下面浙江高中学考和高考选考考生等级的划分。

高中学考和高考选考都以当次当科考试考生的卷面得分(学考按 70 分试卷的得分,选考按 100 分试卷的得分)为依据,根据事先公布的等级比例(见下表),按最接近的累计比例划定等级。学考划 A、B、C、D、E 5 个等级;高考选考划 21 个等级并报告给学生,按下表的对应关系赋分,在招生录取时计入高考总分。

表 6.3 　高中学考科目的等级划分

等级	A	B	C	D	E
人数比例(%)	15	30	30	20	不超过 5

表 6.4 　高考选考科目的等级划分和赋分

等级	1	2	3	4	5	6	7	8	9	10	11
人数比例(%)	1	2	3	4	5	6	7	8	7	7	7
赋分 (计入高考总分)	100	97	94	91	88	85	82	79	76	73	70
等级	12	13	14	15	16	17	18	19	20	21	
人数比例(%)	7	7	7	6	5	4	3	2	1	<1	
赋分 (计入高考总分)	67	64	61	58	55	52	49	46	43	40	

选考成绩不打分,按等级划分。据了解,高中学考和高考选考都以当次当科考试考生的卷面得分(学考按 70 分满分的得分,选考按 100 分满分的得分)为依据,根据等级比例,按最接近的累计比例划定等级。学考设 A、B、C、D、E 5 个等级,分别对应的人数比例约是 15%、30%、30%、20%,其中,E 为不合格

等级，该等级比例不超过 5%。高考选考科目加试 30 分题目，划 21 个等级，以学考合格为前提赋分，合格起点赋分 40 分，满分 100 分，得分共分 21 个等级，每个等级分差为 3 分，各个等级人数比例根据事先公布的比例确定等级。

五、不同选科要求的专业数量

"6 选 3"之后，许多学校的专业对学生的选科有一定要求，根据报考院校公布的专业（类）选考科目要求，主要分为 6 类：①不做选科要求；②必选 1 科，方可报考；③必选 2 科，方可报考；④2 个科目，其中 1 科选考，即可报考；⑤必选 3 科，方可报考；⑥3 个科目，其中 1 科选考，即可报考。从全国已公布的山东省 2021 届各高校 24056 个招生本科专业（类）选考要求看，如表 6.5 所示。

表 6.5　山东省 2021 年不同科目组合的可报考专业比例

序号	组合	可报专业比例
1	物理＋化学＋历史	99.90%
2	物理＋化学＋地理	99.40%
3	物理＋生物＋历史	99.30%
4	物理＋政治＋历史	99.30%
5	物理＋历史＋地理	99.30%
6	物理＋生物＋政治	99.00%
7	物理＋生物＋地理	99.00%
8	物理＋政治＋地理	99.00%
9	物理＋化学＋政治	98.90%
10	物理＋化学＋生物	97.40%
11	化学＋生物＋历史	88.7%
12	化学＋政治＋历史	88.60%
13	化学＋生物＋政治	88.10%

续表

序号	组合	可报专业比例
14	化学＋政治＋地理	88.10％
15	化学＋历史＋地理	88.60％
16	化学＋生物＋地理	87.40％
17	生物＋历史＋地理	77.80％
18	生物＋政治＋地理	76.10％
19	生物＋政治＋历史	75.30％
20	政治＋历史＋地理	52.90％

在表6.5中，可以清楚地看到，20种不同选择可以报考高校的专业比例。如果考生选择排在最前面的"物理＋化学＋历史"的组合，可以报考99.9％的高校专业；如果选择了"政治＋历史＋地理"组合，那么只能报考52.9％的高校专业。

以考生小李为例，小李想报考上海交通大学的临床专业，上海交通大学临床专业(本硕博八年制)2021年在山东招生的选考科目是化学和物理，那么小李的选考科目组合就可以有4个，分别是：化学＋物理＋生物、物理＋化学＋历史、物理＋化学＋政治、物理＋化学＋地理。小李只要在这4个组合里选择一组即可。

六、高校对等级考单科成绩的要求

国务院《关于深化考试招生制度改革的实施意见》在考试科目设置方面明确规定，高中将不再分文理科，高考总成绩改由两部分组成。一部分是全国统一高考的语文、数学、外语3个科目的成绩，150分的分值不变。其中，外语科目提供两次考试机会，可选其一计入总分。另一部分是高中学业水平考试成绩，这其中包括思想政治、历史、地理、物理、化学、生物等14门科目，而每门都实行"学完即考""一门一清"，在高考中不必重新再考。考生在报考时，只需根据报考高校提前发布的招生报考要求和自身特长，从思想政治、历史、地理、物理、化学、生物六科中自主选择 3 门科目的成绩，计入高考总分。

根据 2017 年的招生目录，6 选 3 试点当地高校均未对考生的等级考成绩提出单科要求。外地优质高校也几乎没有要求。具体请参考当年的《招生目录》。

七、高校对考生选考科目的要求

考生根据院校专业组的科目要求填报志愿时，本人 3 门选考科目中只要有一门与拟报院校专业组的科目要求一致，即满足填报该院校专业组的科目要求。

对于不限科目要求的院校专业组，考生在填报时无科目限制。

对于同样在选考范围内的科目，考生不管是选了哪一门都是一样的，不存在优先录取的情况。

八、根据自己的兴趣爱好做出选择

建议考生根据自己的兴趣特点、学科特长和未来的专业规划，结合下面两张图进行选择。

根据大学专业指定学科做出选择：

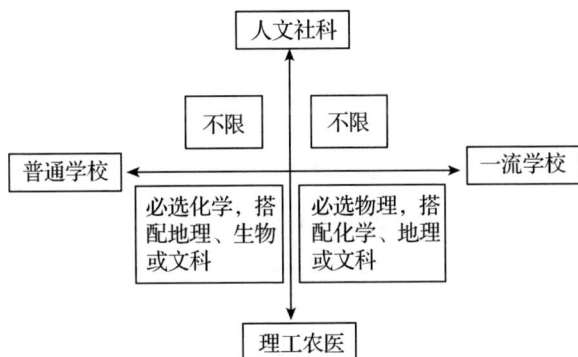

图 6.1 根据大学专业指定学科选择图示

根据自身学习能力进行选择：

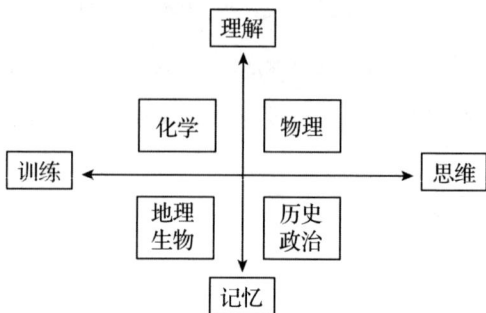

图 6.2 根据自身学习能力选择图示

九、专业平行志愿——不上不喜欢的专业

由于选考已不分文理科，招生录取也不再有文理之分，而是分为普通类（提前录取和平行录取）、艺术类、体育类几个大类。其中，普通类也不再分一、二、三批次，而是根据实际参加考试的人数和考生高考总分，分成三段来填报志愿和录取。三段比例为实考人数的 20%、60%（累计）、90%（累计）。

以浙江省为例，专业平行志愿设一个录取批次，实行专业平行志愿。考生志愿由"专业＋学校"组成，一所学校的一个专业作为一个志愿单位。考生每次可填报不超过 80 个专业志愿。不再设专业服从调剂志愿。视平行志愿录取情况决定是否征求志愿。定向招生等有特殊要求的少量学校、专业（类）经同意后可实行提前录取。也就是说，以往的平行志愿是以分数优先、尊重志愿为原则；而专业平行志愿则在平行志愿的基础上考虑到专业优先录取，所有志愿原则上都由学生根据自己的兴趣和能力进行选择，基本不会出现被调剂到自己不喜欢的专业的情况。

附： 浙江省教育考试院关于公布《2019 年拟在浙招生普通高校专业（类）选考科目要求范围》的说明

根据我省高考综合改革试点有关规定要求，我院汇总、整理了 2019 年拟在

我省招生的普通高校所报送的各专业(类)选考科目要求范围,现予发布,并就有关事项说明如下:

1. 选考科目要求范围为"不限"的,表示没有设限选考科目;2门或3门的,考生的选考科目只需符合其中1门即可报考。

2. 各专业选考科目要求范围由高校参照本科专业选考科目指引,结合2017年招生录取的实际情况,根据自身办学定位和专业培养目标对学生学习基础的要求自主确定。因培养要求不同,相同专业不同高校可能会有不同选考要求。

2019年实际招生时,根据各校实际招生安排,部分专业、选考科目要求范围会有微调,具体以当年发布的招生计划及院校招生章程为准。

3. 本次公布的选考科目要求范围涵盖1383所高校、2.63万个专业(类)。其中,选考科目要求范围为1门的占6.8%,2门的占8.8%,3门的占23.3%,不限的占61.1%。与2017年招生相比,2019年部分高校对培养要求明确、与中学所学科目关联度较高的专业提出了更为明确的选考科目要求,因此将选考科目要求范围确定为1门或2门的专业有所增加,分别提高2.0、1.1个百分点;对基础素养要求比较宽泛的专业则适当放宽了选考科目要求范围,不限选考科目的专业提高了6.9个百分点。

4. 各科目可报专业范围均有所扩大。平均增幅为3.16个百分点。可报专业最多的仍是物理,可填报93.5%的专业,第二位的仍是化学,可填报85.5%的专业。考生选考任何三个科目,至少可填报67.7%专业,比2017年提高1.0个百分点。

5. 高校各专业的介绍可通过登录相关高校官网查询。

6. 目前我国尚无官方统一发布的全部专业学科排名。为便于考生了解有关学校学科建设状况,我们提供了教育部学位与研究生教育发展中心发布的学科评估结果网址。此评估由教育部学位与研究生教育发展中心组织,有博士或硕士学位授予权的高校自愿申请参加,并未覆盖全部高校,仅供考生参考。

教育部学位与研究生教育发展中心发布的2012年学科评估结果:

http://www.cdgdc.edu.cn/xwyyjsjyxx/xxsbdxz/index.shtml

2017 年第四次学科评估结果：

http：//www.chinadegrees.cn/xwyyjsjyxx/xkpgjg/index.shtml

2019 年拟在浙招生普通高校专业（类）选考科目范围（略）

第二节　根据科目选专业

1977 年恢复高考招生制度以来，我国的高考招生制度一直处于改革之中。有专家指出，高校考试招生从考试科目、考试内容、考试次数、考试方式、计分方式、命题方式、志愿填报方式、录取体制、高考时间、收费制度等涉及的所有环节都有过改革，几乎没有一个方面没试过、没有一个环节没动过。但是，从来没有哪一次改革像这次改革一样，能够让高中和高校联动起来。这一切都源于这次高考综合改革关于"高校选科"和"高中选课"制度的设计，在高中教育和高等教育之间架起了桥梁，打通了高中和高校人才培养体系。这次高考综合改革要求：探索基于统一高考和高中学业水平考试成绩、参考综合素质评价的多元录取机制。高校要根据自身办学定位和专业培养目标，研究提出对考生高中学业水平考试科目报考要求和综合素质评价使用办法，提前向社会公布。

山东省教育厅一级巡视员张志勇先生认为，所谓"高校选科"，即高校按照专业确定高中学生报考本专业必须学习的科目。高校分专业确定高中生选考科目的依据是高中生进入大学学习相关专业必须具备的高中相关学科知识基础。这是我国 1977 年恢复高考以来，第一次赋予高校按照自己的办学定位和专业要求，确定高中学生必须修习相关课程的权利，这是尊重高校招生自主权的重要体现。

在这里，高校分专业选科有四种类型：

1. 相关专业对高中生学习该专业应具备的学科知识的要求需要一门学科的，高校必须确定一门学科，考生报考该专业必须满足其对选科的要求。

2. 相关专业对高中生学习该专业应具备的学科知识的要求需要两门学科的，高校必须确定两门学科，考生报考该专业必须满足其对选科的要求。

3. 相关专业对高中生学习该专业应具备的学科知识的要求，物理、化学、生物任何一门学科都可以的，考生报考该专业必须满足其中一门选科的要求；相关专业对高中生学习该专业应具备的学科知识的要求，政治、历史、地理任何一门学科都可以的，考生报考该专业必须满足其中一门选科的要求。

4. 相关专业对高中生学习该专业没有明确的某一门学科知识基础要求，可不提任何科目要求，考生选考任意 3 科组合均具有报考资格。

一、浙江省高校专业对应高考科目要求

新高考改革牵动着千家万户，浙江、上海作为教育部高考改革的试点，在 2017 年已经迎来第一批新高考毕业生。随着高考试点改革的推进，北京、天津、山东、海南等省市已经相继开始实行新高考政策。新高考，意味着高考有了新的规则，家长一定要有新策略去应对。

对于孩子来说，真正的分界线其实是从高考开始的，因为考取高的分数可以让孩子跨进名校的大门，拥有好的学历，在几年之后孩子选择工作或者事业的机会就有所不同，人生的起点自然不同。因此，家长要及时了解新高考政策，为孩子的未来保驾护航！

就此次新高考改革来说，政策规定：考生高考成绩由国家统一考试科目成绩和普通高中学业水平等级考试选考科目成绩构成，满分 750 分。国家统一考试科目为语文、数学、外语 3 科，满分 150 分，不分文理。外语有两次考试机会，选取一次较好成绩计入高考总成绩。考生在地理、历史、物理、化学、生物、政治、技术 7 科中，自主选择 3 个选考科目。学生喜欢什么选什么，考完一门清一门，最后冲刺语文、数学、外语，在这个新规则下，学生可以充分选择、减轻负担。

但是，这个政策对于众多学生和家长来说，应对起来却并不容易，因为它意味着学生在高考前就要明白自己的兴趣与擅长所在。对于孩子正在上初三的学生家长来说，明年孩子进入高一后，在高一下学期结束的同时，就要给孩子选择今后参加高考的科目，6 门科目随机 3 种组合有 20 种可供选择，究竟选什么科目最适合自己，什么时候考最有利，学考、选考混在一起到底该怎么分配时间和精力，每一个问题无不考验着孩子和家长的自主选择能力和制定学习策略的能力，

每一种不同的选择对孩子的未来也都有着重大的影响。

2017年浙江实行新高考，打破传统文科考"史地政"、理科考"物化生"的模式，考生可根据兴趣和特长，从学业水平考试科目中任选3科成绩计入高考总成绩。这也让各高校在录取上产生了巨大变化，不少专业都增加了选考科目限制，即未考过要求科目的学生不予录取。

浙江省教育考试院发布的2019年拟在浙江招生的高校各专业（类）选考科目要求范围，涵盖了浙江省内外1383所高校、2.63万个专业（类）。其中，选考科目要求范围为1门的占6.8％，2门的占8.8％，3门的占23.3％，不限的占61.1％。选考科目要求范围为"不限"的，表示没有设限选考科目；要求为"2门"或"3门"的，考生的选考科目只要符合其中1门即可报考。

在各高校公布的选考科目范围中，可报专业最多的仍是物理，可填报93.5％的专业。排在第二位的仍是化学，可填报85.5％的专业。而且，各大名校对物理尤其重视，热门专业均要求选考物理。例如，北京大学的数学类、物理学类、天文学、电子信息类、工科试验班类、环境科学与工程类、环境科学、城乡规划、地质学类、地球物理学类，只要选考了物理，均可报考，该校的心理学和法学专业甚至也对物理有选考要求。

复旦大学2019年拟在浙江招生选考科目范围中，航空航天类、微电子科学与工程、经济学类、理科试验班、数学类、经济管理试验班、自然科学试验班、软件工程、技术科学试验班、保密管理，都要求选考物理或化学。此外，核工程与核技术要求选考物理1门。中国科学技术大学甚至要求所有专业均选考物理。同济大学社会科学实验班（经济类）选考科目要求范围也从2018年的"不限"变成了2019年的"物理"。了解专业情况，可查询各高校官网。

二、上海市高校专业对应高考科目要求

早在2014年，按照教育部的统一部署和具体要求，上海市普通本科高校专业（类）对2017年高考选考科目要求给予公布。从当时的汇总情况看，上海市37所普通本科高校2017年共有专业（类）1096个。各本科高校依据自身办学特色和定位，以及不同学科专业人才培养需要，从思想政治、历史、地理、物理、化

学、生命科学6门普通高中学业水平等级性考试科目中，分专业（类）自主提出了选考科目要求。相关选考科目要求适用于2017年参加上海高考的考生。

2014年9月3日，国务院印发《关于深化考试招生制度改革的实施意见》（国发〔2014〕35号，以下简称"《实施意见》"）提出了总体要求，对考试招生制度改革进行了全面部署。《实施意见》提出："高校要根据自身办学定位和专业培养目标，研究提出对考生高中学业水平考试科目报告要求和综合素质评价使用办法，提前向社会公布。"根据《实施意见》精神，2014年9月19日，上海市公布《深化高等学校考试招生综合改革实施方案》（沪府发〔2014〕57号，以下简称《实施方案》）。《实施方案》提出："普通本科院校可根据办学特色和定位，以及不同学科专业人才培养需要，从思想政治、历史、地理、物理、化学、生命科学6门普通高中学业水平等级性考试科目中，分学科大类（或专业）自主提出选考科目范围，但最多不超过3门。学生满足其中任何1门，即符合报考条件。对于没有提出选考科目要求的高等学校，学生在报考该校时无科目限制。"

2014年12月30日，教育部办公厅印发通知，要求全国各本科高校根据往年在上海市的招生情况，认真研究本校各学科或专业的教学内容、特点、人才培养需要，结合自身的办学特色和定位，分专业（类）自主提出选考科目要求，并强调于2015年1月30日前完成任务。

从上海市各高校的汇总情况看，上海市37所本科高校2017年共设置专业（类）1096个。其中，提出3门科目要求的有281个（仅有①物理、化学、生命科学；②物理、化学、历史；③物理、化学、地理；④物理、思想政治、历史；⑤化学、思想政治、历史；⑥化学、思想政治、地理；⑦化学、历史、地理；⑧生命科学、历史、地理；⑨思想政治、历史、地理共9种组合），涉及专业（类）主要有理学、工学、医学等。3门科目要求中最多的组合是物理、化学、生命科学，有217个专业（类），再次是物理、化学、地理组合，有22个专业（类）；2门科目要求的有85个，仅有物理、化学一种组合，没有其他科目组合要求，涉及专业（类）主要有医学、生物、化工、机械类等；1门科目要求的有75个，全部仅对物理提出要求，涉及专业（类）主要有工科、电子信息、电气工程、机械类等；没有提出科目要求的有 655 个，涉及专业(类)主要有管理、法学、艺术等。

所有专业(类)中，学科要求提出最多的选考科目是物理，有 415 个，占专业(类)总数的 37.9%；其次是化学，有 337 个，占 30.7%；再次是生命科学，有 222 个，占 20.3%；地理、历史、思想政治分别为 47 个、41 个、26 个。没有提出选考科目要求的高校包括：上海对外经贸大学、上海纽约大学、华东政法大学、上海体育学院、上海戏剧学院、上海音乐学院、上海立信会计学院、上海政法学院、上海杉达学院、上海建桥学院、上海视觉艺术学院、上海兴伟学院、上海外国语大学贤达经济人文学院、上海师范大学天华学院等高校。

三、招生专业高考选科组合分析

结合 2023 年度山东、上海、北京等部分省市高考数据，对部分学科组合专业覆盖度等进行了分析。

1. 物理＋化学＋生物

专业覆盖率：96.22%

科目关联度：该组合为传统的纯理科组合，科目之间的学习关联度较高，一般理科特别强的考生会做此选择。

学科学习难度：物理、化学都属于理科类比较难的科目，生物的学习难度虽然低于这两者，但是同样也需要考生具有超高的记忆力和理解力，这种组合的学习难度较大。

2. 物理＋化学＋地理

专业覆盖率：95.84%

科目关联度：地理又被称为文科中的理科，物理＋化学＋地理的组合方式背诵内容较少，符合理科学习"少背诵、多理解"的特点，该组合的学习科目之间关联度较高。

学科学习难度：综合来说，物理＋化学＋地理组合的学习极注重理科思维，学习难度较大。

适合的考生：理科的逻辑思维能力突出、成绩优秀的考生；善于独立研究、思考问题的学生。对于自然科学有着浓厚兴趣的学生，目标基于各大高校的科研课题。

3. 物理＋化学＋政治

专业覆盖率：96.58％

科目关联度：物理和化学都属于理科，政治注重知识记忆和理解，三个学科之间的关联度不高，学科领域跨度较大。

学科学习难度：物理和化学同属于理科，物理的学习难度较高，知识之间的联系紧密，注重逻辑思维的培养，化学的学习难度在物理和生物之间，是以实验为基础的学科，要求考生具有较高记忆能力还能够充分理解，政治属于文科学科，偏记忆性的知识较多，但是又比较贴合生活和时政热点，所以政治想要得高分还是比较难的。

4. 物理＋生物＋地理

专业覆盖率：87.61％

科目关联度：地理和生物的文理界限划定并不是十分的明显，生物有很多知识点需要较高的记忆力，地理也需要一定的理解力，物理就是典型的理科思维，注重逻辑思维的培养，科目之间有一定的关联度。

学科学习难度：学习有一定的难度。和化学相比，地理和生物的难度还是要低一些的，选择此组合的考生基本上是以物理作为专业选择的定向，以地理和生物作为得分的重要方式。

5. 物理＋生物＋政治

专业覆盖率：87.66％

科目关联度：生物中有很多偏向于记忆性的知识，而政治同样也需要记忆和理解兼备，从知识的学习上来看，这两者关联度较高，但是这两者和物理的学习上有些不同，学科的跨度较大。

学科学习难度：物理和生物虽然都属于理科，但是生物的难度和地理的难度相差不是太大，当然也是因人而异。政治背诵理解知识较多且贴合生活，取得高分较难，这个组合学习难度不大，想得高分还是需要付出更多努力。

6. 物理＋政治＋地理

专业覆盖率：82.19％

科目关联度：学科之间跨度较大，选择这一组合的考生，要么是喜欢物理但是不喜欢生物和化学，要么就是擅长文科但是想拓宽专业的选择范围，也是两害相权取其轻的选择方式了吧。

学习难度：政治、地理偏记忆和理解，物理注重逻辑思维基础，整体来说，有一定的学习难度，取得高分的概率不是很高。

7. 历史＋政治＋地理

专业覆盖率：49.34％

科目关联度：该组合是最传统的文科组合，科目关联度密切。

科目学习难度：这一组合注重的是文科思维、知识的记忆和理解等，适合不擅长理科的广大考生。

8. 历史＋生物＋政治

专业覆盖率：50.50％

科目关联度：这一组合在学习上都偏向于知识的记忆理解，学习的逻辑上关联度较高。

科目学习难度：这一组合偏文科，在专业的选择上也偏向于传统的文科专业，但是生物和地理的学习难度差距不大，考生做出此选择多是因为以理科专业拓宽专业范围，或者不擅长地理学科。

9. 历史＋生物＋地理

专业覆盖率：49.86％

科目关联度：生物也被称为理科中的文科，偏记忆的知识很多，这一组合在学习上有一定的关联性。

科目学习难度：这一组合的知识没有太大的开放性，以擅长记忆为主，学习难度不大，但是也因人而异。

10. **历史＋化学＋生物**

专业覆盖率：50.25％

科目关联度：化学、生物属于理科专业但是也需要一定的记忆力，历史则侧重知识的记忆和理解，考生做此选择应该是不擅长物理，但是对化学生物有一定的兴趣，科目的学习上有一定的关联度。

学习难度：该组合学习难度不大，考生可以取得不错的分数，但是在专业的竞争上不占优势。

11. **历史＋政治＋化学**

专业覆盖率：51.92％

科目关联度：历史、政治都是文科，这两者在科目的学习上关联度较高，化学属于理科，但是又不像物理那样具有很强的理科性质，三者在学习上有一定的关联。

学习难度：这种组合各科目的学习难度都不是特别大，适合有文科偏好但是对地理不感兴趣的考生，有了化学的加入，可扩大选择的专业范围。

12. **历史＋地理＋化学**

专业覆盖率：50.71％

科目关联度：这一组合在科目上没有太大的割裂，知识点注重记忆和理解。

科目学习难度：此组合适合记忆力较好、文字表达能力强的考生，学习难度不大。

13. **历史＋地理＋物理**

专业覆盖率：高达 99.3％左右。

科目关联度：虽然该组合里面有物理学科，但仍属于偏文科组合。采取物理与历史、地理两个文科的搭配方式，文科相比于理科整体上更有优势。

科目学习难度：物理科目成绩相比其他科目有着明显突出的优势，数学、物理较好，但化学、生物较薄弱的学生建议选择。

14. **历史＋物理＋化学**

专业覆盖率：99.9％。

科目关联度：该组合文理思维兼具，物理重视逻辑思维，而历史注重记忆背诵，化学可以说是文理科兼具的一个学科，其整体学科关联度不低。

科目学习难度：理科科目搭配历史，学习难度适中，课业压力不会太大，对大多数物理成绩好的考生非常友好。

15. 历史＋物理＋政治

专业覆盖率：99.3％

科目关联度：物理是强理科，需要严密的逻辑思维和计算能力。政治、历史是文科，需要大量记忆及归纳总结的能力，需要在理科思维和文科思维切换自如和能力。

科目学习难度：物理和政治学习难度不低，而且历史有需要大量的记忆和背诵，所以，课业压力会非常大。

16. 历史＋物理＋生物

专业覆盖率：达到99.3％

科目关联度：理科成绩好，逻辑思维能力、分析能力、分类思考能力强；对历史有浓厚兴趣，并且成绩不错的理科生；理解力佳、记忆力好，文理科思维兼备；虽然文科成绩不好，但背诵课文很流利，记忆力好。

科目学习难度：历史和物理是文理科特征最明显的两个学科，是文理两个学科学霸的必选科目，单学科赋分竞争压力大。这个组合学习要想拿高分，要求考生既有较好的记忆力，又要有充分的理解力。

四、全国高校高考选考科目要求

关于新高考改革，选科可以说是社会和广大学生、家长的争议和焦点所在。总结浙江、上海试点经验教训时，我们可以看到，高校在提出选考科目要求上，仍有一些可以改进的问题，例如，招生需求和生源的不匹配问题；为了扩大生源而盲目不设置选考科目限制，导致选考科目要求不科学的问题；等等。

可喜的是，教育部已经注意到这些问题，并制定、出台有关文件，指导高校优化选考科目要求。目前，不少高校也都在按照教育部要求，确定各自分专业

(类)的 2020 年高考选考科目要求。

(一)现行模式存在的问题

1. 高校招生需求和生源不匹配

高考改革后的科目设置已基本稳定,为"3 门固定科目＋3 门选考科目",其中,固定科目就是语文、数学和外语,而选考科目则由考生在 6 门(浙江是 7 门,多了一门技术)高中学业水平考试科目中,选择 3 门作为选考科目,不分文理。

高校需要按专业对考生的 3 门选考科目提出相应要求,因此,在高考改革中,高校也保有一定招生自主权,而这反过来又对高校的专业建设提出了更高的要求。

但为了保障考生选择权最大化,浙江、上海均按照"1 门对应即可"的原则,规定考生只要有 1 门和高校专业提出的选考科目相对应,就可报考相应专业。

这意味着高校要求选考科目之间的关系是"并集",而不是"交集"。尽管这样会扩大考生和高校的双向选择权,但也会导致高校专业无法招到匹配生源。

例如,以一些高校的化学专业为例,由于想要招收同时具备化学、物理坚实基础的高中生,该专业将"物理""化学"均作为选考科目要求。但考生只要有 1 门选考科目符合要求即可报考,最终,化学专业除了会招到同时选考物理、化学的理想生源外,还会招到一些选考历史、地理等符合科目、分数要求的考生,显然不合预期。

2. 高校选考科目要求不科学

按照规定,如果高校专业不对考生选考科目提出限制,所有考生均可报考该专业,那么一些缺少生源的高校专业就可以利用这一规定,吸引更多考生报名。

浙江发布的 2017 年高考科目要求就能看出,不限选考科目的专业要多于设限选考科目。

虽然其中一些专业从学科规律出发确实没必要限制选考科目,但不容忽视的是,确有相当一批高校专业(类)抱着多吸引生源的目的,而忽略了本专业的人才培养规律。虽然可能因此暂时完成了眼前的招生任务,但未来教学环节将面临严峻挑战,如果措施不得当,遭殃的还是学生。

此外，还有一些院校的专业由于不重视、未得到有效指导等原因，提出的选考科目要求不尽合理，也有个别大学的法学、社会学、英语专业类的选考要求是物理等情况。

(二)教育部的举措

试点改革中发现问题并不可怕，重要的是能够对症下药、及时处理。

2018年1月，教育部发布了《普通高校本科招生专业报考科目要求指引(试行)》(以下简称《指引》)，要求计划于2020年在上海、浙江、北京、天津、山东、海南6个高考改革试点省市招生的所有本科院校，在规定时间内按照《指引》提出编报选考科目要求。

《指引》对每个具体专业都提出了"可选科目"和"选考要求"，相当于给出了一份"官方指南"。

从《指引》规定的《选考科目填报表》上，我们可以看到不同专业的"可选科目"和"选考要求"有所不同，各有特点。

高校需要分专业在"可选科目""选考要求"中填涂、勾选合适选项。如果抛开具体情况来谈，《指引》给各高校提出了如下总体指导意见：

• 专业培养与某一选考科目关联度高的，应在《指引》"可选科目"中明确1个选考科目，考生必须选考该科目方可报考。

• 专业培养与多个选考科目关联度高的，应在《指引》"可选科目"中指定2个或3个选考科目，同时要明确选考要求为考生"均须选考"。

• 专业培养与多个选考科目有一定关联度的，应在《指引》"可选科目"中指定2个或3个选考科目，同时要明确选考要求为考生"选考其中1门即可"。

• 专业培养对学生学科基础要求相对较宽的，可以不提科目要求，考生选择任意3门选考科目组合均可报考。

• 各专业选考科目要求均须在《指引》范围内确定，如需突破《指引》范围，须作专门说明。

总之，《指引》具有鲜明的指导性，体现了教育部对高校设置选考科目要求工作的指导思想。

同时，值得注意的是，教育部此次允许高校提出 2～3 门考生"均须选考"的科目，改变了高校提出选考科目之间只有"并集"、而没有"交集"的局面，将在一定程度上缓解高校需求和目标生源之间不匹配的问题。

第三节　根据专业选科目

目前新的选科方案，打破了现行高考制度的束缚，给考生带来了选择的权利。现行高考制度中，学生必须遵循文史类史地政、理工类理化生的死板考试科目，而高考改革方案实施后，学生选择科目的方案达到 20 种以上，学生完全可以根据自身的学习特长、爱好、成绩、目标高校的科目要求，来确定自己计入高考成绩的科目。

高考改革方案还赋予学生对自己未来生涯的选择。现行的高考志愿填报工作集中在高三进行。北京市、上海市在每年 5 月高考前填报。其他省（自治区、直辖市）在高考成绩发布后填报。高三阶段学业负担非常繁重，多数学生无暇思考大学与专业选择的事情。学生的高考志愿多数由家长来完成。由于各省市基本实行平行志愿，所以家长在填报志愿时，多数以把分数用尽为原则，用分数去选大学，很少考虑学生的特长与大学、专业的匹配。入学后，不适应大学生活、不适应专业学习、不喜欢所选专业的情况较普遍。高考改革方案实行的 6 选 3 的考试方式，让学生把学业测试与自己的目标高校、目标专业对接起来，每个学生都要借助 6 门科目学习，找到与自己学习特长相匹配的大学与专业，自己的大学自己选、自己的专业自己选，选择权切切实实地掌握在学生自己的手中。

一、掌握选择技巧，破解选择迷茫

在这一轮高考改革方案中，让学生有了更多的选择权是备受推崇的一大亮点。但随后的调查却出乎很多人的意料：浙江省一份对 400 多名学生进行的网上调查显示，有 80％的高一学生并不知道自己最感兴趣的专业是什么，他们并不知道该怎么选。有 52％的学生表示"会根据自己的兴趣"选择三门选考的科目；

47％的孩子表示要平均用力，争取不落下一门，做一个全能王。不仅仅是高中的孩子不会选，2014 年一份有 1800 多人参与的网络调查显示①：38.0％受访者坦言所学专业的就业情况与当初判断不一致，40.5％受访者表示当初对所报考的专业内容及就业情况了解不充分。71.2％的大学生受访者表示，如果有可能，想重新选择一次专业。从他人代替选择到自己做出选择，需要一个转变过程。高考改革方案实施后，如何选择计入高考成绩的科目，来挑选大学选择专业，需要考试招生部门为考生及时提供翔实的招生数据，也需要学生自己及时了解和掌握选择技巧。

(一)报考研究型大学的学生，要将擅长学习的科目与目标高校的优势专业结合起来

从现行各省市历年发布的招生计划来看，不同批次的考生面临的选择机会是有差异的。供一批次考生备选的院校层次明显多于二批次、三批次考生，备选专业数量明显多于二批次、三批次考生。上海的高考改革方案提到，从 2016 年起，合并本科第一、第二两个招生批次，实施后，会取消高校的招生批次。但是，从现在各省市发布的招生计划看，一批次院校主要为 985 工程高校、211 工程高校、部属高校、省属重点大学。即使取消批次，这类高校依然会是学生争抢的热门高校。不同的是，依据现行招生考试制度，这类高校按照总分来录取学生，在学生的分数达不到专业录取分数时，还要接受专业调剂。

因此就会出现这种情况：语文、外语成绩突出的学生进了工科院校，数学、化学成绩优秀的学生进了财经、外语院校，物理成绩好的学生被调剂到化学系，不爱学生物的学生被调剂到农学专业。学生虽然进入了一批次高校，但是自己的学习特长并不是所选高校的优势专业。这就造成了学生的特长得不到发挥，国家也选不到某一行业中最好的人才。高考改革方案实施后，高校的院系会依据大学期间专业的学习内容，对报考本院系的学生提出科目要求，如报考计算机科学与技术的考生，申报科目中必须要有物理成绩；申报金融工程的考生，数学成绩要达到要求。这种招生方式，就要求学生不仅要关注大学，更要注意自己提供成绩的科目，要与选报的专业匹配起来。

---

① 洪傲：《如何掌握选择专业的主动权》，载《中国教育报》，2014-10-29(12)。

(二)依据自己的学习特长挑选大学专业，符合高考改革的趋势

从各省招生计划各批次的人数比例来看，一批次招生计划约占总招生计划的10％，其余90％的招生计划分配给二批次、三批次。二批次、三批次招生计划中的院校类型较单一，除省属重点高校外，基本为省属一般高校、市属高校、民办高校。这类高校以培养应用型人才为主。在专业设置上，多设立就业形势好的专业。以浙江省理工类各批次招生专业为例，一批次招生专业513个，涵盖了12个学科门类。二批次招生专业420个，理学类等一些研究型专业的招生数量明显减少，一些应用性强的专业，如电子信息类、计算机科学类专业招生人数增幅较大。这类院校以就业为导向设置专业，表现十分明显。从现在的高考志愿填报来看，部分二批次、三批次的学生往往将热门专业、高分专业等同于好就业的专业。如经济学、金融学、新闻学，这类专业的录取分数居高不下。但是在实际就业时，往往是找工作很费劲的专业。因此，这几个批次的考生更应该抓住高考改革提供的自由选择科目的便利条件，从高一入学便明确自己擅长学习的科目，在这些科目上苦下功夫，把这些科目的学习与未来的专业志愿选择结合在一起。

从选择科目的技巧上来说，这几个批次的考生中，物理成绩突出的考生在选择专业时出路最广。这是因为在一、二、三批次招生计划中，工学专业是招生人数最多的门类，且招生人数比例逐批次增大。工学门类中的电气工程、电子信息、计算机技术、土建类、机械类专业是工学门类中招生人数最多的几类专业，且招生人数比例逐批次增大。同时，这些专业大学期间的课程内容是高中物理课程的延续，高中物理知识掌握不牢，很难完成大学课程学习。

希望选择化工、制药、材料、医学这类专业的同学，需要关注自己的化学、生物成绩。而经济学、管理学这类热门专业，有了数学、外语成绩，就完全可以应对大学的专业学习了，报这类专业的同学，可以在6选3时，依成绩选择科目，或者根据选报高校的要求提供科目成绩。

总的来说，选科主要依据以下四点：个人的兴趣、爱好和特长，相关学科的学习基础和能力水平，高校专业录取要求和未来的职业取向；遵循五个原则：目标明确首选"最相关"的科目，兴趣明确首选"最喜欢"的科目，偏科明显首选"最拿手"的科目，各科均衡首选"最适用"的科目和成绩一般首选"最自信"的科目。

二、关于选科的知识问答

1.20 种选考组合，考生到底选择哪一种？如何把握大方向？

答：确定选学选考科目有两个方向，一是明确自己将来做什么，或者确定较为清楚的职业发展领域，在此基础上选择现在的学习科目。明确自己将来做什么及职业发展领域的前提，是对自己的兴趣、能力、潜能、愿望、父母期望、社会发展以及环境变化等的综合分析与把握。二是若没有明确的职业目标，应当更多地从当下的兴趣与能力出发，同时要注意考虑自身兴趣与能力的变化。

2. 兴趣、成绩、职业，哪个在选科时更重要？

答：建议先看自己有没有明确的职业方向，如果是有明确职业目标的，还需问问自己为什么倾向于这个职业。比如，有的人是因为某个行业赚钱，有的可能是家庭需要，还有的是个人喜欢。有的学生想要从事金融行业，仅仅是因为赚钱快，并不问自己是否感兴趣，是否擅长，这种情况下就要慎重。同学们要用长远的眼光看待职业。如果没有职业方向，就要从兴趣和成绩两方面考虑。考生们可选择自己最喜欢或最擅长的三个科目。

3. 选学选考有哪些注意事项？是否有些误区要谨防？

答：选学选考谨防陷入唯成绩论、唯兴趣论、唯学科论三大误区。

(1)唯成绩论。六门学科中哪三门成绩高，就选哪三门。这种做法有一定的合理性，但仅仅几次考试成绩还不足为据，且成绩并不一定真正反映学习的兴趣。仅凭成绩做选择，还是简单了点。

(2)唯兴趣论。兴趣是学习动机中最活跃的成分，可以激发学习热情，是学习的强大动力。要注意兴趣有时会有假象，仅凭感觉是不全面的。

(3)唯学科论。有的同学担心一旦没有选择高考专业录取涉及面广的学科，未来会被心仪的专业拒之门外，于是就对某些学科不离不弃。所以，选学选考需要全面考量，综合权衡。

4. 从现在开始，我是否要偏重于想要选择科目的学习？

答：建议高一时尽力把不参加高考的三科学好。高校有可能在其他录取条件一致的情况下，考虑学生的综合学习能力。另外，随着同学们学习的深入，选考科目可能会发生变化。所以，在高一阶段，尽量把学校所开设的科目都学好。当然，在过了适应期之后，要有所偏重，偏重选择的科目。

5. 学生的选择和家长的想法之间有矛盾，家长应该怎么做？

答：家长不能决定学生应该选什么，而是要跟孩子一起分析、探讨，从而帮助孩子做出最适合自己的选择。当家长跟孩子的想法有矛盾时，家长要把自己的想法和理由充分地表达出来，与孩子充分沟通交流。若二者无法达成一致，家长尊重孩子的选择，并在细节上给予孩子指导和建议。

6. 我对地理学科很感兴趣，但是成绩不好，怎么办？

答：我认为要是感兴趣，应该是可以学好的。若感兴趣，学不好，有可能是努力不够，或方法不对。这种情况下，建议调整下学习方法或多花些时间学习。

7. 我感兴趣并擅长的科目，不好就业；就业率高的科目，我又不擅长，怎么办？

答：某个专业就业率高低及难易是相对的，并不是一成不变的，同学们要用发展的眼光看待就业问题。同样的，同学们对科目擅长与否也会发展变化。目前同学们要学的科目很多，有些同学因为把主要精力放在少数科目上，导致其他科目成绩不是很好，也不排除自己喜欢的科目。在比较倾向于未来就业，但科目不擅长的情况下，建议进一步了解该学科，弄清楚整个高中，该学科都学些什么，从长远看，自己是否会喜欢上该科目。考虑清楚以上问题后，同学们再综合考量如何选择。

8. 我有感兴趣的专业，但相关学科不擅长怎么办？

答：既然有兴趣，就要相信自己能够学好。因为每个学生都应该相信自己的选择，并为自己的选择负责。如果是不擅长某个学科，可能是因为目前学得不好，所以才不擅长，但高中三年还有很多要学的知识，可以坚持一下，多了解一下这门学科，再考虑是否选择。

（撰写者：孟野）

第七章　生涯行动

人的一生有太多未知的可能，然而我们所能掌控的是自己的当下，是用实际行动去管理和提高自己，激发和调动自觉学习、自我发展的内驱力。相信同学们所收获的不仅仅是自己本来的目标，还会有成就感、幸福感以及更多的人生财富。

设立一个目标，可以坚定前行的方向。

生命充满无限的可能。

怎样才能拥有精彩的人生？

不放弃每一个梦想，尽管它很遥远。

不忽视每一次行动，尽管它很微小。

不放弃每一次努力，尽管它一时还无法起任何作用。

请记住，坚持不懈，势在必得。

第一节　建立个人目标

当今社会越来越多的人意识到目标的重要性。康德说："没有目标而生活，恰如没有罗盘而航行。"若是没有决定要去的地方，当然不知道要往哪里走，也不知道该如何前进，所以首先要确定你的目标。目标可以为你提供方向，释放你的能量，激发你的潜能。

一、生涯体验

关于目标的实验

1970 年，美国哈佛大学对当年毕业生进行了一次关于人生目标的调查：27％的人，没有目标；60％的人，目标模糊；10％的人，有清晰但比较短期的目标；3％的人，有清晰且长远的目标。

1995 年，哈佛大学再次对这批学生进行了跟踪调查，结果是这样的：3％的人，25 年间他们朝着一个既定的方向不懈努力，现在几乎都成为社会各界的成功人士，其中不乏行业领袖、社会精英；10％的人，他们的短期目标不断实现，成为各个行业、各个领域中的专业人士，大都生活在社会的中上层；60％的人，他们安稳地生活与工作，但都没什么特别突出的成绩，他们几乎都生活在社会的中下层；剩下 27％的人，他们的生活没有目标，过得很不如意，并且常常抱怨他人、抱怨社会、抱怨这个"不肯给他们机会"的世界。

调查者因此得出结论：目标对人生有巨大的导向性作用。

相信直观的数据和不同的现状已经足够震撼到你，而多年前一个真实的故事可能更具说服力，让你看到目标的意义。

目标的作用

一日清晨，加利福尼亚海岸下起了浓雾。在海岸以西 21 英里(约33.8 千米)的卡塔林纳岛上，一个 43 岁的女人准备从太平洋游向加州海岸。她的名字叫费罗伦丝·查德威克。海水冻得她身体发麻，她几乎看不到护送她的船。时间一个小时一个小时的过去，千千万万人在电视上看着。有几次，鲨鱼靠近她，被人开枪吓跑了。15 小时之后，她累到几乎虚脱，又被冻得浑身发麻。她知道自己不能再游了，就叫人拉她上船。她的母亲和教练在另一条船上。他们都告诉她海岸很近了，叫她不要放弃。但她朝加州海岸望去，除了浓雾什么也没看到……

人们拉她上船的地点，离加州海岸只有半英里(约 804 米)！后来她说，令她半途而废的不是疲劳，也不是寒冷，而是因为她在浓雾中看不到目标。查德威克小姐一生中就只有这一次没有坚持到底。

思考与分享：

这个故事给了你怎样的启示？

_____

_____

目标不仅能帮助我们确定努力的方向，更能起到反馈和激励的作用。我们可以把自己的行动与目标不断加以对照，清楚地知道自己的行进速度以及与目标相差的距离，这样我们行动的动机就会得到维持和加强，就会自觉地克服困难，努力达成目标。

目标就是我们所期望实现的结果，是人生理想的具体体现。它不仅对人的行动起到导向作用，使我们根据目标及时地调整或改进行动；当我们即将接近或实现目标时，它又起到激励作用。因此，目标对每一个人来说都十分重要，制定一个合理的目标能帮助我们将自己的人生理想落到实处。

二、能力提升

通过一个心理学实验和一个真实的故事，学生认识到人生目标的实现是需要分阶段的，目标需要分解，过大、过远的目标容易让人产生畏难情绪，而将大目标分解成小目标之后，不仅可以降低畏难情绪，而且会产生极大的成就感。

策略一：分解目标

心理学家做过这么一个有趣的实验：

三组人分别向十千米以外的三个村子步行。

第一组不知道村庄的名字，也不知道路程有多远，只是跟着向导走。刚走了两三千米就有人开始抱怨，再走了大约半小时有人甚至恼羞成怒了，坐在路边不愿再继续前行。越往后走，大家的情绪越低落。

第二组的人知道村庄的名字和路程，但路边没有里程碑，他们只能凭经验估计行程、时间。走了一段路后，比较有经验的人说："大概走了一半的路程了"。于是大家又向前走。当走到全程的四分之三时，大家的情绪明显低落了许多，而且感到疲惫不堪，路程似乎还很漫长。

第三组人不仅知道村庄的名字、路程，而且公路上每一千米就有一块里程碑。人们边走边看里程碑，每缩短一千米大家便有一小阵的快乐，行程中他们用歌声和笑声来消除疲劳，情绪一直很高涨，很快他们就到达了目的地。

三组实验启示我们：学会把目标分解开来，化整为零，变成一个个容易实现的小目标，然后将其各个击破，不失为一个实现终极目标的有效方法。很多时候，我们之所以感到困难不可逾越，成功无法企及，正是因为觉得目标离自己太过遥远而产生了畏惧感。达成目标就像上楼，必须是一步一个台阶地走上去。日本的马拉松世界冠军就是这样一步步分解目标取得成功的。

1984 年，在东京国际马拉松邀请赛中，名不见经传的日本选手山田本一出人意料地夺得了世界冠军，成为世人瞩目的焦点。大家都好奇他是如何取得如此惊人的成绩的。十年后，他在自传中写道："每次比赛之前，我都要乘车把比赛的路线仔细地看一遍，并把沿途比较醒目的标志画下来，比如，第一个标志是银行；第二个标志是一个古怪的大树；第三个标志是一座高楼……这样一直画到赛程的结束。比赛开始后，我就以百米的速度奋力地向第一个目标冲去，到达第一个目标后，我又以同样的速度向第二个目标冲去。40 多千米的赛程，被我分解成几个小目标，跑起来就轻松多了。开始我曾把我的目标定在终点线的旗帜上，结果当我跑到十几千米的时候就疲惫不堪了，因为我被前面那段遥远的路吓倒了。"

人生就像是一场马拉松比赛，怎样才能让遥不可及的目标变得近在咫尺，你不妨也借鉴山田本一的策略，把一个大目标分解为通过自己的努力可以一步一步达成的小目标。

以英语词汇量为例，请你根据自己的实际情况，选择一个总的目标，然后梳理出如下问题的答案：

我目前的英语词汇量是_____个；

高中毕业时要积累的词汇量是_____个；

从现在起到高中毕业，还有_____个学期；

从现在起到毕业，每个学期我需要积累的词汇量是_____个；

在本学期里，每个月我需要积累的词汇量是_____个；

在本月中，每一周我需要积累的词汇量是_____个；

在本周中，每一天我需要积累的词汇量是_____个。

为了完成每天词汇量的积累，我可以采取的行动有：

1. _____

2. _____

3. _____

……

把目标由远及近分解为一个个小的目标，会让原本"看上去很难"的任务因为分解变得相对简单了许多。当实现了这个小目标的时候，我们会得到一个积极的自我肯定，就有信心去完成下一个目标了。

目标金字塔

正如上面马拉松比赛的例子，想一次实现一个大目标，会让自己感觉任务过于艰巨。我们可以在大目标下分出层次，分步实现大目标。将人生终极目标依次分解为长期目标（5～10 年）、中期目标（1～3 年）、短期目标（1～3 个月）、小目标（1～7 天），它们的关系就像一座金字塔（如图 7.1）。如果你一步一步地实现各层目标，那么就能实现你的最终目标。

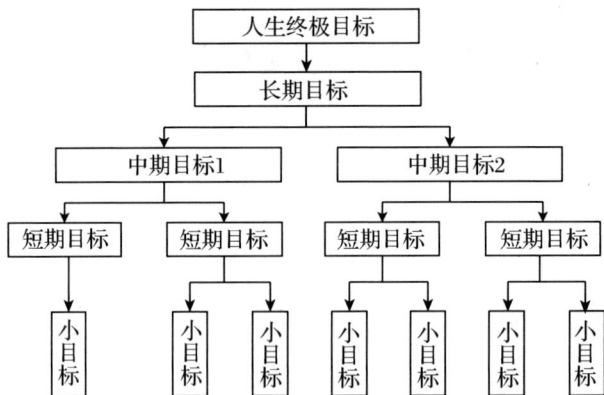

图 7.1　目标金字塔

　　要使自己的目标成为一个完整有序的系统，就要给它们按照重要性排序和分类。目标金字塔可以非常清晰地帮助我们看到不同阶段的目标，明确自己的价值追求，不要让终极目标和下个星期的目标混在一起，它们对你的意义是不一样的。

策略二：遵守 SMART 原则

　　如果我们为自己制定的目标是"争取在阅读能力方面有较大的改善"，这样的目标看似给我们提供了努力的方向，但我们无法知道如何实现以及如何确定是否能实现。因此在制定目标时需要遵循"SMART"原则。

　　Specific(S)：明确的、具体的行为，能落实到行动中。

　　例如，你的目标是成为一个受欢迎的人，怎么样才是受欢迎呢？是多两个亲密朋友还是再认识六个新朋友？如果你对确切数字感到有难度，那就问问自己，当目标实现时，你会看到和听到些什么，这和你现在看到和听到的有哪些不同？

　　Measurable(M)：可测量的、有参照依据，能对自己的达成程度进行评估。

　　体重保持多少千克，零用钱攒到多少，成绩提高多少分，这些都是可以测量的。而像好好学习，多读书，多挣钱，这样的目标就是不是可测量的。

　　Achievable(A)：可以达成的，投入努力可能实现的目标。

　　最令人兴奋的目标应该是那些你并不是 100％确定是否可以实现的目标，要知道答案，就立刻去做，然后看看会发生什么。唯一现实的问题是你做出的努力和你的目标范围是否吻合，如果你竭尽全力地付出，你便很有可能实现自己的目标。

　　Relevant(R)：相关性，要与总目标或其他目标具有关联。

　　美国心理学家威廉·格拉瑟(W.Glasser)关于目标的坚定性曾提出这样三句话，帮助自我反思。

　　你究竟想要什么？

　　你现在正在做什么？

　　你正在做的与你想要的有关系吗？

　　很多同学目标很大，但是往往容易受到一些外界因素的诱惑，比如手机、电脑游戏等。或者学习过程中表现出拖延，每当这个时候都可以问以上三个问题，可以不断帮助你坚定自己的目标，调整自己的状态，放弃当下的诱惑或不良习惯，向着目标努力。

Time-Bound(T)：时限性，目标要有明确的实现时间。

时限性可以约束我们的行为，使我们有紧迫感，避免拖延，促进我们一步步向着目标前进。

我们按照 SMART 原则制定目标时，也是对自我追求的进一步澄清，随着目标的不断清晰、明朗，我们也会更加明确自己努力的方向。

策略三：行动计划

有了明确的目标，我们还要把目标转化为每一天具体的行动，这就是计划。目标是未来时间结束点上的结果，计划是时间起点和持续点的过程。目标相对稳定，而计划是相对变化的，要根据实际的情况不断地调整和修改。我们每天要注意将实际执行情况与计划进行对比，看看是否实现了预定目标。

表 7.1　丹丹的目标和计划

目标清单	目标分类	期限	行动计划
◆交两到三个能够互相帮助的知己好友	生活目标	2 年内	找到目标，付出真诚
◆英语可以达到对话水平	能力目标	2 年内	认真学习英语光碟，争取两天 1 小时 如果没做到，周末补 练习英语歌曲 早上要冥想昨天背的内容
◆体重降低 10 千克	健康目标	1 年内	每周游泳 1 次，瘦身 吃饭吃 7 分饱，不喝碳酸饮料 少吃肉，多吃菜，少吃盐，少放油
◆40 岁之前写一本专著	事业目标	3 年后	每周写一篇与专业相关的博客或文章
◆到世界名城去走走看看	生活目标	5 年后	以上计划达成后，开始旅游计划
◆拥有 100 万存款	财富目标	5 年	自己的事业、基金、房产这三方面带来的增值

对照制定目标的 SMART 原则，看看丹丹的目标和计划哪些符合，哪些不符合，请做出适当的修改。并且思考如何根据目标制订相应的计划？

● "如果……就……"计划

目标实现过程中最常见的问题就是错失行动的机会。还有可能因为我们惧怕困难或枯燥而不愿为目标付诸行动。如果想做成事情，必须学会抓住当下的时机，"如果……就……"计划就是为此设计的。

当你决定了行动的时间和地点时，你的脑中会发生神奇的反应。这个计划会为情境与既定的行为之间搭起一座桥梁。例如，如果现在是周日晚餐后，我就要给母亲打个电话。这时"周日晚餐后"这个情景就与"给母亲打电话"这个行为直接联系在一起了。

"如果……就……"计划带来的一个效应情境（周日晚餐后）在你的脑中被高度激活。当一个情景被大脑高度激活时，它无法抑制地想要惹人注目。你的大脑下意识地搜索着环境中任何与"如果"条件相关的情景。所以即便你忙着其他事情，潜意识还是会觉察到符合条件的情景。计划带来的第二个效应就是让目标在脑中巩固，一旦"如果"发生了，"就"便会下意识自动启动。你已经在制订计划时安排了一切，大脑已经知道要做什么了，剩下的任务就是不假思索地执行。"如果……就……"计划还能帮助我们节省意志力资源。每当潜意识替我们检测环境中的暗示并由此引导行为时，我们不会觉得那么费力，也不需要动用太强的意志。"如果……就……"计划不仅能帮助你抓住机会，还能有效抑制不利行为，比如向诱惑投降，它还能抵御破坏性的想法和感受，以确保我们不偏离目标的轨道。

三、实际应用

尝试应用目标制定的原则，让学生放眼未来，学习制定人生目标，同时着眼当下，学习制订具体计划。注意引导学生思考目标为什么重要，目标带给自己的改变，可能遇到的挑战，身边可用的资源，自身具备的品质等。

我的人生目标

1. 写出一个你的人生目标的清单。换句话说，就是你的人生抱负，你愿意投入精力去做就可能达到的。想一想，你这一生真正想要的是什么？什么是你真正想去完成的事情？或者有什么事情没做你会感觉特别后悔的？如果人生重新来过，在新的人生里你想做什么？可以涉及学业发展、能力提升、生活休闲、身体健康等多个方面，把每个这样的目标用一句话写下来。哪怕是曾经让你却步、怀疑的梦想也写下来。如果其中任何目标只是达到另外一个目标的关键步骤，把它从清单中去掉，因为它不是你的人生目标。

2. 对于每一个目标，你需要设定一个认为合适的时间框架。这就是你的十年计划、五年计划，还有一年计划。其中一些目标可能会有"搁置期"，因为你的年龄、健康、经济状况等，这些需要用来完成目标的条件可能需要花一些时间才能满足。

3. 下一步描绘你达到每一个人生目标的详细旅程——这才是更让人热血沸腾的部分。对于每一个人生目标，都按照下面的步骤来处理。

(1)把每个人生目标单独写在一张白纸的顶端。

(2)每个目标下面写上你要完成这个目标所需要但是目前你又没有的资源。这些东西可能是某种教育、职业生涯的改变、资金、新的技能等。任何一个你在第1步里面去掉的关键步骤，都可以在这一步中补上。如果任何一个目标下面还有子目标，都可以补上，以保证你的每一步都有精确的行动相对应。

(3)在第2步所列出的每项中，写下你要完成每一步所需要的行动。这个可能是一个检查清单，这是你可以完成目标的所有确切的步骤。

(4)检查你在第2步里面所写的时间框架，在每一张目标表上写下你所要完成目标的年份。

(5)现在检查你的整个人生目标，然后定一个你这周、这个月和今年的时间进度表，以便你自己可以按照预定的路程去完成目标。

(6)把所有目标要完成的时间点写在你的进度表上，这样你就明确了要完成的事情的确切时间。在一年的尾声，回顾你这一年里所做的，划掉已经完成的，写下你下一年里要去完成的。

写完之后，为了更好地实现目标，我们可以问自己这样一些问题。

过去做过什么或没做什么造成了现在的局面？

为了获得想要的结果，你将做一些怎样的不一样的事情？

你需要哪些资源（金钱、时间、他人的帮助）？如何获取这些资源？你需要放弃或停止做什么事情吗？

以后你将面临哪些困难和挑战？谁会给你帮助与支持？

你身上具备的哪些品质能让你战胜这些挑战？

它将如何影响你？当目标实现，你的世界或生活会有哪些不同？

四、理论拓展

(一)目标图像化

在脑中详细呈现你的目标，当实现它们时，你看到了什么、感受到了什么，可以用星星卡技术。

星星卡技术就是用一张宝蓝色的小卡片和一个金色的星星，把星星贴在卡片的中心位置。以下是具体的操作方式。

手里拿着星星卡，坐下来，两脚平放在地面上，闭上眼睛，自由放松。然后睁开眼睛，拿起你的星星卡，盯着星星，就好像你开始不再聚焦在它上面，而是看穿了它。想象星星里有什么，它代表什么，在脑海里形象地描绘当你实现了眼下正关注的一个目标时的情境。想象自己已经实现了这个目标，尽可能设想各种细节，包括颜色、声音以及触感。想象当你实现它时，正在发生什么。像电影镜头一样把发生的事情演绎出来。让实现目标时的感觉、获得奖励时的感觉进入你的潜意识。保持这些想法，做大约一分钟练习。

(二)坚持与变通的权衡

坚持与变通

不知变通的渔夫	挖井的故事
古时候有个渔夫，是个出海打鱼的好手。这年春天，他听说市面上墨鱼的价格最高，于是便立下誓言：这次出海只捕捞墨鱼。但此次鱼汛遇到的全是螃蟹，他只能空手而归。上岸后，他才得知，现在市面上螃蟹价格最高。渔夫后悔不已，发誓下次出海只打螃蟹。 第二次出海，他把注意力全放到了螃蟹上，可这一次遇到的全是墨鱼。他只好又空手而归。晚上，渔夫躺在床上，十分懊悔。于是，他又发誓：无论遇到螃蟹，还是墨鱼，他都捕捞。可第三次出海，墨鱼、螃蟹，渔夫都没有遇到，他遇到的只是马鲛鱼。于是，渔夫再一次空手而归。 渔夫没有赶上第四次出海，就在饥寒交迫中离开了人世。	一个人听说村里水很贵，准备挖一口井，然后自己卖水，给大家很便宜的水，自己还没有什么成本。这个计划很棒，受到很多人的赞同。 但是这个人不知道哪里有水，所以简单分析后就随便找了一个地方挖，深度不到10米。这时，他听说南村有人在村口挖井了，他扔下自己的坑，去南村挖井又不到10米，感觉太硬了，估计不会有戏，又找到西村山上挖，因为那里的树木多，地下一定有水源。 就这样，他每次都挖不到10米，七八个洞都出来了，但是没有一个有水。回到村子，别人告诉他，有人在他第一次挖的井口继续挖，坚持了几天，就出来水了，原来水源就在地下大概不到20米处。

渔夫和挖井人的做法都不可取，变通与坚持之间度的把握很重要。

渔夫的故事说明，有自己所坚持的方向和目标是非常必要的，但现实具有可变性，当目标遭遇现实的时候，我们应该及时调整，关注环境中各种因素的变化，并根据实际情况及时调整和修改，不能不切实际地盲目去执行目标和计划。挖井人的故事说明，把简单的事情坚持下去就是成功，因此很多时候实现目标的关键就在于最后的坚持。最终我们获得的不仅有坚持带来的成功，更拥有了强大的精神信念。

不懂变通，过于执着，往往让自己筋疲力尽，心力交瘁；但缺乏定力，总在羡慕别人，不愿意在一个方向上下苦功夫，也无法获得最后的成功。要真正做好一件事、完成一项任务，既要有"埋头拉车"的吃苦精神，又要有"抬头看路"的聪明睿智，只有二者有机结合才能如愿以偿，事半功倍。

请思考坚持与变通的关系，反思自己在哪些目标上应该进一步坚持，而在哪些目标上要学会变通。

第二节　提高时间管理能力

执行力指的是贯彻战略意图，完成预定目标的操作能力。它包含完成任务的意愿、能力和程度。效能主要指办事的效率和工作的能力。学业生涯规划的执行效能就是学生将学业生涯规划付诸行动、将目标变成结果的能力、完成程度和效率。

影响学业生涯规划执行力与执行效能的因素有三个：一是规划是否科学合理；二是执行者的素质和能力；三是执行的环境因素，即在一定的客观条件下，学业生涯规划在执行时受到的外部制约因素的综合，主要包括执行的监控机制和执行氛围。

高中学生处于自我同一性建立时期，他们渴望认识自己，发现自己的兴趣和才干，并在实践中不断加深对自我和世界的理解。然而，如果对日常学习和生活的安排没有计划性，又在执行中缺乏必要的方法和技巧，学生在实现目标过程中就会出现行动效能不高，甚至屡屡受挫的现象。这不但会打击学生职业生涯规划的积极性，也会对个人的自我评价产生消极影响。

"纸上得来终觉浅，绝知此事要躬行。"学生内心怀揣的美好梦想，以及对未来发展的规划，都需要通过行动变为现实。

一、生涯体验

小明的困扰

升入高中的小明对自己的未来有很多期待。他喜欢历史学科，并梦想着将来能成为一名通今博古的史学家。为了实现梦想，他为自己制订了目标和学习计划，包括每天睡前读一些有关历史的课外书。可是，令小明无奈的是，经常到了睡觉前，他的计划仍然没能全部完成，看课外书的计划总是被拖延或无奈搁置。小明感到，自己制订的目标和计划不但没有能带来高效的行动力，有时候还因此对自己产生了质疑，小明有点不那么相信自己了。

教师介绍案例后可以提问学生：同学们，你们是否也有跟小明相似的困扰呢？引导学生理解小明的挫败与他的执行效能低有关。时间是宝贵的资源，理想与目标必须通过行动，搭乘时间的列车，才能驶向目的地。执行效能越高，预定的计划就越有可能被完成。这其中，有效的时间管理、意志力管理等都是影响执行效能的重要因素。

需要帮助学生看到的是，在相同的时间和任务条件下，有的人可以高效地完成任务，有的人却只能完成一部分。这其中，时间管理是影响行动结果的关键因素。因此，做好时间管理是很重要的。

活动　时间蛋糕

指导语：同学们，如果把过去的 24 小时看作一块蛋糕，你是如何切分时间并利用的呢？请你根据自己利用时间的情况，完成下面的表格，再根据各项事务的时间比重，切分出你的时间蛋糕。

表7.2　我的时间账单

要完成的事务	使用时间
睡觉	
上课	
自学	
日常事务(吃饭、洗漱、收拾、通勤等)	
社交休闲	
其他时间	

思考与分享：

1. 你与其他同学的时间使用情况有哪些不同？你有什么发现？

2. 你还可以更好地利用时间实现自己的目标和理想吗？

二、能力提升

策略一：时间使用的"轻重缓急"

鲁迅曾说："哪里有天才，我只是把别人喝咖啡的时间都用在了工作上。"时间用在哪里，便收获怎样的人生。然而，每个人每一天的时间都是有限的，想要过更有目标，更有意义的生活，就需要做好时间管理，充分利用时间，做自己想做的事情。

美国管理学家科维(S. R. Covey)曾提出了一个时间管理的理论矩阵，他把所有要完成的事件按照"重要"和"紧急"两个维度进行了划分，见下图。

紧急————➤不紧急

重要且紧急 （参加考试、考试前复习等）	重要不紧急 （练习口语、阅读课外书等）
紧急不重要 （购买生活用品等）	不紧急且不重要 （闲聊、无意义的外出等）

重要

↓

不重要

图 7.2　时间管理矩阵图

引导学生看到，不同类型的事件要以不同的方式去处理。对于重要又紧急的事情，要马上去做，比如准备明天的考试；对于重要却不紧急的事情，要安排好固定的时间来做，比如每天晚上练习英语口语半小时，坚持执行，从而提高自己的英语口语能力；对于紧急却不重要的事情，比如去洗衣店洗一件衣服，或者去商店购买一些作业本，可以授权其他人来做，或者将其推迟找空闲再做；对于不重要也不紧急的事情，学会拒绝，不去做。

通常，重要而不紧急的事情，对实现人生理想有着重要的意义。但如果不能通过行动有效执行计划，完成这类事项的时间往往被紧急的事件占用，失去了价值。因而，理性的衡量当下每件事情的重要性及其对自我发展的意义，也是进行时间管理的必要内容。

心理学家威廉·格拉瑟曾说，我们做的每一件事，不论是积极执行计划、实现梦想，还是拖延时间、止步不前，都是我们自己的选择。如果人们学会去选择能够满足需要的行动，那么他们就可以走向最终的满意和快乐。

因此，可以指导学生在日常生活和学习中，通过自我监控，觉察并调整自己的行为，可以通过以下三个问题来提醒自己：

我想要的是什么？

我正在做什么？

我正在做的是否能够帮我实现我想要的？

总之，时间管理帮助我们既看到了未来的目标，也明晰了当下的路径，从而不会因为迷茫而在原地打转，也不会轻易地被外界的诱惑吸引而失去了方向。

策略二：调动自身资源 提升执行效能

高效能的行动不但需要合理的时间管理，也需要意志力的保障。现实的生活中我们发现，意志力强的学生能坚定的克服困难，经历磨炼，挑战自我，实现自身的成长。

引导学生回忆自己的成长史，关注并分析自己克服困难，坚持完成任务的经历。例如，一次长跑比赛，寒冷的冬天坚持早起，补习一门功课直到对内容全面掌握等。在思考后请学生将自己的成功经历填入下表，并总结可以通过哪些方法增强意志力，坚持克服困难，并取得成功的。

表7.3　我的成功经历总结

成功经历	方法总结
事件1：	
事件2：	
事件3：	

三、实际应用

下表举例列出了一个同学上午和中午需要完成的事项。请你将每天要做的事情列出来填入表格，根据事情的重要和紧急情况排序，然后根据排序先后一一执行。

表7.4 时间管理表 　　　月　　　日

时间	计划	重要性排序	完成情况
上午	预习语文第四课	1	
	找到丢失的笔	3	
	复习昨天学的单词	2	
中午	整理书桌	3	
	买酸奶	2	
	跟班长商议班会	1	
下午			
晚上			

思考与分享：

完成表格后，你有哪些发现？

实践部分引导学生把自己实际完成的情况填在表格最右边的一栏，如果在行动中发现计划忽略的因素或意外情况，结合实际对时间管理表进行修改。

有时候，尽管学生按照重要性排序后，完成计划仍然感到动力不足。这时可以介绍学生尝试使用时间管理表的方式将重要的事项进行排序，然后按照先易后难的顺序开始行动，直到完成全部任务。

在写下目标的过程中，帮助学生发现如果把一天中所有想要做的事情全部写到纸上，就不会因为脑中装满各种要做的事情感到烦恼，从而更好地将注意力集中到当下的任务中去，提高行动效率。

四、理论拓展

(一)小时间有大用处

时间管理这种说法听起来是要对时间进行管理，而本质上，时间管理是通过有效地规划时间来管理自己，督促我们实现计划、完成任务，向梦想靠近。

卡尔·华尔德是我的钢琴教师。有一天，他在给我上课的时候，忽然问我："你每天练琴要花多少时间？"我说："有三四个小时吧。"

"你每次练习，时间都很长吗？是不是有个把钟头？"

"我想这样才好。"

"不，不要这样！"他说，"你长大之后，每天是不会有长时间的空闲的。你要养成习惯，一有空就弹几分钟。比如在你上学以前，或在午饭以后，或在工作疲劳的短暂休息时间，五分钟、十分钟地练习。把你的练习时间分散在一天里面，这样，弹钢琴就成了你日常生活的一部分了。"

当我在大学教书的时候，也搞一些创作。可是上课、看卷子、开会等事情把我白天晚上的时间全占满了。差不多有两年多我没有写什么东西。我的理由是没有时间。后来，我想起了卡尔·华尔德先生对我讲的话。到了下一个星期，我就照着他的话实验起来。只要有三五分钟的空闲时间，我就坐下来写上几行。出乎我的意料，那个星期我竟写出许多页稿子。后来我用同样的积少成多的方法，创作长篇小说。我的教授工作虽然一天比一天繁重，但是每天仍有一些可以利用的短暂的时间。[1]

对于大多数人来说，制订一天的学习与生活计划并不是件难事，但往往计划赶不上变化，特别是看到时间表上有那么多的学习任务，不禁望而生怯。

其实，时间管理也可以采用目标分解的策略，避免让你半途而废或被其他琐碎的事情牵绊。人面对庞大任务的恐惧和抗拒是导致拖延的重要原因，把注意力集中在"当下"，能帮助人更好地集中精力、摆脱过去失败的阴影和对"万一任务

---

[1]　墨人：《培养孩子健康人格的心灵故事》，长春，吉林出版集团有限责任公司，2013。

完不成"的焦虑。

番茄工作法就是将时间分割成比较小的部分，然后促使人在短时间内高效工作的一种方法。通常，我们可以把任务分解成半小时左右，集中学习 20～25 分钟后，进入 5 分钟的休息时间，为一个番茄钟的时间。如果工作没有完成，到时间也要定时休息，然后再进入下一个番茄时间。持续四到五个"番茄"或者完成一项比较大的事项之后，可以休息更长的一段时间。

当然，可以引导学生根据实际情况设定适合自己时间长度的番茄钟，但这个时间长度既不能过长，也不能过短。过长的话会使自己产生疲劳感，进而影响学习效率，过短的话不利于深度学习，如果刚刚静下心来投入到对某一问题的思考就受到打断，很难产生实际的学习效果。

番茄工作法适合自己独立完成学习任务时使用。其核心是全神贯注、全力以赴，在每个番茄钟里，当事人必须排除一切干扰，全身心地投入到手头的任务上，从而有效地提高做事效率。

(二)利用生物节律 培养高效习惯

著名的苏联教育家苏霍姆林斯基在每天清晨五点半起床，做早操，然后喝杯牛奶吃块面包，接着在六点开始一天的工作。当他习惯了六点钟开始工作以后，又努力提早 15～20 分钟，几十年如一日，从不间断。他写出的三十多本教育方面的书籍和他发表的三百多篇学术论文，都是在早上五点到八点完成的。由此可见，良好的习惯成就个人的成功。

人体生物节律，是指人的体力、情绪和智力的周期循环。一天之中，人的体力和智力会根据生物节律发生变化。掌握并依据生物节律安排学习和生活，往往会使任务的完成取得事半功倍的效果。

研究发现，一个人的智力、体力、情绪状态在每个周期中都分别有高潮、低潮和临界期。在智力高潮期，大脑思维比较开阔，记忆力较强，归纳、推理、综合的能力也较强；在体力节律的高潮期，竞赛场上的运动员最有可能取得出人意料的好成绩；在情绪节律的高潮期人们往往表现出精神焕发，谈笑风生。一个人的三个周期正好都处在高潮期的时候，就有可能表现出超乎寻常的能力来。

大体上人在上午 7:00～11:00 和下午 17:00～21:00 的体力和精力比较充沛，此时头脑清醒且灵活，做事效率高，是一天中的"黄金时间"。当然，每个人的生物节律存在或多或少的差异，要指导学生有意识地观察自己身体和大脑状态，注意用脑卫生，劳逸结合，使大脑有条不紊地工作。

依据生物节律，培养固定的学习和生活习惯，可以更好地完成任务，实现目标。马克思曾说过："良好的习惯是一辆舒适的四驾马车，坐上它，你就跑得更快。"

(三)普瑞玛法则 助执行力提升

有的学生感觉自己在完成计划时候，常常因为惰性，拖延行动，而自己通过意志力难以扭转局面。这时候，可以尝试使用普瑞玛法则。该法则是以心理学操作性反射的原则为基础，对于人类的行为方式进行观察后得出的。

在本节开始部分的情景体验中，学生观察了自己一天中使用时间的情况，也对自己每一天需要完成的事情有所了解。学生可以将需要做的事情记录下来，不包括睡觉、吃饭等必须做的事情，从而形成一份任务清单。然后，把这些事项按照自己的兴趣排列，把最不喜欢做的事情放在第一位，把最喜欢做的事情放在最后一位。接下来，就可以开始一天的行动了。通常，从最不喜欢的事情开始做起，并且坚持做完第一件事情，再做第二件事情……一直做到最后一件喜欢的事情。当然，也可以把每日事项清单扩大到一周，从每周的第一天开始按照兴趣从低到高的顺序来完成任务。

使用普瑞玛法则，需要帮助学生认识到，在开始的阶段学生可能觉得有些困难，但如果能克服这个小小的困难，继续坚持，就会感觉到过程越来越顺利。值得注意的是，一定不要在执行任务的过程中跨过那些不喜欢的事情。因为，普瑞玛法则的原理就是运用强化的方式帮助人们实现所有的计划，先处理困难的事情，再处理不那么困难的事情，从事后者的轻松和愉悦是对处理前面事项的强化。继续下去时，学生会发现强化的作用越发明显，从而激励其完成全部任务。

第三节 提升意志力

利用制订计划和时间管理来提升自我的方法，学生在课堂内外都曾有所了解。这些策略对于中学生来说，可以从认知层面轻易掌握，但落实到行动上却往往出现不小的差距。很多成功学、励志类的书籍也可以在某一阶段的某一时刻，带给学生巨大的鼓舞，激发其斗志，但一段时间后便开始出现虎头蛇尾、后继乏力现象，这在学生的计划实施过程中屡见不鲜。根据对中学生的调查显示，71％的人虽然曾经从"坚持做某事"的体验中获得过"甜头"，但因为"懒和诱惑"的原因，85％的学生认为自己难以完成各种计划。只有不到4％的学生认为自己在保持意志力方面具有良好的技巧。可见，学生在完成计划方面，普遍存在着"眼高手低"的情况，却又苦于没有良好的技巧给自己助力，解决执行计划中遇到的困境。

千里之行，始于足下。所有关于人生的设想与憧憬最终都要转化为点滴的行动，否则一切都只是泡影，看起来色彩斑斓，但只能随风飘动，最后化为碎片。让我们把对自己的承诺付诸到每一分、每一秒，做行动的巨人，做自己的主人！

一、生涯体验

故事："想的激动、过后不动"

小敏是个"常立志"的高中生，她近期的目标就是努力考上自己理想的大学。暑假里她看了《高考状元对你说》的励志书后，被书中那些高考状元的学习劲头鼓舞，对他们陈述的各种学习技巧跃跃欲试。为此，她也算花了一番心血总结了他们的成功经验，想要复制在自己身上，并制订了详细的计划书。第一天，她坚持下来了，她觉得很有干劲，却也感到疲惫；第二天，她咬牙执行了计划书的大部分；第三天，她看到计划书时竟然有些胆怯和不自信，不免有些泄气。她自我安慰说："我干吗这么累啊！还是不要这么跟自己过不去比较好。"于是她开始一点一点背离自己的时间安排，看电视、网络聊天、和朋友们出去玩逐渐占据了每天大部分时间。一个暑假过去了，回过头来看看自己最初的计划，她又懊悔自己把时间白白浪费了，觉得自己真是没用。

思考与分享：

1. 你认为是什么原因造成小敏没能达成自己的目标？

2. 求学经历中，你听到过和小敏类似的自我安慰的话吗？

学习时，不少同学常会兴奋地制订计划，但却缺乏有效的行动。一方面在于自己不愿投入超出预想程度的努力；另一方面会因为受到点挫折而让计划的实施难以为继。当你仅仅因为这些原因不付诸行动的话，任何自我安慰都是对自己的欺骗，各种豪言壮语最终换来的是"三天打鱼，两天晒网"的结果。

活动：精神钙片

请你做如下的动作：两脚分开为肩宽的两倍，弯曲膝盖让大腿和地面平行，不能弯腰，不能驼背。给自己的保持时间做一个记录。休息一下，再做一次。回顾第一次的时间成绩，默念"我可以多坚持1秒钟""我一定能再多坚持1秒钟"。给自己的保持时间再做一次记录，填写到下表中。

表7.5　"钙片"效果表

	坚持时间	坚持不住时的想法
第一次		
第二次		

思考与分享：

1. 你发现了什么变化？为什么会产生这些变化？

2. 假设在做动作的过程中，如果想到"我必须这么做，这对我的好处是……"或"我不需要这么做"时，分别会对成绩有什么影响？

常言道："坚持就是胜利。"当我们在执行某些不感兴趣、枯燥但又不得不完成的任务时，就只能借助良好的意志品质了。我们只需要反复提示自己"再坚持微小的一步"，替代各种不满情绪，减少抗拒心理，或许你会发现坚持并不是那么难。

二、能力提升

从认知到行为进行调整，首先要意识到提升意志力的重要性，其次从行为上掌握一定的实施策略和技巧。

(一)提升意志力的重要性

环顾身边，也许并不缺少"言语上的巨人，行动的矮子"，甚至自己也是其中一员。但如果没有坚韧不拔的意志，这一切都只能重归为零。坚韧不拔的意志并不是那些经历过重重磨炼的强者所具有的特权，我们既不必"头悬梁、锥刺股"，也不用"劳其筋骨，饿其体肤"，其实每个人只要采取一定的策略和方法都可以成为行动的巨人。

有这样一个公式：

(切实可行的目标＋良好的时间管理)×坚韧不拔的意志＝行动的巨人。

有同学说：切实可行的目标，我会；良好的时间管理，我懂；坚韧不拔的意志，我不行。实际上，对于意志力的认识，我们需要了解这样几个真相。

1. 意志力是脆弱的

意志力如同体力一样，是一种会损耗的个人资源。早晨通常是每个个体精力最充沛的时刻，意志力的"电量"最为充足，随着时间的推移，个体状态下降，意志力的"电量"也逐渐损耗。

意志力的表现并不稳定，如同潮涨潮落，心情澎湃受到激励时，意志力高涨；疲乏困顿无聊高压下，意志力会衰退。

作为一种资源，意志力是有限的。不要挥霍它，请把它用在刀刃上。

2. 形成习惯后，就不需要太多意志力了

例如，早睡早起的作息规律，一开始可能会感到不舒服，但经历一段时期后，所有的不适感会自然消失。形成习惯后将不再是负担，也不再是需要消耗心理能量才能完成的事情，更不会用到意志力。身边总会有一些令人膜拜的"牛人"行为：玩得再晚，也会在临睡前阅读；学习时间再紧，照例会在阶段性任务完成后跑一会儿步。这些人并不会认为以上事情有多了不起，因为这是他们潜意识里的自发行为，是有肌肉记忆的习惯动作。

(二)提升意志力的策略与技巧

在意志力提升方面，我们可以围绕"提高违规代价"和"降低合理消耗"进行。

1. 外力推动

这个方法需要给自己施加比较大的压力，找到令自己"不得不做"的外在力量，例如，与那些自律性很强的人做朋友，感受一下被他们带节奏做事的影响力；感受一下"不完成我就会被彻底甩掉"的恐慌……这会帮助我们降低对意志力的期待，促使我们最终"做成某件事"。

2. 创设情境

远离干扰专注、吸引注意力的诱惑。例如，关掉无线网(WiFi)，请家人藏起自己的手机、电视遥控器、平板、电脑电源线等；背着书包到就近的书店或图书馆看书……眼前只摆放便于我们学习的资料、学具，借助"番茄工作法"的加码，除了学习不干别的，高效地完成学业任务。

3. 签到机制

有些场合称之为"打卡"，不管我们想建立一个怎样的习惯，用一个日历来标注自己每天的表现，并能直观地看到这个链条一天天变长。这个看似微小的举措，带来的心理意义影响深远。其本质是提升了违规的代价，因为通常我们不希望链条断掉，否则前面坚持的成绩就会清零。

4. 利用延迟满足

延迟满足，就是我们平常所说的"忍耐"。为了追求更大的目标，获得更大的享受，可以暂时克制自己的欲望，放弃眼前的诱惑。著名的"棉花糖实验"很好地解释了这个概念。

实验者发给一些 4 岁儿童每人一颗好吃的棉花糖，同时告诉孩子们：如果马上吃，只能吃一颗；如果等 20 分钟后再吃，就给吃两颗。有的孩子急不可耐，马上把糖吃掉了；而另一些孩子则能够靠各种各样的方法，克制自己的欲望，从而获得更多的糖果。

研究人员进行了跟踪观察，发现那些以坚韧的毅力获得两颗糖的孩子，在上中学时表现出较强的适应性、自信心和独立自主精神；而那些经不住软糖诱惑的孩子则往往屈服于压力而逃避挑战。在后来几十年的跟踪观察中，也证明那些有耐心等待吃两块糖果的孩子，事业上更容易获得成就。

延迟满足并不等于不满足，只是推迟了满足的结果，久旱甘霖的快乐会更持久和充实。这种精神上的收获会让自己更深刻地体会到，"我的等待和辛苦付出是值得的"。在实施延迟满足时，需要自我激励，用积极的言语、行为，或者是心仪已久的小礼物来督促自己。

5. 循序渐进

除了需要提高违规的代价，我们还可以通过鼓励自己走上正确的道路来降低合理的消耗成本。最初的门槛，可以设置成需要自己稍微付出点心理能量就能达成的高度。比如坚持每天做一篇英文阅读，开始我们可以给自己设定的坚持阈值时限是 2 天，当 2 天结束后，我们可以给自己一定的奖励；接下来，根据自己的实际情况，可以继续设定 2 天的任务目标或者调整成 3 天……每次的成功闭环将会印刻在自己的身体和心理记忆中。辅以签到机制，我们会发现自己可以毫无压力地坚持下去。

6. 确定"刀刃"所在

因为意志力是宝贵的资源，因此需要给自己设立"必须花费意志力"的目标。这就是我们说的"刀刃"，代表着不可逾越的底线和原则。一旦打破，意味着个人生活的混乱无序，多年积累的良好感觉随着自我放纵付诸流水，这个违规代价太大。因此务必需要将意志力聚焦在核心事务上，目标在精不在多，重质不重量，以此来保证我们的状态自动向着良好的方向发展。

三、实际应用

将能力提升策略环节里提到的内容联系学生实际，提供一些可以参照的执行模板，便于学生直接运用或受到启发积极创新。

行动起来

一个人对自我行动的控制是通过每天各种细小的事件体现出来的，所以，"勿以事小而不为"，让我们从点滴做起。下表是生活中各种各样的小事，请你填写如何延迟满足并进行自我激励，填完后和同学们进行交流分享。

表 7.6　点滴行动表

事件	立即满足行为	延迟满足行为	自我激励方法
起床	没睡够，再多睡一会儿吧，被窝好暖和呀！		
吃饭	好想吃麦当劳，正好身上有零花钱，不吃学校食堂的饭了。		
听课	老师讲得很沉闷，真想睡觉，打一会儿瞌睡吧！		
写作业	先打一会儿游戏，昨天还没打过第5关，晚上再写作业。		
睡觉	虽然已经10点多了，可好看的电视还没完，再看一会儿吧。		
……	……	……	

学业成就积累卡

古人告诉我们，"不积跬步，无以至千里；不积小流，无以成江海"。让我们有技巧地消费自己的意志力，提升我们的行动力，每天进步一点点。你可以根据自己的能力和需要，做出个性化的调整。

表 7.7　学业打卡表

刀刃	起步门槛	打卡	监督人
背 10 个单词	2 天		
做一篇阅读	5 天		
巩固课本中 5 个知识点	7 天		
阅读 10 页必读经典	5 天		
……	……		

使用说明：

1."刀刃"的解释见前面能力提升策略中的第 6 条。

2."起步门槛"意味着自己可以保证有效执行的起始天数，随着目标的达成，天数可以增加。

3."打卡"是每完成一次起步门槛规定的天数后，记录的成功闭环次数；以画"正"字进行；可以每完成五个"正"字予以奖励。

4."监督人"是最能督促自己完成目标的他人。

5. 表格填写完后，挂在监督人可以看到的地方。

四、理论拓展

克服心理惰性、在行动上坚持不懈的过程，表现出来的心理品质就是意志力。例如，那些曾被嘲笑过的"小胖子"，经过锻炼，成功塑型，逆袭出令人称赞的马甲线；那些风雨无阻坚持晨跑的人……他们身上都闪耀着意志力的光辉。在一期 TED(Technology，Entertainment，Design)演讲中，安吉拉·李·达科沃斯(Angela Lee Duckworth)讲述了她的研究发现，认为学生学业成就的要诀也是意志力。

有的同学也许会说，这是一个很明显的事实啊：不想写作业，需要靠意志力克服懒惰、克服学业挫折感；不想看书，需要借助意志力来提醒自己必须远离其他五花八门的诱惑来专注学习；尤其是学业计划方面，更得凭借意志力帮助自己做长期的积累……意志力如此重要，那么这个众人皆知却又难以定义的名词到底是指什么？又应该从哪些角度测量？到底能不能通过训练来提升呢？

心理学中研究这一领域的专家认为，意志力这个概念可以表达为"能控制内心某个冲突，成功抑制了恶魔一方"的自我控制（self-control）。例如，学习时的枯燥无趣、学不懂时的茫然和挫败、身边休闲娱乐的诱惑频频对自己招手，或者令人难以抵挡的睡意阵阵袭来……这些在学习过程中会时常出现，一方面想停下来满足自己放松的欲望；另一方面又想努力学习来获取有力的竞争力，于是就会不断形成内心的冲突：是退缩、放弃、投降？还是咬牙前行？若能成功抑制想要放松的欲望，也就成功地解决了这次的冲突，学习过程得以继续。因此，完成一次学业过程＝重复的对抗自己的内心冲突，抑制想停止的欲望＝展现意志力。许多需要意志力的行为都能用这个模式解释，如减肥、执行学习计划等。

有一个通过对减肥和意志力关系的研究，发现了有趣的结论：意志力可以用握力器来评估它的高低程度；成功减肥和意志力的增强呈现出正相关。

【实验一】

参与实验的被试有 40 人，请他们参与为期 6 个月的减肥计划，这段时间需调整生活方式，包括进食低热量、低脂的食物，增加运动量等。首先，记录每个人发挥最大握力时，持续握紧握力器三秒钟的最大值，以此来控制不同人存在握力差异的干扰变量。随后，在实际评估个人意志力时，请每位被试在超过最大握力值 70％ 的条件下，尽量握得越久越好。由于持续发力，手部肌肉会有酸痛的不适感，人们会自然而然地产生放开握力器逃避不舒服体验的念头，而意志力就在此时体现为必须抑制想要放开手的方法。因此，握力器被握得越久，说明个体的意志力越好。

结果发现：能够减重 10％ 以上的参与者，他们的握力时间都比未能成功减重的人要来得久，亦即意志力较佳，且意志力程度与减重程度、活动量、摄取较少热量也呈正相关。虽然握力器并不能直接衡量意志力本身大小，但这个实验确实表明它可以用于评估意志力的高低程度。

【实验二】

有 23 名被试参与了该项实验，同实验一一样，请他们执行相同要求的为期 6 个月的减肥计划。这个实验对比了减肥前后的体重变化数据和握力值变化数据，计划完成后的握力值与计划开始前的握力值之差，可以视为意志力提升的程度。结果发现，意志力的提升程度和减肥效果也呈现出正相关，即意志力提升越多的人，所减的体重也越多，而这类人会更经常去运动、参加减肥经验交流会。

这个实验说明，认真执行减肥计划，不仅仅带来理想的体重，还可以使个人的意志力增强。故而可以做进一步推论：也许在执行计划的同时，意志力都可以得到提升。也有不少意志力的相关研究指出：提升意志力并不需要特别训练，只要每天规律地进行一些平时不做的活动就可以了。

因此，如果同学们还在苦恼自己在学业方面的意志力不足，不妨实施"曲线救国"的策略，借助其他的小习惯来提升自己的意志力，再迁移至学业任务上，也许会有意想不到的收获。

人生如白驹过隙，每个人的不同选择也会铸就人生道路的巨大差异，人生经验的总结其实就是对自己每一天如何度过的回顾。脚踏实地的行动永远只存在于现实中。请从现在做起吧！

第四节　培养微习惯

英国作家王尔德说："起初是我们养成习惯，后来是习惯造就了我们。"可见，习惯的力量是巨大的，拥有好习惯是拥有成功、幸福人生的起点，养成良好的习惯也是我们青少年的重要功课。然而在现实生活中，习惯的养成并不容易，我们总是因为这样那样的原因，把想要坚持的事情抛到一边。真的没有办法可以轻松养成好习惯吗？这节课将带你一起去探索微习惯的奥秘，让我们一起出发吧！

一、生涯体验

谢琦的懊恼

谢琦看到表姐和外企同事用流利的英语沟通工作，非常羡慕，暗下决心要学好英语，将来像表姐那样。从此，在常规学习之外，她增加了一项：每天多学1小时英语。开始几天执行得不错，慢慢地却坚持不下去了。

想一想，谢琦的懊恼我们是否也有过？结合自己的经验，和同学讨论一下，谢琦不能把课外学英语的事情坚持下去的原因有哪些？

人们无法让改变的效果持久时，往往会从多方面寻找原因，尤其会怪罪于自己的自制力，这当然不是毫无根据的，但是一味怪罪不仅于事无补，甚至有时适得其反。如果我们在同一个问题上反复受挫，也许有问题的不是我们自己，而是我们采用的策略。

二、能力提升

为什么培养好习惯如此困难？

我们的大脑中有两个重要区域与习惯养成有关，一个是前额皮层，另一个是基底神经节。

其中，前额皮层是一部分非常"聪明"的脑区，负责计划、决策与监控，它决定我们想要选择一个什么样的习惯去培养。但问题是，由于它需要处理的事情太多，所以会消耗很多精力、遭受很大压力，从而非常容易疲劳，导致无法很好地监控一件需要长久坚持的事情。

基底神经节是大脑中比较"顽固而低级"的部分，它意识不到只有前额皮层才能产生的高层次目标，但是它可以高效率地重复既定的行为模式，节省精力。

大脑的这种工作原理提醒我们：与其依赖前额皮层的高度自制，加重它本就沉重的负担，不如一次规划一些小的工作量，从而调动基底神经节的自动接管。

这种策略，即微习惯培养策略。

什么是微习惯？

如果你想培养一个好习惯，微习惯就是它经过大幅缩减的版本——把"每天跑步一小时"缩减成每天 10 分钟，把"每天写 3000 字"缩减成每天 50 字，把"每天学 1 小时英语"缩减成 5 分钟，等等。

用一句话概括就是，根据我们的梦想，制定一个小目标，然后一直坚持下去。每天只用几分钟时间，就可以完成。正因为小到不可思议，所以它几乎不可能失败。

微习惯为什么有用？

其一，每一次微小的成功，对刚搭建起来的神经通路都是一次巩固，巩固次数越多，成功的"路径"就越明显。路径越来越通畅，效率也就必然越来越高，需要付出的意志努力也就越来越少。

其二，因为目标实在太小，完成起来毫不费力，就容易让人体验到成功。越是成功，人们越会忍不住超额完成，超额既让任务量缩减，也让成就感增加。

如何培养微习惯？

微习惯的养成分为四步。

第一步，选择有价值的微习惯。你最想做成的是什么？为什么要实现它？现在不做的话，几年后会不会后悔？不断追问自己，并诚实回答。

在上面的案例中，谢琦想每天额外学习英语。她需要追问自己：

——为什么？

——英语好为将来就业积累了条件。

——为什么？

——因为这是个全球化的时代，她希望能与英语世界的人顺畅交流，最大程度实现自我价值。这么看来，学英语是件极有内在价值的事。

第二步，确定合适的量。把想做的事情分解，直到它能够在几分钟内完成。谢琦想学好英语，分解到每天背 10 个单词，或读 2 个句子。

在正式确定要坚持的微习惯之前，可以先用一周来尝试。看看是不是每天都能轻松完成目标？最艰难的一天，还能不能完成？如果答案满意，就可以坚持。

第三步，规划时间。规划一个执行时间，并有弹性地去执行，谢琦可以"每天早上，醒来就做"，也可以"一天一次，完成就好"。

第四步，记录强化。记录一方面可以评估坚持状况，方便做改进，另一方面留下坚持的痕迹会带来更大的动力。记录内容包括每天打卡，写周记、月小结。可以用纸笔，也可以用手机 APP 记录。

在培养微习惯的过程中，还要注意以下三个策略：

策略一：微量开始，超量完成。因为是从简单的事情开始，慢慢就会越做越好，越做越想做，每天都超量会带来成就感。

策略二：服从计划，不好高骛远。如果目标是每天一分钟，即使昨天已经超额到一小时，明天也依然以一分钟而不是以一小时来要求自己。否则你会因为达不到一个小时的量而失望，这样反而不利于坚持。

策略三：一次一个。不要同时开始多个微习惯，那会带来较大的负担。从一个开始，当你不再抵触、完全认同行为和身份、行动时无须考虑、不担心遗漏的时候，这个微习惯已经养成。可以开始下一个微习惯了。

三、实际运用

培养一个微习惯

写作？读书？健身？学外语？练书法……

在你心中有没有一些一直想努力做到，但是一忙起来就被搁置了的愿望呢？请你试着用培养微习惯的方法来实现它们。

表 7.8　微习惯培养四步法

第一步：选择一个合适的微习惯 （如何确定合适的量?）
第二步：挖掘内在价值 （做这件事情能满足你内心深处的什么需要?）
第三步：规划时间 （规划一个执行时间，并有弹性地去执行。）
第四步：记录强化 （你会用什么方式记录? 如何鼓励自己坚持?）

一步登天很难，但每天进步一点点却可以做到。就像这些公式：

$$1.01^{365} \approx 37.78; \qquad 0.99^{365} \approx 0.03; \qquad 1.02^{365} \approx 1377.41。$$

只要开始行动，就有机会做得更多，每天进步一点点，就可以在微不足道中接近成功，在日积月累中成就梦想。

阿基米德曾说，"给我一个支点，我就能够撬起整个地球"。用微习惯当作支点，你也可以撬动梦想，抵达成功的彼岸。

四、理论拓展

1. 微习惯与压力

当我们在讨论微习惯的重要性时，还应该考虑压力。加州大学洛杉矶分校和杜克大学的实验研究都发现，压力会促使人们更加依赖习惯性行为。温迪·伍德（Wendy Wood）在《人格和社会心理学杂志》（*Journal of personality and social psychology*）上的研究中指出："遇到压力时，人们无法轻易做出决定，意志力会减弱或令人感到不知所措。当你没有精力做决定时，往往会重复平时的做法。"

这就意味着，对于生活在当今社会的每个人来说，尽早建立好的微习惯、克服不良习惯对于个体适应的意义尤为巨大。因为这是一个生活、学习和工作节奏比任何时候都快的时代，人们的压力也比以往任何时候都更大。对于中学生来讲，学校生活是有序、平稳的，个体在这一阶段虽然也要承受来自学业和自我成长等方面的压力，但是比起将来走向社会将要承担的工作、生活和人际压力，仍然要轻得多，因此，积极利用这段时间，多培养几个让自己受益一生的好习惯，是非常重要的。

2. 微习惯的培养时间

养成一个新习惯需要多长时间？虽然比较流行的说法是 21 天或者 30 天，但它们可能都是错误的！发表于 2009 年《欧洲社会心理学杂志》（*European journal of social psychology*）上的一项研究发现，不同行为习惯所需时间的差别很大，从 18 天到 254 天不等，平均来说，一个行为变成习惯所需的时间为 66 天。

通常来说，习惯行为有这样三种不同程度的种类。程度一是行为习惯，包括阅读、写日记、整理、记笔记、听英语、戒手机等，养成这种普通的行为习惯所需时间在一个月左右。程度二是身体习惯，包括运动、早睡、早起、减肥、不吃垃圾食品等，相比普通行为习惯，身体习惯带来的变化更难改变，大约需要三个月。程度三是思考习惯，包括积极正向思考、换位思考、深度思考等，因为思考习惯与性格有关，对变化产生的抵抗也最强，形成习惯所需的时间也最长，大约需要六个月。

第五节　创造性地解决问题

无论学业、生涯还是生活，在某种意义上说，都是一系列问题解决的过程。个体需要运用已有的知识和技能不断去发现和解决问题，并在这个过程中不断学习新知识，掌握新技能，成长自我。问题解决是从提出问题开始的，且往往与创造性联系在一起。爱因斯坦曾说："提出一个问题往往比解决一个问题更为重要，因为解决一个问题也许只是一个数学上或实验上的技巧问题。而提出新的问题、新的可能性，从新的角度看旧问题，却需要创造性的想象力，而且标志着科学的真正进步。"教育心理学提倡"为迁移而教"，强调培养学生灵活运用所学知识解决问题的能力。因此，学校教育不仅要关注学生学习的结果即知识的获得，更要重视培养学生发现和解决问题的能力，提高学生的问题意识和创新意识。当下，"万众创新"的号召恰恰体现了社会发展对创新型人才的迫切需求，因此，需要从学校教育入手，尽早系统地培养学生创造性地解决问题的能力。在人工智能来势汹汹的大趋势下，学生的创造力和问题解决能力显得尤为重要。

一、生涯体验

以生涯故事吸引学生的兴趣，冰激凌甜筒很多学生爱吃，容易引起学生的好奇心和亲切感。通过对故事的分析，引入问题解决的概念，并开启对问题解决方法和步骤的探讨。从他人的故事导入主题，在学习问题解决和创新方法的基础上，逐渐过渡到解决自己生活中的真实问题，由远及近，符合学生认知特点。

冰激凌甜筒的发明

冰激凌甜筒的发明者，是一位鸡蛋饼的摊主。1904 年，在美国圣路易博览会上，一个名叫欧内斯特的卖热蛋饼的男子租了个摊位，他把鸡蛋饼盛在纸盘里出售。有一天，欧内斯特用完了所有纸盘，其他摊贩因为怕自己也不够用都不愿意把纸盘子转卖给他。他只好把鸡蛋饼直接卖给顾客，结果，鸡蛋饼里的三种配料都流到了顾客的袖子上。无奈之下，他只好改卖冰激凌，以折扣价格从邻近摊位购进冰激凌，然后转手卖出去。然而，如何处理那些剩下的鸡蛋饼原料呢？突然，一个念头闪现过他的脑海。第二天，他做了 1 000 个鸡蛋饼，用铁片压扁，然后把这些饼片卷成圆锥状，里面填上冰激凌。那天中午之前，他就把这 1 000 张装有冰激凌的鸡蛋饼全卖完了。

欧内斯特遇到了什么问题？他是如何解决的？

问题解决是由一定的情境引起的，按照一定的目标，应用各种知识技能，经过一系列的思维操作，使问题得以解决的过程。

问题是指这样一种情境：个体想做某件事，但不能马上知道完成这件事所需采取的一系列行动。问题包含给定信息、目标和障碍三个成分。

问题可以分为结构良好问题和结构不良问题。结构良好的问题具有明确的初始状态、目标状态以及解决方法，在学科学习中学生要解答的绝大多数都是结构良好的问题。结构不良问题指那些没有明确的初始状态、目标状态和解决途径，也就是没有明确的结构的问题。真实生活中的问题大多都是结构不良的问题，如制定一个选科选考方案、设计一次新年联欢会等。

创造性指个体产生新颖奇特而具有实用价值的观点或产品的能力。创造性有两个关键要素：新颖性和适用性。

问题解决能力与创造性对于个体更好地面对新情境和新事物具有重要意义。当面对不熟悉的情境和问题时，要报以积极思考和努力解决问题的心态，我们才能捕捉到生涯发展的有利契机。一个善于发现问题并能用实际行动去改变现状的人，才会成为未来社会的引领者。

二、能力提升

了解了什么是问题、问题解决、创造性以及创造性地解决问题的重要性，接下来就要引导学生在活动体验的基础上思考问题解决的步骤和提升创造力的方法。通过创设一个"将蜡烛立在墙上"的任务，让学生在一个结构不良的问题情境中去头脑风暴、实践体验、深入讨论和全面总结。

试一试：墙上的蜡烛

任务：以小组为单位，利用几个图钉、一盒火柴、一根绳子，想办法将蜡烛立在墙上。

讨论与分享：

要达成的目标：_____

所有可能的方法：_____

_____

_____

选择实施的方法：_____

_____

_____

总结问题解决的过程：_____

_____

问题解决步骤：

问题解决一般包括以下四个环节。

步骤一：收集信息，理解和表征问题。找出问题，明确、具体地陈述问题，要达成的目标是什么，已有的资源有哪些。

步骤二：寻求解答。先分析信息，头脑风暴找出各种可能的解决方法，想法越多越好，不评价。然后考虑每一种方案的可行性和结果。

步骤三：选择一种解决方案，制订行动计划并执行。分析各种解决方案的利弊得失，选择其中最佳方案，拟定详细的行动方案，然后执行。

步骤四：评估问题解决的过程和结果，思考还需要改进的地方。重点评估达成期望目标的程度，总结经验和教训。

在采取行动之前，有必要对各种想法进行评价和调整。正如激光的发明者古尔德所言："你必须能用批判的眼光考察你的想法，并对此进行提炼，除去没有用的东西，你必须拒绝想法中 99％ 没用的东西。"

奥斯本检核表

奥斯本检核表由美国创意大师奥斯本（A. F. Osborn）所设计。围绕创新对象或需要解决的问题，列出问题清单，再逐一讨论，以突破旧的思维框架，带来具有创造性的新设想。

1. 现有的东西有没有其他的用途？保持原状不变的话，是不是能扩大其用途？如果稍加改变，是不是能增加其用途？请想尽可能多的方法，扩大其用途。

2. 能否从别处得到启发？能否借用别处的经验和发明？过去有无类似的东西可供模仿？现在的发明能否引入到其他的创造设想中？

3. 现有的东西是否可以做某些改变？改变一下会怎样？可以改变形状、颜色、声响、味道吗？是否能改变一下型号模具或者运动形式？改变之后，效果如何？

4. 现有的东西能不能增加一些东西？能否添加部件、拉长时间、增加长度、提高强度、延长寿命、提高价值或加快转速？

5. 缩小一些怎样？现在的东西能否缩小体积、减轻重量、降低高度，使之变小？

6. 可否用别的东西代替？能否由别人代替，用别的材料代替？用别的工艺代替？用别的能源代替？可否选取其他地点？

7. 有无可互换的成分？可否变换模式？能否更换顺序？可否变换工作规范？

8. 上下是否可以倒过来？左右、前后是否可以对调位置？里外可否互换？正反可否对换？可否用否定代替肯定？

9. 组合起来会怎样？能否装配成一个系统？能否把几个目的进行组合？能否将各种想法进行组合？能否将几个部件进行组合？

三、实际应用

鼓励学生发现其真实生活中的问题，并尝试运用问题解决的步骤和提高创造性的方法来加以解决，包括学习中的问题，与同学、家人等人际交往中的问题，社会实践中遇到的问题等。这个过程有助于进一步提高学生的问题意识，练习创造性地解决问题的步骤和方法，将所学技能迁移应用于各种真实生活情境中。

如何在生活中创造性地解决问题？

1. 收集日常生活和学习中最感到困惑的问题，选出 5 个问题进行讨论，如"怎样才能上课时集中注意力？""怎样可以在班上交到更多的朋友？""怎样学好数学？"等，提出各种解决方法。一方面要打开思路，提出各种新颖的想法；另一方面要接地气，具有可行性。

2. 访谈父母，或自己感兴趣的职业的从业人员，询问他们在工作中经常遇到哪些问题，这类问题与你在学校的学习生活中遇到的问题有何不同，又有何联系。

四、理论拓展

(一)突破思维定式

思维大师爱德华·波诺(Edwrnd de Bono)指出，人类有两种思维模式：水平思考和垂直思考。垂直思考是收敛式的思考方式，容易陷入习惯的思考，不容易得到创造性的想法。水平思考则是往各种可能的方向自由联想，没有界限。垂直思考是一种逻辑式思考，带着很多条条框框的约束。水平思考是非逻辑的，是直觉的、发散的和自由的，因此能增进思考的流畅性，产生很多想法和创意。

美国著名组织行为学家卡尔·维克(Karl Weick)做过一个有趣的实验。把一只蜜蜂和一只苍蝇放进一个玻璃瓶中，然后将玻璃瓶平放，瓶底朝向光线最明亮的窗户，再打开瓶盖。谁会逃出玻璃瓶呢？实验发现，蜜蜂会不断地在瓶底寻找出口，直到力竭而死；而苍蝇却可以在不到两分钟的时间内，从玻璃瓶口逃出。蜜蜂死于自己的"思维定式"，它们被自己的经验和逻辑所害，以为"密室"的出口必然是光线最明亮的地方，所以它们只朝瓶底行动。而苍蝇却对逻辑根本不在意，只管四下乱飞，却误打误撞地找到了出口。从行为上看，蜜蜂更重视逻辑和经验，似乎智力更高，然而它们的创造性却太差了。卡尔·维克认为，冒险、试错、即兴发挥、随机应变、迂回前进，都是有助于解决问题的策略。面对复杂的世界，我们更需要随机性的智慧，而不是教条式的智慧。在这个实验里，显然苍蝇是水平思考者，蜜蜂是垂直思考者。

(二)发散式思维训练

发散式思维是创造性思维的核心之一。下面是一些练习发散式思维的例子，请同学们经常提问自己这类问题，进行自我训练。

——尽可能多地说出曲别针的用途。

——尽可能多地写出笔的用途。

——尽可能多地写出手机的用途。

——尽可能多地设想可以利用网络来做什么。

——尽可能多地写出提高语文成绩的方法。

——尽可能多地写出雨伞的用途。

——尽可能多地学好数学的方法。

——尽可能多地设想早起的方法。

(三)丰富知识储备，提升问题解决能力

真假棋局

1965 年，丹麦心理学家和象棋大师迪古特利用真假棋局的实验研究了专家和新手的问题解决差异。在实验中，研究者要求象棋大师和新手都看棋局 5 秒，然后将棋子移开，并要求他们复盘。当象棋大师和新手都看一个真实的棋局时，象棋大师在第一次复盘时，就可以达到 90% 的正确率，新手仅能达到 40%。但换为任意放置的棋子时，他们复盘的正确率就没有什么差异了。研究人员对这一实验进行了深入分析，结果表明，专家和新手在真实棋局的扫描上所花的时间相差无几，但象棋大师能够根据棋子的位置，运用丰富的棋局知识进行组块，在给定的时间内，就能获得和记住更多的信息。而当他们与新手都面临是假的棋局时，棋子之间没有固定的规律可循，他们就无法调用先前的知识，组块的优势荡

然无存。

知识是问题解决能力形成的必要基础。象棋专家的优势在于他们的头脑中有很多关于棋局的知识经验。灵感的闪现必然经历长期的酝酿和艰苦的探索。

第六节　发展个人领导力

著名管理学家德鲁克提出，学生必须要为同时生活和工作在两种文化中做好准备：一种是"知识人"的文化；另一种是"管理人"的文化。领导力不仅仅是精英人物或领袖人物具备的，也是中学生应该具备的一种基本素养。随着经济全球化和教育国际化进程的不断加快，培养具有卓越领导力和创新力的人才已成为世界各国增强国家综合国力、提升国际竞争力的重要途径，也成为教育改革与创新的重要方面。随着社会的组织化和团队化程度越来越高，如何领导好一个团队、如何在团队中成长和发展，也已经成为现代人们所应具有的一项重要能力。

中学生领导力的培养，其实质就是要求学生全面发展，提高自身的综合素质和能力，符合素质教育的精神与要求。这也是中学生成长的特点与实际需求。一个人的领导力源自他的内心，源于他的品格、性格和价值观。

调查表明，学生想解决的三个问题是："自我管理从哪里开始？""我需要改善哪些方面？""怎样才能有效提升我的领导力？"因为当代的中学生多为独生子女，自我管理意识较弱，团队意识不强，因此需要有计划地培养。良好的自我管理，是有效管理团队的开始。

一、生涯体验

一鸣应该参加竞选吗

学校组织竞选社团干部，好朋友高原极力鼓励一鸣报名参加。高原分析说，竞选其实没有那么难，只需要讲述自己的优势、对社团未来发展的建议等就可以了。但一鸣觉得社团干部工作繁忙，经常要组织各类活动，这样会浪费学习的时间，而且竞选的时候一定要有魄力，号召力很重要，自己将来就想从事专业技术工作，不想当领导。

一鸣认为自己不想当领导，没必要发展领导力，你认同他的想法吗？说说你是怎么看这个问题的。

领导力即引领和管理团队，实现共同目标的能力，领导力也包括自我领导能力。通过改进公共政策、组织社区和校园服务等项目，培养和提高自控、计划、表达、沟通、组织、管理等核心领导力。在学校，学生除了以班干部或者"负责人"的身份角色要求大家外，领导力还表现为一种影响力，即通过自身的人格魅力、价值观念去影响团队内外的其他人，使得被领导者自觉、自愿地去完成共同目标。

领导力是现代人所需要具备的重要能力。中学时代培养领导力，第一，有助于增强自己的责任感和使命感；第二，有助于提高自我领导能力；第三，有助于培养我们的现代领导意识、规则意识和影响力；第四，有助于帮助我们处理好学习、生活中领导与被领导的关系。

中学生领导力的培养，重要的是开启学生心中的那扇窗，引导他们筑就强大的内心世界，形成健康的人生观、价值观、愿景和希望，成为自己想要成为的人，从而领导自己、影响他人。

二、能力提升

试一试：大学节·小主人

学校拟举办第一届大学节。邀请目前就读于各大知名院校的部分优秀毕业生回到母校，就所在大学的学校特色、专业设置、招生与报考等学弟学妹们关心的问题进行主题宣讲，并和学校广大师生进行互动交流，为学校生涯教育贡献自己的一分力量。

讨论：如果学校请你担任接待组组长，你该怎么做才能圆满完成此次任务？

领导团队五步法

如果期望圆满地完成"大学节·小主人"活动的筹备，你需要使用到领导力的五步法。

第一步：明确目标。要清楚预定目标是什么，这对完成任务非常重要。然后起草方案，将预定目标分解为一个个的小目标。

第二步：激发动机。通过展望前景、明确重要性、激发兴趣等方式，唤起成员对完成任务的强烈愿望。

第三步：讨论方案。提出草案，大家充分讨论，每个人都可以提出建设性的意见供大家参考。根据成员的意愿、兴趣、能力、性格、经验进行合理分工，最大限度地发挥每个成员的价值。

第四步：布置任务。根据方案，明确分工，责任到人，并明确完成任务的时间节点。

第五步：评估激励。活动结束时及时总结、反馈，对表现优良者给予认可或奖励。

三、实际应用

了解了提升领导力的方法，还需要进一步应用，用来解决实际学习生活中的问题，才能真正把握方法和其中需要注意的问题。

发挥你的领导力

学校学生会打算开展跳蚤市场职业体验活动，要求各班进行活动策划，组成管理组、销售组、财务组、宣传组，动员同学积极参加此次活动。

如果你作为班级此次活动的组织者，请你应用领导团队的五个步骤尝试提出组织方案。

四、理论拓展

(一)中学生的领导力

1. 什么是领导力

应该说这不是一个新鲜的词汇，但是提到中学生领导力，似乎就有那么一点陌生了。因为我们常常听到的领导力更多地指向成人世界。

当初我选择领导力课程时的一幕幕情景又浮现在眼前。还记得，当我拿着家长同意书要家长签字的时候，还没有来得及向家长解释完，妈妈就很生气地拿着家长同意书对我说道："搞好学习就好了，一个中学生搞什么领导力？那是大人的事，等以后参加工作再说吧！"说完，放下同意书，便离开了……但最后妈妈勉强同意了签字，并叮嘱说，如果月考考不好，也不能参加。

这是一位参赛选手在开幕式上所回忆的。对于领导力，学生觉得新鲜，家长觉得陌生，甚至认为是"不务正业"。

那么究竟什么是领导力，中学生的领导力又是什么？

管理学中较严格的学术性观点认为，领导力是领袖引领和管理团队，实现共同目标和愿望的一种能力和影响力。这种影响力由诸多要素构成，是各方面技能与才智的综合体现。首先，领导力是把握及运用领导规律、领导方法和领导艺术以完成特定任务的能力。其次，领导力还表现为一种影响力，即通过自身的人格魅力、价值观念和高尚道德情操去影响团队内外的他人，使得被领导者自觉、自愿去完成共同目标。而心理学研究者认为领导力有一些外在的特征，包括勇于接受挑战、创造性地解决问题、批判性地进行推理和思考、熟练且流畅的口头表达能力、思想与行动的稳定性、包容和激励他人的能力等。

这种影响力不是所有人都拥有的，它跟年龄和职业是有着密切关系的。

然而，对于中学生来说，这是一种发展过程中将来需具备的素质之一，要有所准备和接受相应训练。结合年龄、学习和生活环境，学生应该具备怎样的领导力呢？实验课程以"发展学生为公众事务、社会事业有所作为的使命意识以及实现组织使命的组织管理能力"为宗旨，采用项目学习的方式，强调学生的自我组织、自我管理和自我评价，力图使学生通过改进公共政策、组织社区和校园服务等项目，培养和提高自控、计划、表达、沟通、组织、管理等核心领导力。这是一种有益的探索，课程也为学生参与社会、完善自我、回报社会提供了更多的机会。

2. 领导力奠基要从基础教育开始

随着世界经济一体化和教育国际化进程的不断加快，拔尖创新人才的培养已经成为各国提升国际竞争力的重要途径，也成为教育改革与创新的重要方面。领导力和创新力是拔尖创新人才的重要素质，应当从中学阶段就开始培养。

显然，大赛试图通过这样一种富有竞争和挑战的方式，在中国的基础教育中推动一种"精英"式的领导力教育，一如在其官方网站所宣称的愿景——致力于中学生领导力。

然而，在谈到精英和大众之间的关系的时候，赛事的主要发起人王本中校长说：领导力很重要，为什么要倡导并施行中学生的领导力培养，主要基于以下三个方面的考虑。其一，从国家的教育方针来讲，我们需要培养社会主义建设的接班人，无论是从拔尖人才培养的角度还是公民基本素质训练的角度来看，领导力的培养都是很重要的；其二，创新是一个民族的灵魂，立国之本，而在现代社会，创新往往离不开团队的精诚合作，既然有团队就必须要有领导，这必然对领导力提出新的要求；其三，全球化的时代大背景中，国际竞争实质上是人才的竞争，这已经成为一种共识。在现代社会中，几乎每个人都作为组织或团队的一员而存在，也就是说团队是无时不在的，因而在平常的生活中需要有领导力发挥作用，只是有一个范围和程度的问题。

在这个意义上中学生领导力的培养是一种奠基，既是精英的准备，也是现代公民基本素质的准备。于国于民，于组织和个体，领导力都显得格外重要，更是一种平等合作的现代性体现。而且，这种以中学生的领导力为突破口，结合高中生的综合实践活动课程，培养学生的领导力意识和行为，也是素质教育的一种切实可行的、实在的载体和抓手。而且是社会组织和民间机构自发的行为，是一种值得继续探索的教育模式。

3. 强大的领导力源于个人的内心

"领导力与创新力大赛，贵在参与。留给我们的，除了回忆，还有学到的知识、长到的见识，还有一份牵着大江南北的情谊，还有那张可爱的大赛全体成员的合影，希望每一位参赛者珍藏，大家有缘会再相见！"

这是首届全国高中生领导力与创新力大赛结束后，"魔方"在自己的新浪博客中写下的一段话。"魔方"是谁？从参赛感悟中，我们不难知道他就是众多参赛选手中的一员，而且也不难知道，像其他团队一样，他和他的队友也没能赢在最后。但是他用内心的那份坚定告诉大家：我们本着交流与学习的目的来参加这次比赛，我们的目标实现了。

美国领导与领导研究会董事会主席弗朗西斯·赫塞尔本(F. Hesselbein)在谈到领导力的时候说，领导事关"如何做人"，而不是"如何做事"，一个领导者必须有高尚的价值观，并且只有在自己的内心才能找到"身先士卒"的勇气。换句话说，一个人的领导力源自他的内心，源于他的品格、性格和价值观。

从这个意义上说，"魔方"们的参与和出局也正凸显了其潜在的领导力。因为他们首先就有了一种关于领导力的内心认同，然后去践行。虽然失败了，但面对失败，他们有自己明确的价值判断，坦然接受并自我反思，这些已经展现了一种领导力的核心要素——勇气。

举凡赛事，必然有输赢成败。但从塞翁失马的视角来看，比赛失利的过程正是内心遭遇挫败的同时感受潜藏领导力的过程。而我们所看到的卓越的领导力，是通过那些少数赢家显现出来的，就像大赛最后所颁布的结果那样。

(二)领导力构成要素模型

综合前述的领导力理论，个人领导力的一般构成可分为五大要素：前瞻力、感召力、影响力、决断力和控制力。

1. 前瞻力

前瞻力从本质上讲是一种着眼于未来、预测未来和把握未来的能力。前瞻力的形成主要与下述因素有关：领导者和领导团队的领导理念；组织利益相关者的期望；组织的核心能力；组织所在行业的发展规律；组织所处的宏观环境的发展趋势。

2. 感召力

感召力是最本色的领导能力，是吸引被领导者的能力。主要来自以下五个方面：具有坚定的信念和崇高的理想；具有高尚的人格和高度的自信；具有代表一个群体、组织、民族、国家或全人类的伦理价值观和臻于完善的修养；具有超越常人的大智慧和丰富曲折的阅历；不满足于现状，乐于挑战，对所从事的事业充满激情。

3. 影响力

影响力指影响被领导者和情境的能力，主要体现为：领导者对被领导者需求和动机的洞察与把握；领导者与被领导者之间建立的各种正式与非正式关系；领导者平衡各种利益相关者特别是被领导者利益的行为与结果；领导者与被领导者进行沟通的方式、行为与效果；领导者拥有的各种能够有效影响被领导者的权力。

4. 决断力

决断力是针对战略实施中的各种问题和突发事件而进行快速和有效决策的能力，主要体现为：掌握和善于利用各种决策理论、决策方法和决策工具；具备快速和准确评价决策收益的能力；具备预见、评估、防范和化解风险的意识与能力；具有实现目标所需要的必不可少的资源；具备把握和利用最佳决策及其实施时机的能力。

5. 控制力

控制力是领导者有效控制组织的发展方向、战略实施过程和成效以保证组织目标实现的能力，一般是通过下述方式来实现的：确立组织的价值观并使组织的所有成员接受；制定规章制度等规范并保证组织成员遵守；任命和合理使用干部来实现组织的分层控制；建立强大的信息力量以求了解和驾驭局势；有效解决各种现实的和潜在的冲突以控制战略实施过程。

(三)国外领导力培养的先进经验

美国在学生领导力培养方面起步较早，采取的措施也比较多。美国的名牌高校招生有两个条件，必要条件是我们大家都知道的分数，充分条件则是高中生的社会责任感和领导力。美国孩子的领导能力在全世界是非常知名的，连小孩子和中学生的领导能力，都让很多成年人惊叹不已！

美国学生的父母、老师从小就注重培养孩子的"未来领导力"。"未来领导力"其实是欧美现代教育学理论中的一个概念，主要指在少儿阶段锻炼和积累项目管理、团队协作、演讲演示的意识和能力。

在美国的课堂上，孩子从小就有很多参与课堂表达的机会。可以想象，当孩子怯生生地第一次站在讲台前，害羞是难免的。但这样的语言能力的训练，对孩子未来的成长是十分宝贵的。在美国，经过教育的儿童，基本都能够针对不同的命题流利的并加以丰富的肢体语言进行公众演讲。

美式课堂看似很轻松，但里面学问却很多。孩子们基本都是 4～6 人一桌，成为一个小团队，很多学习内容都以小组为单位完成。小组中的每个孩子都有机会参与管理设计、分工协作和演讲活动，每个孩子都有机会成为小"领导"，每个环节都是管理与协作能力的锻炼和培养。作业完成后，小"领导"还要进行演讲，锻炼其面对众人的演讲演示能力。

美国许多社会组织还开展了各种形式的有关中学生领导力的活动和竞赛。例如，男孩、女孩治国活动，这是在美国非常流行的培养中小学生领导力的一种学校活动；名人领袖活动，这也是美国在中学组织的学生参与的活动；全球中学生领导会议，这是美国的一个社会组织，现已延伸到其他国家，专门组织高中生领导力培养的会议和赛事。杜克大学在美国许多中学推行的中学生领导力培养项目，在学校层面有知识性课程、项目性活动、学生社团活动工作等。这个项目现在在我国的几个省也开始推广。

(四)教育实践——美国高中怎样培养"校园高管"

美国家庭对孩子的教育，主要包括：学习、体育、社区服务、学生领导能力培训和个人社交。其中非常重要的一个环节就是培养领导能力，美国中学里普遍会给"校园高管"们提供如下职位，机会不仅多元化，在培养过程中，还突出成人的作用，与学生一起讨论具体问题。

球队队长联谊会：美国从小孩到大人对体育和体育明星都很尊敬和崇拜。培养这些人，让他们在学校里为学生做出榜样。

纪律委员会：委员会由 3 名学生和 3 名成人组成，对严重违反纪律的学生进行讨论和处分。每一个案例都需经过讨论和研究，而且处分都是真实的。

国际生俱乐部：开展不同的多元化活动。

学习互助组：为 8 年级学生提供辅导以帮助其提前适应 9 年级高中生活。

同伴心理辅导员：学校一般都配有专业的心理辅导员。同时这个专业的辅导员会培训一些学生辅导员来配合他帮助其他学生。

学生社团委：主要是招募在学校里愿意主动组织开展各类活动，帮助其他学生以及在学生中有榜样作用的学生。

学生校园导游：新人申请学校之前会来参观学校，招生办公室会安排学生导游给访客介绍学校校园以及回答相关问题。

(五)处理团队冲突的策略

领导团队五步法中，一个关键的地方就是大家通过头脑风暴，讨论方案。在这个过程中，往往会出现一些不同意见，这时就需要了解一些团队意见不一致时的处理策略。

在活动组织中进行沟通与协调时，如果大家意见不一致，会有以下处理的策略：

暴力策略：只满足自己的需求，不满足对方的需求；

迁就策略：只满足对方的需求，不满足自己的需求；

回避策略：既不满足自己的需求，也不满足对方的需求；

协作策略：既要满足自己的需求又要满足对方的需求；

妥协策略：如果两方面都取中，一部分满足自己，一部分也满足对方。

注意合理运用各种策略：

1. 暴力策略

暴力策略是以牺牲别人的利益来换取自己利益，是以权力为中心的，为了实现自己的主张可以动用一切权力，包括职权、说服力和威逼利诱等等。暴力策略的特点是对抗的、武断的和挑衅的，为了取胜不惜任何代价。其缺点在于不能从根本上解决冲突，不能令对方心服口服。采用暴力策略的依据是：适者生存的原理，无论如何我都是对的。

2. 迁就策略

迁就策略是把对方的利益放在自己利益之前，为了维系相互之间的关系，愿意牺牲自我。这种策略往往会受到欢迎，但是同时也被认为是软弱的表现，其特点是宽容，为了合作，不惜牺牲个人目标。采用迁就策略的理由是：为一件事情不值得冒险去破坏关系或者造成不和谐。

3. 回避策略

回避策略是意识到冲突的存在却逃避它，既不合作也不维护自身的利益，一走了之。采取回避策略通常能维持暂时的平衡，但是不能从根本上解决问题。回避策略的特点是：不合作，不武断，忽略或放过问题，否认问题的存在。采用回避策略的理由是：分歧太小或太大，难以解决；解决分歧也许会破坏关系或者产生更严重的问题。

4. 协作策略

协作策略就是双方互惠互利，是一个双赢的策略。这种策略通常非常受欢迎，但是它的缺点是耗时长，而且不适用于解决思想方面的冲突。协作策略的特点是：双方互相支持、互相尊重、合作解决问题。采用协作策略的理由是：双方的需要都是合理的、重要的，公开坦诚地讨论就能找到互惠的解决方案。

5. 妥协策略

妥协策略就是双方各让一步，不能追寻十全十美，但是有总比没有强，所以双方都放弃某些东西，共同分享利益。这种策略比较适用于非原则性的问题。妥协策略的特点是：没有明显的输家和赢家，达到中等程度的合作即可。

参考文献：

[1][日]熊谷正寿. 记事本圆梦计划[M]. 王淑仪，译. 北京：同心出版社，2011.

[2][英]于尔根·沃尔夫. 专注力：化繁为简的惊人力量[M]. 朱曼，译. 北京：机械工业出版社，2013.

[3]朱凌云. 生涯规划(高中)[M]. 北京：北京师范大学出版社，2014.

[4][美]海蒂·格兰特·霍尔沃森. 成功，动机与目标[M]. 汤珑，译. 北京：译林出版社，2013.

[5][英]菲尔·奥莱. 目标感：28天养成卓越人士的思维和行动模式[M]. 林秀兰，译. 北京：人民邮电出版社，2015.

[6]北京教育科学研究院. 高中生涯规划与管理[M]. 北京：北京出版社，2013：90－94.

[7]刘视湘，伍芳辉. 心理健康教育高中教师用书(上册)[M]. 北京：首都师范大学出版社，2015：83－88.

[8]吴发科. 心理健康教案集锦[M]. 广州：广东省语言音像电子出版社，2008.

[9]王国珍. 论提高学业生涯规划执行力与执行效能的有效途径[J]. 广西教育，2011(1)：118－120.

[10]北京师范大学附属实验中学. 生涯规划(高中)[M]. 商务印书馆，2011：184－190.

[11]Tricia M. Leahey, Xiaomeng Xu, Jessica L. Unick, Rena R. Wing. A preliminary investigation of the role of self-control in behavioral weight loss treatment[J]. Obesity：Research & Clinical Practice，2014，8(2)：149－153.

[12][美]斯蒂芬·盖斯. 微习惯[M]. 桂君，译. 南昌：江西人民出版社，2016.

[13][美]凯利·麦格尼格尔. 自控力[M]. 王岑卉，译. 北京：印刷工业出版社，2012.

[14]黄天中，吴先红. 生涯规划——体验式学习(中学版)[M]. 北京：北京师范大学出版社，2010.

[15]北京教育科学研究院. 初中生涯导航[M]. 北京：北京出版社，2015.

[16]陈琦，刘儒德. 当代教育心理学[M]. 北京：北京师范大学出版社，1997.

[17]周晓华. 情商缔造与领导力提升论略[J]. 人才资源开发，2010(6)：56－57.

[18]石梦菊. 领导力构成要素初探[J]. 北方经济，2011(12).

[19][美]斯特芬·柯维. 高效能人士的七个习惯[M]. 高新勇，王亦兵，葛雪蕾，译. 北京：中国青年出版社，2011.

[20][日]古川武士. 坚持，一种可以养成的习惯[M]. 陈美瑛，译. 北京：北京联合出版公司，2016.

（撰写者：陈文风、丁媛慧、安晓娟、李春花、邓利、程忠智）

第八章　志愿填报

第一节　志愿选择准备

高考志愿选择是个性选择。同样分数的考生所适合的学校和专业一般是不一样的。在全面了解考生的兴趣、性格和能力之后，根据高考成绩填报志愿需要做好相应的准备工作，了解当年的招生政策、心仪学校的招生章程、招生计划、近几年的录取信息以及录取批次和流程是做好志愿选择的前提与保证。高考志愿填报要做得好，填报得准确，前期的准备工作一定要做好。

一、充分理解招生政策，合理规划志愿填报

招生政策主要指招生政策和规定，特别是与填报高考志愿密切相关的政策和规定，如高校招生录取体制和办法、录取批次的划分、优录照顾政策、定向招生政策等。

由于高考招生政策是由宏观招生政策（即国家政策）、中观招生政策（即各省市区政策）与微观招生政策（即高校政策，如招生章程）共同构成，而对于国家政策和各地政策，人们的关注度很高，已有所了解。

教育部的招生政策代表着国家的声音，是宏观政策；各省市区的招生政策也代表着国家的声音，是中观政策；高校的招生章程则代表着本校的招生要求，是微观政策。国家的招生政策和各省市区的招生政策都需要通过高校的招生章程反映和体现出来。

教育部在连续十年的《全国普通高等学校招生工作规定》中均明确指出："高等学校的招生章程是高等学校向社会公布有关信息的主要形式，是其开展招生工作、录取新生的重要依据。"简言之，高校依据招生章程录取新生，而考生应根据

高校的招生章程填报高考志愿。否则，高考志愿不仅谈不上填得好、报得巧，甚至还可能会被退档。

尤其是在新高考改革以后，各录取专业有了具体的对应科目，如果不符合专业对应要求，即便总分超了依然存在被退档的危险。而平行志愿模式下一旦退档就意味着丧失了该批次的录取机会。

例如，某年山东省有位考生，其高考总分高出西安交通大学在山东省的录取最低分数线 1 分，但语文成绩只有 87 分。在上线却惨遭退档后，考生的家长找到学校，被告之退档的原因是其不符合该校招生章程中"单科成绩应达到及格水平"的规定。非常遗憾的是，考生父母却没有关注这样的规定。

再如，某年辽宁省有几位考生都报考了大连医科大学的临床医学（七年制，本硕连读）专业，他们的成绩都达到或超过了该校的录取最低分数线以及专业线，但学校以"色弱"为由退档而不予录取。因为大连医科大学在招生章程中明确规定"我校医药类专业不录取色盲、色弱的考生"。他们因身体健康状况中的"色弱"而不符合该校招生章程中的相关规定，即使上线也惨遭退档。这都是忽视高校招生章程"惹的祸"。

几乎所有高校招生负责人都提醒考生，报考高校先要明白学校的录取"游戏规则"，特别是在专业录取时"分数优先"还是"志愿优先"尤为关键。

二、读懂弄通招生章程，科学指导志愿填报

既然招生章程至关重要，那么读懂、弄通、完全理解招生章程就是非常必要的。但是，广大考生和家长要想真正读懂、完全弄通、正确理解高校发布的招生章程中的主要内容，并不是一件容易的事，需要下功夫研究才行。这是因为：

（1）招生章程中有些内容带有专业性质，比较难于理解；

（2）高校在招生章程中使用了某些专业术语而未加解释、阐述；

（3）有些高校的招生章程制定得还不太规范，该繁时未繁，该简时不简，该明确时却有些模糊等。

一般情况下，在学校介绍环节，会有学校办学层次、办学性质和办学地点，

考生和家长可大致了解学校情况。特别要注意的是，这部分内容会确定学校是公办还是民办。更为重要的是录取原则（规定），这对考生来说尤为关键。

考生一定要明确的是，报考学校在专业录取时采用的录取原则，这很可能决定着是否能读到心仪的专业。

一般来说，"分数优先"原则是将该校调档线上所有学生按高考分数由高到低进行排队，依次按考生所报专业志愿确定录取专业，如果考生所报第一专业已满，顺序考虑这个考生所报第二专业，如果所报6个专业都不能录取，才依次考虑下一个考生的志愿。

"志愿优先"是优先考虑学生填报的志愿进行录取。例如，考生A是610分，考生B是609分，两人都填报了某校的"政治学"专业，B是在第一专业志愿位置填报的，而A是在第二专业志愿位置填报的，那么这时该校"政治学"专业就会优先录取B，尽管A的分数比B高。

大多数高校都是采用"志愿优先"。如华南师范大学2018年招生简章第十八条规定："文科、理科类专业录取先按'专业志愿优先'，后按'分数优先，遵循志愿'的原则录取，即先按考生所填报的第一专业志愿从高分到低分录取（相同分数的按排位先后录取）。未被第一专业志愿录取的考生，按'分数优先，遵循考生第二至第六专业志愿'的方法录取［相同分数的按排位先后录取，排位相同时，优先录取已修习相关专业基础知识（模块）的考生或专业相关科目成绩较高者］。"

也有很多高校采取"分数优先"。如华南农业大学2018年招生简章第二十一条规定："采取'分数优先'的原则，按照高考成绩由高到低的顺序录取。高考文化课成绩相同时，依照各省的排名方法按顺序录取。安排专业时，遵循考生填报的专业志愿顺序进行安排。当考生填报的专业志愿都未被录取时，若考生服从专业调剂，则调剂到未满额专业；若不服从专业调剂，则作退档处理。"

那么，如何用招生章程科学指导志愿填报？

一般有两种方式：一为指导性填报，二为把关性填报。

指导性填报：招生章程是高等学校开展招生工作、录取新生的重要依据，因此，当考生和家长根据意向初步选定若干所高校后，应仔细阅读招生章程的相关要求和规定。例如，有的考生身体健康状况为轻度色觉异常（俗称色弱）或色觉异常Ⅱ度（俗称色盲），如果想报医学院校，一看到招生章程中规定"色弱、色盲及其他各类不能准确识别颜色者不能被医学类各专业录取"，他的第一反应应该是放弃报考这所学校。又如，某考生准备报考北京林业大学，如果他是色弱，就不能选择木材科学与工程、资源环境与城乡规划管理、风景园林、数字媒体艺术、城市规划这5个专业，但是可以选择其他所有专业。

考生及家长通过反复解读相关高校的招生章程，可能会发现，自身的竞争实力完全符合其招生章程规定的高校少则3～5所，多则7～10所。这时需从中选择自身的竞争实力与学校的竞争实力最相符的学校作为第一志愿填报，其余的可以作为非第一志愿填报，或者作为下一个批次填报。当然，对于实行平行志愿省份的考生来说，则需要从中多选择几个最佳吻合的学校。

把关性填报：即在第一志愿与非第一志愿已经初步确定，但尚未正式填报志愿之前，查阅相关高校的招生章程，完全符合的就可以马上填报，反之就要不断调整、舍弃、替换，使之完全符合规定要求。

总之，面对招生章程发布的内容，要清楚以下八个方面的情况。

(一)高校概况

首先要了解想报考学校的基本情况，包括：学校名称、地址、主管单位；办学性质，如公办、民办；办学层次，如本科院校和高职院校；隶属关系，如中央部委、地方厅局等；办学地位，如重点高校、一般高校等；学校性质，如"985工程"院校、"211工程"院校等；毕业证书名称等内容。考生借此可以大致了解一所高校的实力。

(二)单科成绩

在招生章程中，有的高校对某些(个、类)专业的单科成绩做了限定。考生在报考有关高校的某些专业时，必须看明白有无对某些科目成绩的要求；如果有，且恰恰自己达不到，就要避而远之。

(三)专业安排

一般来说，专业安排有三种方式：分数优先、专业级差、专业优先或专业清。

分数优先：是指同一个专业志愿，谁的分数排名在前就先录取谁。如天津大学 2017 年招生章程第十二条规定："学校安排专业的原则是'分数优先，遵循志愿，专业之间不设级差'。进档考生按照投档分由高到低录取，当考生投档分相同时，专业志愿顺序靠前的考生优先录取；当考生志愿顺序也相同时，考生实际高考文化成绩高者优先录取；当考生实际高考文化成绩也相同时，依次按照数学、语文、英语单科成绩高者优先录取。对于进档考生，其所填报的专业志愿都无法满足时，若服从专业调剂，将由学校调剂到招生计划尚未完成的专业；所有专业志愿都无法满足又不服从专业调剂的考生，作退档处理。"

专业级差：是指录取非第一专业志愿考生时的分数差额。如中国人民大学 2017 年本科招生章程第十七条规定："录取专业时，学校设置 1 分的专业志愿分数级差，各专业志愿之间分数级差相同。所有已投档考生分科类(或选考科目)按实考分排队，从高分到低分按照各专业招生计划数顺序录取。第一专业志愿无法满足的考生，实考分减掉一个分数级差进入第二个专业志愿排队，依此类推。同一专业录取时，若考生等效基准分相同(等效基准分为考生实考分减去专业级差分)，文史类考生依次比较语文、数学、文综、外语成绩，理工类考生依次比较数学、语文、理综、外语成绩，浙江省、上海市考生依次比较语文数学总分、语文或数学单科成绩、外语单科成绩、选考科目最高分单科成绩、选考科目次高分单科成绩，高者优先。"现部分省、市、自治区已取消专业级差，应对全新的平行志愿报考方式，为考生提供精致化服务和个性化指导。

专业优先或专业清：是指在进档考生中，按照第一专业志愿分类，由高分到低分排队，当人数等于或大于该专业招生计划数时，则由高分到低分择优录取，未被录取者按规定办法转到第二专业志愿排序。若其第二专业志愿仍有空缺，则安排到第二专业志愿，依次往后推移，直至作出最后安排。若第一专业志愿人数少于招生计划数时，则从第二、第三专业志愿者中择优录取。简而言之，"专业清"的意思，是先将进档的第一专业志愿考生安排完毕后，再考虑考生的第二专业志愿，或从第二专业志愿考生中录满专业招生计划人数。

(四)加分政策

教育部每年都会调整和公布对考生加分或减分投档的政策；同时，各省(市、区)招生部门也会出台相应调整方案，规定哪类考生加分或减分投档。各高校都认可教育部及执行教育部文件并具体化的各省市政策性加分，但适用原则不一样：有的高校只在提档时原则上认可政策性加分，但在安排专业时不适用；有的高校则在提档和安排专业时同样适用；还有高校虽然在安排专业时不适用，但如果实际考分相同，有加分的考生会优先考虑。

另外，一些特殊类型的招生院校则优先录取有政策性加分的考生。因此考生要根据自己的实际情况，作出最有利于自己的选择。

(五)加试要求

因为某些专业的特殊性，对考生有加试要求。主要涉及的专业有：英语专业，一般要求加试英语口语，通常是在高考结束后，填报志愿前；建筑学专业，一般要求有美术基础，有一定的手绘能力。

例如，山东建筑大学 2018 年招生简章第十九条规定了专业录取的特殊要求："1. 山东建筑大学对考生体检的要求按照《普通高等学校体检工作指导意见》执行，其中环境设计(文、理)、美术学、视觉传达设计、工业设计、建筑学、城乡规划、风景园林以及中外合作办学项目建筑类、设计学类等专业不录取色盲、色弱的考生。2. 报考我校建筑学、城乡规划、风景园林专业的考生，须有美术基础，一经录取不再进行美术加试。考生接到录取通知书后，建议参加美术基础的培训和学习。"

(六)体检要求

2003 年由教育部、卫生部、中国残疾人联合会颁布的《普通高等学校招生体检工作指导意见》(教学〔2003〕3 号)中对考生患有哪些疾病不能被高校录取做了详细的说明，该指导意见最后特别指出："学校招生时可依据专业性质、特点，提出学习本专业对身体素质、生理条件的要求"，这也是各高校制定录取条件时的依据。考生一定要仔细研读，在填报志愿时，及时规避那些"不予录取"的专业。考生要报考医学类专业时要特别注意，如口腔医学就有限制"左利手"的规定。

(七)男女比例

男女平等是宪法赋予每个公民的权利。因此招生录取中严禁有性别歧视，"未经教育部批准，高等学校不得擅自制定男女生录取比例"。教育部一年一度的招生条例中也有明确规定。

但确有一些高校或专业不适合男生或者女生，在这种情况下，高校就会在招生章程中做出明确规定，并给出男女招生比例。如军事院校、公安院校、航海类院校等都对性别有明确要求，航海类专业如轮机工程、航海技术等一律只招男生；军校生、国防生、公安生的某些专业也只招男生，而某些专业对男女比例有限制；某些高校的地质类等专业也有性别限制。

但是，绝大部分院校的普通专业都没有性别要求或男女比例限制。如有的招生章程中规定："除国防生外，各专业录取均无男女比例限制。"考生在填报志愿时，特别要注意的是那些较为委婉的提示，如"采矿工程专业不宜女生就读"等。

(八)语种限制

根据教学工作的实际需要，有的高校专业对外语语种有限制，如某高校招生章程中规定："英语专业财经英语方向只招收英语语种的考生"。

招生章程中还有其他规定，如就读校区、毕业证的发放、学费及住宿费等。

总之，考生在报考某校前，一定要仔细阅读招生章程、认真查看，从而有效规避风险和不利因素，选出自己理想的高校。

三、了解往年录取信息，精准定位志愿填报

在准备报考的过程中，数据分析是一个非常重要的内容。其实，每个考生都非常关注的一件事情，就是分析一所高校或者一个专业今年可能的分数线。如果这个预期的分数线低于自己的高考分数，那么这个学校或者专业就可以选择；如果这个预期的分数线高于自己的高考分数，那么这个学校或者专业就应该放弃。

第一，考生要认真分析高校近几年的录取数据(至少三年)，不要只参考最近一年的录取数据，要注意高校录取分数的波动情况。

第二，考生在参考往年分数时，尽量少参考分数的绝对值(如依照去年录取线来对比目前的考试分数，以录取分数位次与重点线位次的差距计算自己目前分数与参考重点线的差距等)，要以自己在中学、地区和省(区、市)的排名情况来对比高校往年录取分数排名。录取线及录取线与重点线的差距每年波动较大，与当年考题难度、结构，考分的分布有很大关系。

第三，考生要认真理解当地录取政策和高校招生章程，注意政策调整对高校录取分数趋势的影响。

第四，考生在分析高校录取数据时，数据来源应以高校公布的数据为准，分析时要有自己独立的判断，不要听信个别社会机构编制的未经科学论证的数据和结论。

四、简捷快速地收集资料，胸有成竹填报志愿

收集志愿填报相关的资料是志愿填报工作的关键一步。这一步准备充分了才能在志愿填报时胸有成竹。面对媒体和网络，海量的和高校、专业、录取、填报技巧相关的信息泥沙俱下，但这些信息的准确性却让人难以判断，很多考生和家长往往感到无所适从，迫切需要简捷快速地收集相关资料，在第一时间了解高考志愿填报和录取信息。这些资料可从以下六个方面入手。

(一)教育部"阳光高考"信息平台

为贯彻落实高校招生"阳光工程"，教育部于 2005 年 5 月 10 日正式开通"阳光高考"教育部高校招生阳光工程指定平台(https://gaokao.chsi.com.cn，以下简称"阳光高考"信息平台)。该平台集合了招生公示、院校信息、在线咨询、招生计划、高考动态、志愿参考等内容，为考生和家长提供全方位的网上招生信息咨询服务。"阳光高考"信息平台是教育部招生"阳光工程"指定的信息发布平台，代表教育部向社会发布全国各高校分省分专业的招生计划，发布具有学历教育招

生资格的高校名单以及各类考生的资格名单，发布各高校招生章程。该平台既是"阳光工程"的公示平台，又是高校招生的宣传平台，还是高校与广大考生和家长在线交流的咨询平台。它集权威性、多视角、互动性、自主管理、便捷高效等特点于一体，为高校招生宣传提供强大的网络工具。

教育部要求各省级教育行政部门、省级招办和各高等学校通过"阳光高考"信息平台进行高考政策发布、招生计划发布、公示名单管理、招生章程报送审核及发布、公告管理及公文收发等。

"阳光高考"信息平台有很多独特的资讯，这是省级招考机构网站所不具备的。例如，参加保送生、自主选拔录取测试的考生，如果获得资格，学校将会在"阳光高考"信息平台上公布公示名单，方便考生查询。此外，教育部每年都在"阳光高考"信息平台举办全国普通高校招生网上咨询周，有经验的老师及工作人员会在线回答相关问题，参与的高校和考生人数非常多，效果也很好。在"阳光高考"信息平台上还能找到对高校具体专业的内涵解读和国家重点学科名单。

(二)省(市、自治区)招考机构的官方网站或指定网站

目前我国高考招生录取工作是按省份为单位独立进行的，不同省份之间由于实际情况不同，录取政策、模式往往相差很大，考生需要多关注自己所在省份的招考政策。所有的招生政策和信息会在各省级招考机构的官方网站或指定网站上公布。例如，山东省的考生可以登录山东省教育招生考试院官方网站(www.sdzk.cn)查看有关招考政策。特别需要提醒的是，每年高考前，各省都会出台一个涉及当年高考招生的总文件，大多以《××省××年普通高等学校招生工作实施办法》作为文件名。该文件内容适用面广且具有高度权威性，一般包括高考报名规定、考试办法、志愿模式、体检和档案管理、招生章程、计划和录取管理、录取政策、信息公开公示、违规行为的处理等与考生密切相关的信息。这是每年高考招生最权威的文件，其他任何文件的条款均不能违背总文件的精神。此外，教育部的有关政策、当地省级招考机构发布的其他政策和资讯(包括春季招生、保送生政策、对口招生有关规定等)都能在各省级招考机构的官方网站或

指定网站上找到。所以，查看自己所在省(区、市)招生考试机构的官方网站或指定网站上的有关政策资讯显得尤为重要，这也是广大考生收集志愿信息的一个重要阵地。随着微信公众号的普及，各省(区、市)招生考试机构也有了自己的微信公众号，作为招考信息的官方发布平台，考生和家长可以根据需要搜索关注。

(三)高校招生网站

通过高校的招生网站，家长和考生可重点关注该校本年度的招生章程。高校的招生章程是学校向社会公布招生方案和录取规则等招生信息的主要形式。招生章程主要内容包括：高校全称、校址(分校、校区等须注明)，办学层次(本科、高职或专科)，办学类型(如普通或成人高校、公办或民办高校、独立学院，高等专科学校或高等职业技术学院等)，招生计划分配的原则和办法，预留计划及使用原则，专业培养对外语的要求、身体健康状况要求，录取规则(如有无相关科目成绩或加试要求、对加分或降低分数要求投档及投档成绩相同考生的处理、进档考生的专业安排办法、新高考模式下具体专业对选科的要求等)，学费标准，颁发学历、学位证书的学校名称及证书种类，联系电话、网址以及其他须知等。

(四)省(市、自治区)招考机构编辑出版的招生考试相关资料

每年高考前后，各省(市、自治区)招考机构一般都会编辑出版两种资料，一种是高校往年在本省(市、自治区)录取投档的各类统计数据，考生可以通过其查看相关院校在本省近年的投档录取情况，对比衡量自己能否被相关高校录取；另一种是当年各高校在本省(市、自治区)的招生计划，考生通过其查看哪些高校在本省有分专业、分批次招生计划，进而结合个人情况选出符合自己要求的高校和专业。一般情况下，这两种资料会在高考前送达订阅者手中，是考生填报高考志愿的权威核心资料，考生和家长务必要引起高度重视。

(五)高考信息类书刊

家长和考生收集相关资料的另一个途径就是关注高考信息类书刊。例如，全国高校招生研究协作组(原中国高教学会招生工作分会)主办的《高校招生》杂志，在政策解读方面比较权威；广西新闻出版局主管的《求学》杂志，对院校和专业的

解读非常到位、贴切。各地市的报纸在高考期间也会有很多涉及志愿填报技巧的好文章，值得大家参考。

(六)借助其他网络资源

有些志愿填报信息可能在书上没有答案，大家不妨到网上去搜一下，作为参考借鉴。例如，暨南大学最好的专业是什么？只要在网上搜一搜，总有一个答案会让你眼前一亮。当然前提是考生和家长一定要有判断力，参考网上的意见和自身的实际情况得出结论。

第二节 志愿填报常用语

在志愿选报中，不少考生和家长对一些基本的常用语缺乏正确的了解，造成面对众多高校与专业选报时茫然不知所措，为此，特将志愿填报中常用语加以整理，方便考生和家长学习与查阅。

一、高考位次

高考位次，指考生的高考总分在本省某科类全体考生中的排名顺序。考生的位次如果高于一所学校历年录取最低分的位次(位次数字越小则位次越高)，则意味着这位考生报考这所学校被投档录取的可能性很大。

二、录取批次

除部分省市本科段不分批次录取外，录取批次一般包括以下几个类型，分别是：提前批、本科批和专科批次。

(一)提前批

提前批录取院校包括：艺术、体育类本科院校和军队、公安等本科院校。

第一批录取的本科院校有军队院校、国防生院校、公安院校、免费师范生院校、小语种院校、其他院校(香港城市大学、香港中文大学、外交学院、国际关系学院、中国青年政治学院、北京大学医学部、大连海事大学、中国民航大学、上海交通大学、上海纽约大学、南方科技大学、中国民用航空飞行学院等）和第二批提前本科院校。

面向农村贫困生地区招生的"专项计划"第一批本科院校（包括国家级农村贫困地区与省级农村贫困地区专项计划）及面向农村贫困地区招生的"专项计划"第二批本科院校。

(二)本科批

本科批次的录取各省也有差异，除不分批次的省份外，有些省份还是沿用本科一批、本科二批、本科三批的录取形式。

第一批本科 A 类院校（1A、A1），第一本科 A 类院校定向；第一批 A1 院校（中外合作办学专业）。

第一批本科 B 类院校（1B），第一批 B 类少数民族、边防军人子女预科院校。

第二批 A 类（2A）本科院校，第二批 A 类少数民族、边防军人子女预科院校。

第二批 B 类（2B）本科院校，第二批 B 类少数民族预科院校。

第二批本科（2C）院校。（山西省曾把三本院校划归为第二批 C 类院校）

第三批本科院校是指包括独立学院在内的民办本科院校。

(三)专科批

专科批包括提前录取的专科（高职）公安院校（铁道警察学院、山西警官高等专科学校），有专科计划的艺术类院校（中国传媒大学、中央戏剧学院、北京电影学院、广西艺术学院），其他院校（天津海运职业学院、石家庄邮电职业技术学院、上海海事职业技术学院等）以及有专科录取计划的普通职业院校和民办职业院校。

(四)特别提醒

1. 除提前批次外，批次越靠后，录取控制线会逐步降低，前一批次若不能录取，后续批次还有录取的机会。各批次录取的院校之间是相互独立、互不影响的，只有当前一个批次录取结束后才进行下一个批次的录取，因此如果多填几个批次会增加录取的机会。若被前一批次录取则不再进入下一批次，因而在院校与专业的选报上要特别注意尽量拉开它们之间的梯度。

2. 一本 B 类院校与 2A 院校之间的整体实力水平很难分出高低，此时要根据考生的分数实力、兴趣爱好、潜能发展等方面全面考量，科学选报。

3. 不能以"录取批次"来区分院校的层次与整体实力，如北京工商大学在北京跨一本、二本录取，而在其他省份则在二本招生。院校录取批次的安排是由教育部及各省招办根据一定原则及社会认同度确定的，一般来说，一些省属重点普通本科院校在本省大部分都安排在一本录取，但在外省多数安排在二本录取。

4. 考生达线不一定被录取，因各省招办划定的不同批次录取线是按 $1 : 1.2$ 比例确定的，这就意味上线考生中有 20% 虚额，无形中使志愿选报的难度大大提高。达线考生如果选报志愿科学合理，专业冷热搭配恰当，就会增加投档的概率与录取的机会。

三、调档比例

调档比例，也称投档比例，是指某一院校调阅考生电子档案数与计划招生数的比例，原则上不超过 120%，在实行平行志愿的省份中，一般在 105% ～ 110%，并在各院校的《招生简章》予以公布。

四、特征成绩

特征成绩指考生的高考总分和政策性照顾分值的总和。如张某的高考总分是 560 分，省三好学生加 10 分，则张某的特征成绩为 570 分。

五、省控线

省控线，也称录取最低分数线。高校在招生中根据每个批次的招生计划和考生成绩按照一定的比例确定的一个分数线，每个批次录取的考生一般不得低于该分数线。分为一本(文科、理科、体文、体理、艺文、艺理)线(也称重点线)、二本(文科、理科、体文、体理、艺文、艺理)线、三本线(山西称二本 C 类线)、高专（高职）线。

六、院校调档线

院校调档线，也称投档线或校线。院校在该批最低录取控制线的基础上，根据当年本校公布的调档比例、考生报考人数、考生分数和本校在该省市的招生计划确定的。每所院校都有自己的调档线，同一院校在不同年份和不同省份的调档线都不相同。其中，已录取考生中最后一名考生的成绩就是该校当年在该省的录取线即校线。

七、录取最高分、最低分、平均分

院校已录取考生中第一名高考成绩就是该校录取最高分，录取的最后一名考生的高考成绩就是最低分，录取最低分有时会高于院校的调档线，有的会等于院校调档线。院校已实录的全部考生高考成绩的算术平均值就是该校录取考生的平均分。平均分并不在最高分与最低分二者高度差中间一半的位置，而是低于二者的中间位置，多数分布在 20％～50％范围内。院校录取最高分是最热门专业的录取线，最低分是最冷门专业的录取线。招生计划越少，各年度平均分变化幅度就越大；计划越多，平均分变化幅度小，越稳定。

在了解这些分数线真正含义的基础上，考生和家长积极查询并参考这些分数线，那么一般情况下考生都能被理想的院校和专业录取，而不会导致高分落档或者走上被调剂到冷门专业的命运。

家长和考生在选择专业的时候一定要仔细查询和参考专业的门槛线，安全线，专业录取的最高分（最高位次）、最低分（最低位次），分差线，以及往年被该专业录取的考生都考了多少分，位次是多少。

八、志愿级差

志愿级差是指录取非第一志愿考生时的分数差额，或是某些院校在录取第二志愿和其他后续志愿考生时采取的一种限制性政策，它分为院校志愿级差和专业志愿级差。

九、志愿优先

志愿优先就是优先安排第一专业志愿的考生，只有在已调档第一志愿专业考生不足时才会考虑第二专业志愿的考生。

十、分数优先

分数优先，也称成绩优先，即在录取专业时优先安排分数高的考生，从其第一志愿的专业开始看是否录满；若未录满，就安排他在第一志愿的专业；否则就看下一个志愿的专业，依次类推。

十一、按大类招生

按大类招生就是将考生先按某一科类招进来，如工商管理类（包括工商管理、人力资源管理、会计学、财务管理、市场营销等专业），大一、大二不分专业，统一学习专业基础课，大三时根据本人前期的考试成绩和意愿，再进行院系或专业的选择，这样做的主要目的是有利于人才的培养和发展。

十二、志愿、院校志愿、专业志愿、高考志愿、无效志愿

志愿是指考生的志向和意愿；院校志愿是考生对高等院校志向的选择；专业志愿是考生根据自己的兴趣爱好、性格特点、发展潜能对院校中某一个或几个专业意愿所作出的选择。院校志愿和专业志愿统称为高考志愿，两者是一个有机联系、相互作用的统一体，它完整地表达了考生希望就读的院校和专业意向，在某种程度上决定了考生的未来发展方向和就业前景。无效志愿就是对考生投档录取没有意义或无用的志愿，它有两种情况：一是由于考生笔误、填错或涂错院校代码，电脑无法显示或运行；二是在同一批次院校志愿之间没有形成梯度或反向梯度关系，如果考生第一志愿没有被录取，其后的各个志愿都不会被录取。

十三、平行志愿

平行志愿，也称并列志愿，是指成绩优先投档方式中各志愿之间的关系，是为了区别志愿优选投档方式而派生出来的一个名称。

首先明确，平行志愿是一次性批量投挡，考生只能被其中一所院校投档。平行院校志愿的投档原则是"分数优先，遵循志愿"。

在投档时按考生总分（分数相同时按语文、数学、英语和综合分数排队）从高分到低分排序并逐个投档，在依次检索考生所填 A、B、C、D、E、F、G 志愿时，只要被检索的院校中一经出现符合投档条件的院校，即向该院校投档，该生即享受了该批次平行院校志愿投档机会，由高校决定其录取与否及所录取专业。

平行志愿在本科一批和本科二批，一般会先试投两轮，然后由招生院校决定最终投档比例。正式投档时，实行一次批量投档，原则上"进档考生只要没有身体原因，同意调剂专业，进档不退档"。

对考生来说，平行志愿扩大了考生的选择范围，降低考生填报志愿的难度，有效地提高了考生的录取率。对于高校来说，生源素质更加均衡，也解决了以往投档中一部分高校生源爆满而另一部分严重断档的问题，有利于顺利完成录取工作，避免"大小年"现象，进一步提高录取工作的公平、公正性。

但平行志愿依然有风险，一旦退档，就只能填报征集志愿（往往有较大的心理落差），或者直接滑到下一批次。如考生填报的专业扎堆，又不愿意接受专业调剂、考生自身的条件不符合专业录取要求的限制等都会造成退档，必须高度重视。

一般填报志愿的坡度应根据"冲一冲""稳一稳""保一保""垫一垫"来设计，本省和外省兼顾。学校和专业难以选择时，建议尝试这样考虑：如果是名校，可以弱化专业考虑；如果特别想上某专业，第一个志愿就预留出 10 分左右的空间，也就是说要保第一志愿的专业，如本科二批上临床医学，就可以不同意调剂，不行就直接到本科三批。

十四、征集志愿

平行志愿模式下，第一次集中投档没有完成招生计划的余额，或者顺序志愿模式下，所有志愿运行后依然没有完成招生计划的余额，或高校新增加计划，需要在第一次集中投档录取结束后面向考生重新征集志愿，绝大多数省份考生是需要重新填报的，也有个别省份规定原填报有效。本次征集，院校经批准后可以降分征集志愿。

十五、服从专业调剂

服从专业调剂，就是当考生被投档后分数不够所有志愿专业录取条件，如果考生愿意服从志愿外专业录取，那么录取院校就把该考生录取到未录满的专业。

填报服从专业调剂，可以大大降低退档风险。如果志愿院校招生计划里没有不可接受的专业，原则上应当填报"服从专业调剂"。

十六、梯度

梯度就是生活中常说的楼梯的台阶。有些楼梯两个台阶之间的高度差比较大，我们就说其梯度大；反之就说其梯度小。在志愿填报中的梯度只表示两个或几个院校之间录取线差值的大小。在志愿选报中梯度包括志愿梯度、院校志愿梯度、专业志愿梯度、院校志愿级差、专业志愿级差。

院校志愿梯度是指同批次各个不同院校录取线之间的差值（即录取线差距），以及同一院校非第一志愿与第一志愿或各个志愿之间的投档线差值。梯度的大小用级差来表示称为院校志愿级差。

同一院校不同专业录取线之间形成的差值叫专业志愿梯度。考生在选报志愿时要注意使院校与专业之间形成合理的梯度，以免造成滑档、进档退档或死档的风险。

十七、缺档

考生在选报院校志愿时，考生家长心理受当年试题难度、招生政策、院校招生简章和招生计划、院校实力及认同度等多种因素影响，致使批次最低控制线报考某些院校的考生人数少于当年院校计划而出现"缺档"现象。

十八、考生总分线增量（也称录取线差）

录取线差，是指招生院校的实际录取分数与省控分数线之差。就是某考生高考总分与一本线或二本线之差。线增量为正值时，考生总分高于所在批次省控线。反之，低于所在批次省控线。由于每年高考试题难易度不同，考生人数不同，招生计划不同，每年的省控分数线有所不同、各招生院校的实际录取分数线也不同。为了便于科学比较分析，故引入这一概念。

高校录取线差＝高校录取分数－省控分数线（录取最低线差＝录取投档线－省控分数线；

录取平均线差＝录取平均分－省控分数线；

录取最高线差＝录取最高分－省控分数线）；

考生线差＝考生高考总分－省控分数线。

十九、专业级差

专业级差是指在第一志愿专业没有被录取，再按第二志愿专业录取时要减去一个分数。如考生王某高考成绩550分，其专业志愿分别是工商管理、电子工程、财务管理、信息工程、国际经济与贸易、保密管理六个专业，当第一志愿专业"工商管理"已经录满，不能满足该考生的志愿，而所报院校的专业级差为3分，该生就要按547分的规定成绩同第一志愿报考"电子工程"的考生的高考原始分排队再安排专业。

专业级差由各院校录取时自己掌握，即便同一所学校的专业级差也会根据需要调整修改，一般不在学校当年招生计划中公布，因此每年都有无数的考生与喜欢的专业"分道扬镳"。

存在专业级差的四种录取情况如下。

(一)分数优先(分数清)

把所有考生的分数大排队,按照分数从高到低检索。当检索到某一位 500 分考生时,看他报的第一志愿专业是否还有空额,如果有则录取;如果没有空额,仍然以 500 分的成绩再看他的第二志愿专业是否有空额,如果有则录取;如果没有空额,则再继续以 500 分的成绩看他的第三志愿专业是否有空额,依此类推……

(二)分数优先和专业级差

把所有考生的分数大排队,按照分数从高到低检索。当检索到某一位 500 分考生时,看他报的第一志愿专业是否还有空额,如果有则录取;如果没有空额,则减去 3 分变成 497 分插入排队的 498 分和 496 分之间。后面当检索到 497 分时,这位考生的第二志愿专业视同为第一志愿专业与报该专业的其余考生比拼,如果有空额则成功录取;如果没有录取,则减去 1 分变成 496 分插入排队的 497 分和 495 分之间。后面当检索到 496 分时,这位考生的第三志愿专业视同为第一志愿专业与报该专业的其余考生比拼,如果有空额则成功录取。依此类推。录取时,减去专业级差后的考生在面对后一个专业时是与未减专业级差的考生同样对待的。

(三)专业优先(专业清)

把所有考生按照其第一志愿专业分成不同的队列,每个队列的考生都按照分数顺序排队,每个专业根据排队考生的分数顺序依次录取,录满为止。所有考生第一志愿专业都录取完了之后,再把剩余考生按照其第二志愿专业分成不同的队列,每个队列的考生都按照分数顺序排队,每个专业根据排队考生的分数顺序依次录取,录满为止。例如,对于一位 500 分的考生在排队录取其第一志愿专业时,如果排到他的分数还没录满,他就被录取。如果录满了,他就只能再排第二志愿专业的队列看其是否还有空额,这时如果那个专业按照第一志愿专业排队已经录满，即便已经录取了比 500 分还低的考生，也是正常的。

(四)专业优先和专业级差

把所有考生按照其第一志愿专业分成不同的队列，每个队列的考生都按照分数顺序排队，每个专业根据排队考生的分数顺序依次录取，录满为止。例如，一位 530 分的考生如果在第一志愿专业排队被录取了，则他的录取结束。如果未能录取，就要被减去 3 分，变为 527 分到第二志愿专业的队列看其是否还有空额，这个时候还有从其他第一志愿专业减 3 分后转来的考生也来排队，大家同样再次按照减 3 分后的分数顺序依次录取，录满为止。

二十、"大小年"现象

"大小年"现象是指前一年报考人数多、录取分数高而使当年考生报考人数减少、录取分数下降，如此循环往复，呈现出录取分数"一年高一年低"的规律。录取分数高的年份称为"大年"，录取分数低的年份称为"小年"。实行平行志愿后，大小年现象减弱，但仍占据近 50% 的比例。研究大小年规律，有利于把握和预测今年的录取投档线差。

第三节　志愿填报技巧

高考志愿填报需懂得取舍、择优填报，建议高于录取分数线的考生兴趣优先，合理兼顾，注意政策；处于录取分数线中等水平的考生注重方法，讲究技巧，提高概率；刚达到录取分数线的考生要准确定位，学会取舍，扬长避短。我们将高考志愿的填报技巧概括为以下几句话：考生之间，分数优先；考生自己，志愿优先；志愿范畴，一次投档；院校专业，形成梯度；服从调剂，增大机会。

高于一本分数线的考生，可选择"985 工程""211 工程"学校和老牌重点大学中拥有国家重点学科(或具有博士学位授予权)的专业。

处于一本分数中等水平的考生，可降低心中名校的档次，避开人们追捧的老牌名校，特别是考生所在地的老牌名校，尽可能走出去，选报的专业是拥有国家重点学科或具有博士学位授予权的专业。

刚达到一本分数线的考生，也建议降低心中名校的档次，不要限制自己选择学校的地区，避开人们追求的沿海城市、一线城市的学校，选择那些人们认为不太知名的学校及其拥有国家重点学科或具有培养博士学位授予权的专业，享受一流的专业教育。

地理位置相对偏僻的地方也有好学校，包括一些原来的部属院校划转为省属院校，这些学校都有高水平的教育资源。放眼全国，哈尔滨工业大学、哈尔滨工程大学、吉林大学、西安建筑科技大学、重庆大学、西南交通大学、兰州大学等，历史悠久，早期设立的专业经过多年的发展有着相当强的实力，毕业生就业前景也非常不错。

高于二本分数线且接近重点线的考生，应尽量选报老校老专业，选择拥有国家重点学科或具有博士学位授予权的专业。

处于二本分数中间的考生，应尽可能避开沿海城市、一线城市的热门大学热门专业，特别是要注意避开本省区的热门学校，放飞理想走出去，挑选外地那些办学水平高且拥有博士学位或硕士学位授权的专业的学校，拥有国家或省级特色专业的学校。

刚达到二本分数线的考生，建议重点考虑选专业。选择一些省属和市属学校有特色或产学合作比较好、就业前景比较广的专业；也可以选择最早开办的专业，相对而言这些专业的教育水平都比较高。

上专科分数线的考生，可以关注专科学校中国家和省级示范性(骨干)高等职业院校。考生重点要看专业办学特色，如合作企业是哪家、校企合作有什么特点，跨境合作的学校是哪家、合作专业有什么特色等。

小结：刚达到分数线考生志愿＝新增学校＋征集学校＋收费高学校＋地域差的学校＋专业较冷的学校。

中高分考生志愿＝定位分学校形成梯度，即前1 000位考生可按100位学校形成梯度；前10 000位考生可按1 000位学校形成梯度；以后考生可按5 000位学校形成梯度。

一些考生和家长片面认为志愿填报要"一分都不浪费"——如果分数刚刚达到目标大学或专业的最低录取分，就是最满意的，如果分数超出目标大学或专业，就是浪费。但需注意，我们填报志愿时参考的分数一般都是大学近几年的录取分数。录取分数是波动的，因为每年高考试卷难度、报考人数、招生计划的变化，没有一所院校、专业的录取分数两年一模一样，因此仅用自己的分数去卡大学、专业有失偏颇。最好将分数转化为分差，平行志愿下转化为位次，更为稳妥一些。另外，录取分数高的大学、专业并不一定与大学、专业的实力完全对等，录取分数高的原因可能是实力较强，可能是所在城市地理条件好，也可能是招生人数变化。为了有较大的录取概率，建议考生多以大学、专业的录取平均分为参考，避免与目标大学、专业失之交臂。

一、志愿填报的艺术策略

考生在志愿填报时可以参考以下策略。

(一)巧用"排名定位法"

"排名定位法"是志愿填报常用的一种重要方法。该方法是通过考生在全省的排位与近几年目标院校投档线的最低排位的比较进行定位。分数在本科线以上的高分段同学活用"排名定位法"不失为一种比较可靠的报考方法。

[案例分析]山东省考生赵同学总分527分，2017年高考山东省内理科排位在76 200名左右。可以综合考虑采用"排名定位法"来进行定位。本科志愿填报采用"平行志愿"，可以运用"冲—稳—保"的填报策略。根据往年数据看，2014年、2015年、2016年大连大学在山东省招生的投档线最低排位分别是72 290名、73 530名、88 064名。以此推断，对大连大学在山东省录取学生的最低排名有下降趋势，因此建议该考生对大连大学可以放在A志愿冲一冲，而B志愿可以填报最近三年录取最低排位在79 496名左右的成都信息工程大学，在C志愿填报浙江海洋大学(2016年录取最低排位为86 667名)作为保底。最终大连大学在

2017 年在山东录取人数最低排名为 77 081 名，该考生如愿以偿被录取。

(二)校线差定位法

填报志愿最关键的一步是"准确定位"。建议运用校线差定位法。所谓校线差，就是前一年该校录取分数线与本批次最低控制线的差；该定位法利用了校线差"准确定位"报考院校。当然，考生也可以采用"校线差定位法"来参考判断自己是否合适报考心仪的学校。

[案例分析]陈同学是广州人，对 Z 大学和 J 大学都心仪已久，但自己的分数是否能够达到，尚且不得而知。通过对比 Z 大学与 J 大学 2016～2018 年的校线差可以看出：该同学高考分数比一本线高出 49 分，但 2018 年、2017 年、2016 年 Z 大学的校线差分别达到 51 分、43 分、41 分，且近三年的校线差呈上升趋势，但分值相差不大，该批次志愿填报采用"平行志愿"，按照"冲—稳—保"的填报策略，建议 Z 大学可以放在 A 志愿冲一冲；而 J 大学的校线差基本都在 35 分左右，而自己的分数比第一批分数线高出 49 分左右，那么被录取的可能性都会很大，放在 B 志愿稳一稳；C 志愿可以用 H 大学作为保底。最终该同学以 6 分之差没有被 Z 大学录取，最终被 J 大学成功录取。

(三)二本巧选专业

[案例分析]2018 年广东省考生骆同学总分为 569 分，高出二本 A 录取控制线 35 分，该考生只想读上海或者广州的本科 A 类院校，在二本 A 类院校里面可选择的学校比较多，这时假如上海某学院在 2018 年、2017 年、2016 年的投档线分别为 578 分、582 分、575 分，"校线差"分别为 44 分、36 分、30 分，但考虑到 2018 年重点本科批次录取控制线与本科 A 类批次录取控制线之差要小于往年，按照"冲—稳—保"的填报策略，建议他在 A 志愿里填上海某学院冲一冲，如果该校今年会因为"大小年"报考人数下降等因素而降低录取分数，那么该同学就能幸运地进入该校；B 志愿广州某大学是广州市内学校，市内考生报考有一定优势，参照往年录取分数情况（2018 年、2017 年、2016 年的校线差线分别为 22 分、20 分、22 分），该同学填报该校，几乎稳操胜券，以稳为主；C 志愿上海商

学院作为保底，即使B志愿落空，C志愿在上海，也很不错。这个志愿的梯度设计比较合理，最终该同学被广州某大学录取。

(四)梯度填报更合理

[案例分析]2018年一考生总分490分，高出2018年该批次线25分。第一志愿A学院2016年、2017年和2018年的投档线分别为496分、517分和510分，校线差分别为：36分、33分、30分。该批次志愿填报采用"平行志愿"，按照"冲—稳—保"的填报策略，建议将A学院放在第一志愿冲一冲，如果出现"大小年"情况，可能幸运地进入该校；第二志愿B学院，该校2016年、2017年和2018年的投档线分别为460分、502分和496分，校线差分别为：0分、18分、16分。由于今年该批次线跟往年相比都有所下降，所以被B学院录取的机会还是挺大的，第三志愿C学院作为保底。最终该生被B学院录取。

(五)一、二志愿拉开梯度

[案例分析]由于本科实行的是梯度志愿，而且本科院校每年投档线有较大的波动，因此考生要对比近几年心仪学校的录取分数线，特别慎重地填好第一志愿，而且第一志愿和第二志愿的梯度要稍大一点。2018年刘同学高考成绩是475分，比该批次线高出50分，第一志愿A大学2016年、2017年、2018年的投档线分别为454分、445分、467分，录取的机会较大；第二志愿B大学2016年、2017年、2018年的投档线分别为442分、445分、430分；第三志愿以C大学保底，最终2018年A大学的投档线是472分，该同学被A大学录取。

二、志愿填报的八条建议

(一)准确给自己定位

填报志愿前，最主要的是要给自己准确定位。

这两年许多省份陆续合并高考录取批次，但是录取大框架其实没有发生多大变化。考前填志愿如何给自己准确定位非常重要。

上海财经大学招生办主任认为，每所高中每年的录取情况基本都差不多。因此，建议考生了解学校往年的文理科一本率、二本率，然后对照自己在学校的排位，来对自己合理定位。

考生应从模拟考试的成绩、从在区内、校内的排名，估算出超常发挥、正常发挥、失常发挥的 3 个成绩，以此作为填报志愿的基本依据。超常发挥可以作为第一志愿填报依据，失常发挥则作为第十志愿填报依据。估分时也需考虑自身特点：稳定型的，分差可以控制在 10～40 分；波动型的，分差可以控制在 50～80 分。

(二)"冲、稳、保"志愿均衡分配，理性判断

本科普通批次的 10 个志愿要把握好"冲、稳、保"的关系。

根据多年指导报考的经验，"冲、稳、保"志愿可以各 3～4 个，均衡分配。

前面"冲一冲"的志愿可以高于自己的正常实力，但最高冲到什么位置，还需要考生理性判断自己最佳发挥可以选择的学校与专业。中间"稳一稳"的志愿属于自己的正常发挥，而后面"保一保"的志愿主要是考虑自己发挥失常的去处。

其实"冲、稳、保"没有严格界限，把自己正常发挥能够录取的院校志愿放在中间位置，上下做延展为妥。平时发挥比较稳定的考生，延展的幅度可以略小一点；平时发挥不太稳定的考生，向下延展的幅度应当宽一点。

(三)志愿要符合兴趣爱好

考生在填报志愿、选择专业时，应当考虑自己的兴趣爱好。对于不符合自己兴趣爱好的院校、专业，不要因为不想浪费分数而去填报。

(四)把 10 个志愿当 9 个志愿看

任何一名考生都要考虑极端情况，"保"在最后的志愿要"保"到最大限度。

高考填志愿最重要的是确保志愿填报的成功性。具体来说，就是考生要使自己在 10 个志愿中能够正常录取某一个，只有把自己的真实情况反映在 10 个志愿的范畴中，这样的填报才是真实有效的。

然而，每年都有考生将志愿填高了，这主要是因为对自己的预期过高，而实际表现没有那么理想的缘故。

特别提醒考生：往年如果考生成绩在一本线上，即使一本志愿没有填好，还

有一本线征集志愿托一下。即使考生不参加一本征集志愿，还能在二本批次录取到一所比较好的学校。但是，许多省份录取批次合并以后，考生一旦脱档，会直接落到本科线下，这是非常危险的，因此，考生和家长千万不要把志愿填高。

建议所有考生都要把自己的 10 个志愿，当作 9 个志愿来看待。无论考生成绩多么好，都要把最后一个志愿放在自己心理上能够接受的最底线的学校，以防止自己万一考试发挥失常，至少还有一个学校托底。

(五)顺序填报，留好间距

对于如何填好本科批次志愿，有考生认为，志愿数量增多，可以扩大"冲、稳、保"学校的数量。如本科可以填报 12 个志愿的话，建议可以采取"冲三、稳五、保四"的策略，即前三志愿"冲一冲"，四至八志愿"稳一稳"，最后四个志愿"保一保"。

平行志愿投档录取模式使得高校录取分数位序较为稳定，历年的高校录取分数位序具有极大的参考意义，考生可将历年各高校的录取分数线分文理从高到低排序，在确定首选院校后，后面志愿按顺序从高到低填报。

志愿之间要有梯度，前后两个志愿之间需留好分差，两个志愿的分数差异可以控制在 3～5 分。并根据对自己属"稳定型"还是"波动型"的判断，检视第一志愿与第十志愿的分差是否合理。

因此，本科普通批次的各个志愿要把握好"冲、争、稳、守、保"的关系。

(六)外地名校，不要放弃

一线大城市考生在大学的选择方面，通常会将本地高校作为首选，甚至出现明明分数可以达到外地 985、211 高校，仍然选择本地二本高校的情况。其他省市的 985、211 高校在当地投放了不少招生计划，当地教委也给予本地考生报考外省市加分投档、毕业后户口迁回原籍等一系列优惠政策，因此考生、家长在填报志愿时可以适当考虑外地高校。

(七)专业录取，规则分清

目前在专业志愿录取中主要有"分数清""专业清""专业级差"三种模式。

"分数清"完全按照学生的考分，录取时优先满足高分考生的志愿。考生可完全按照自身兴趣排列专业顺序，比较省心。

"专业清"则是注重专业顺序，录取时优先满足考生第一志愿专业，考生的第一专业志愿非常重要，需估量自身进档后的大致排位，如果排位中、后档则需要分析专业的"冷热度"，避开热门专业。

"专业级差"结合了"分数清""专业清"两者特点，按照专业级差梯度，如前面志愿未能满足，则会降分参加下一个专业的录取。这需要考生、家长全面分析目标高校各个专业分差的规律，在专业填报中体现梯度，切忌简单粗暴地填报热门专业。他建议最后一个专业志愿可以在目标高校通常的调剂专业里面选择一个能够接受的保底专业，避免全部落空，甚至不服从调剂退档的风险。

(八)尽量服从专业调剂，降低被退档可能性

所有考生在填报志愿的时候一定要看清学校的招生章程，自己的实际情况和院校情况相符才去填报，降低被退档风险。

（撰写者：孟野）

第九章 特殊招生

特殊招生并没有严格的定义，一般是指普通高校招生中的一些特殊类型或特殊政策，包括基础学科招生改革试点（简称"强基计划"）、高校专项计划、保送生、国家免费医学生、高水平运动队、艺术类招生、体育类专业招生、综合素质评价招生等内容。特殊招生和普通招生在政策、招生程序和要求等方面有一些不同，要提前了解这些特殊招生的相关规定，运筹帷幄，才能独辟蹊径，取得成功。

第一节 强基计划

2020年1月13日，《教育部关于在部分高校开展基础学科招生改革试点工作的意见》印发，决定自2020年起，在部分高校开展基础学科招生改革试点。基础学科招生改革试点，也称强基计划，是教育部开展的招生改革工作，主要是为了选拔培养有志于服务国家重大战略需求且综合素质优秀或基础学科拔尖的学生。

强基计划主要聚焦在高端芯片与软件、智能科技、新材料、先进制造和国家安全等关键领域以及国家人才紧缺的人文社会科学领域，由有关高校结合自身办学特色，合理安排招生专业。突出基础学科的支撑引领作用，重点在数学、物理、化学、生物及历史、哲学、古文字学等相关专业招生。建立学科专业的动态调整机制，根据新形势要求和招生情况，适时调整强基计划招生专业。

一、强基计划的特点

1. 强基计划吸收了原"自主招生"的优点

强基计划在"综合评价"基础上，吸收了原"自主招生"的优点，改变其"降分录取"的做法，取消了竞赛证书、论文、专利等作为入围高校考核条件的做法，以学生高考成绩作为依据。考核安排在高考成绩发布后。高考出分后，根据高考成绩确定入围名单，入围学生参加高校组织的考核。高校将考生的高考成绩、高校综合考核结果、综合素质评价情况等折合成综合成绩，由高到低顺序录取，体现对学生更加全面综合地评价。

2. 强基计划突出高考成绩的重要性

与自主招生显著的区别是，强基计划规定考生的高考成绩不得低于 85%，而自主招生不少高校的录取分数线是可以降低到一本线，要知道不少高校的正常录取分数线都要超过一本线至少 100 分以上。强基计划出台之后，公众首先想到的是教育公平，强调高考分数的重要性，让竞赛生不再有特别的优势，各高校也少了自主把控的空间，可以有效避免自主招生过程中的各种乱象。这也是强基计划带来的直观改变。

3. 强基计划更注重基础学科人才的培养

强基计划的定位在教育部文件第二条就说得非常清楚：强基计划主要选拔培养有志于服务国家重大战略需求且综合素质优秀或基础学科拔尖的学生。聚焦高端芯片与软件、智能科技、新材料、先进制造和国家安全等关键领域以及国家人才紧缺的人文社会科学领域。也就是说不管是考生还是高校，都是要为这一战略目标服务。在人才的培养上，招生高校要对通过强基计划录取的学生制定单独人才培养方案和激励机制，增强学生的荣誉感和使命感。实施基础学科拔尖学生培养计划的高校，要加强对人才培养的统筹。对通过强基计划录取学生可单独编班，配备一流的师资，提供一流的学习条件，创造一流的学术环境与氛围，实行导师制、小班化等培养模式。畅通成长发展通道，对学业优秀的学生，高校可在免试推荐研究生、直博、公派留学、奖学金等方面予以优先安排。探索建立本硕博衔接的培养模式，本科阶段培养要夯实基础学科能力素养，硕博阶段既可在本学科深造，也可探索学科交叉培养。推进科教协同育人，鼓励国家实验室、国家重点实验室、前沿科学中心、集成攻关大平台和协同创新中心等吸纳这些学生参与项目研究，探索建立结合重大科研任务进行人才培养的机制。强化质量保障机制，建立科学化、多阶段的动态进出机制，对进入强基计划的学生进行综合考查、科学分流。建立在校生、毕业生跟踪调查机制和人才成长数据库，根据质量监测和反馈信息不断完善培养方案和培养模式，持续改进招生和培养工作。高校要加强对学生的就业教育和指导，积极为关键领域输送高素质后备人才。

4. 强基计划是一个双向选择

强基计划实际上也是一个双向选择，高校可以结合自身特点对人才进行选拔，考生也可以结合未来发展方向进行综合考虑。首先，通过 2020 年、2021 年强基计划录取率来看，95％以上的考生与强基计划无缘。首批入选的高校均为双一流建设 A 类高校，按照往年 985 高校录取比例，部分省份录取比例甚至不足1％，也就是说强基计划的门槛本身就很高；其次，强基计划招生仅限于数理化、历史哲学及古文字学？等被公众视为冷门的专业，学习难度较高，就业前景也不被看好，所以即便是高分考生，是否会选择报考也是一个疑问；最后，从强基计划的培养方式来看，绝大部分学生未来要走的路就是科研之路，同样以就业为最终目的的考生很难选择这条道路。

二、强基计划招生流程

在保证公平公正的前提下，强基计划探索建立多维度考核评价考生的招生模式。高校根据有关拔尖创新人才培养需要，制定强基计划的招生和培养方案。符合高校报考条件的考生可在高考前申请参加强基计划招生。高校依据考生的高考成绩，按在各省（区、市）强基计划招生名额的一定倍数确定参加高校考核的考生名单。考生参加统一高考和高校考核后，高校将考生高考成绩、高校综合考核结果及综合素质评价情况等按比例合成考生综合成绩（其中高考成绩所占比例不得低于 85％），根据考生填报志愿，按综合成绩由高到低顺序录取。有关高校要认真研究制定高中学生综合素质评价使用办法，并在招生简章中提前向社会公布。

对于极少数在相关学科领域具有突出才能和表现的考生，有关高校可制定破格入围高校考核的条件和破格录取的办法、标准，并提前向社会公布。考生参加统一高考后，由高校组织相关学科领域专家对考生进行严格考核，达到录取标准的，经高校招生工作领导小组审定，报生源所在地省级高校招生委员会核准后予以破格录取。破格录取考生的高考成绩原则上不得低于各省（区、市）本科一批录取最低控制分数线（合并录取批次省份应单独划定相应分数线）。

1. 制定招生简章

有关高校应根据本校的办学定位、学科特色等，制定强基计划招生简章，内容包括领导机构、招生专业及计划、报考条件及方式、入围高校考核的办法、考核程序及办法、学生综合素质评价使用办法、综合成绩折算办法及录取规则、监督机制、咨询及申诉渠道等。招生简章报经教育部核准备案后，于3月底前向社会公布。各高校强基计划简章会陆续发布，考生和家长可以到高校的官方网站或"阳光高考"信息平台—特殊类型招生—强基计划（https：//gaokao.chsi.com.cn/gkzt/tszs）上进行查询，认真研读。

2. 考生申请报名

符合生源所在地当年高考报名条件以及强基计划招生学校报考条件的考生，由本人提出申请，于4月份按高校招生简章要求进行网上报名。省级招生考试机构要对本地报名考生的高考报名资格进行严格审核。

3. 考生参加统一高考

报名考生均须参加全国统一高考。

各省级招生考试机构原则上于6月25日前根据高校招生简章确定的规则，向有关高校提供报名考生高考成绩（不含高考加分）。

4. 确定入围高校考核名单并公示

对于以高考成绩入围高校考核的，有关高校在各省（区、市）本科一批录取最低控制分数线（合并录取批次省份应单独划定相应分数线，下同）上，按照在生源所在省份强基计划招生名额的一定倍数，以考生高考成绩从高到低确定参加高校考核名单。

对于符合高校破格入围条件的考生，考生高考成绩应达到高校招生简章确定的要求，且原则上不得低于各省（区、市）本科一批录取最低控制分数线。有关高校原则上应于 6 月 26 日前确定入围高校考核的考生名单并公示入围标准。

5. 组织高校考核

有关高校于 7 月 4 日前完成对入围考生组织高校考核（含笔试、面试）和体育测试，其中体育测试结果作为录取的重要参考。

高校考核是国家教育考试的组成部分，由招生高校负责组织实施。有关高校要严格执行教育部关于特殊类型考试招生工作相关规定，合理确定高校考核的内容和形式。积极探索通过笔试、面试、实践操作等方式，考查学生分析问题、解决问题的能力和创新思维，增强选才的科学性。要充分运用学生综合素质档案，全面、深入地考察学生的能力和素养。要加强命题安全管理和质量管理，加强面试专家等相关人员名单的安全保密，认真执行回避制度。高校考核的笔试、面试应安排在国家教育考试标准化考点进行，面试采取专家、考生"双随机"抽签的方式，全程录音录像。

考生综合素质档案由省级教育行政部门或中学根据入围高校考核的考生名单于 6 月 27 日前提供。已建立省级统一信息平台的省份，由省级教育行政部门统一将考生电子化的综合素质档案提供招生高校。未建立省级统一信息平台的省份，由考生就读中学提供经中学校长签字确认的综合素质档案。综合素质档案须提前在考生就读中学详尽公示。

6. 确定录取名单并公示

有关高校将考生高考成绩、高校综合考核结果及综合素质评价情况等按比例合成考生综合成绩（其中高考成绩所占比例不得低于 85%），并根据考生填报志愿，按综合成绩由高到低确定录取名单，提交生源所在省级招办办理录取手续。各省级招办应在提前批次录取开始前完成录取备案。破格录取的考生，按照高校招生简章公布办法进行录取。被录取考生不再参加后续高考志愿录取。有关高校须于 7 月 5 日前确定录取考生名单并公示录取标准。

三、强基计划报考建议

强基计划是自由与限定共生，机遇与选择并存。真正有意愿投身于自己志趣、专业的人选择强基，前行皆为开阔坦途；而如果将强基视为进入名校的跳板捷径，则可能满目所视皆为限制。强基计划需要学生在做好基础学习的前提下，具备较强的创新思维和研究能力，乐于投身科学前沿领域。

1. 了解招生学校

目前，参与强基计划的试点高校只有 36 所，高考分数将是高校强基计划招生选拔时的重要参考依据。具体名单如下：

北京大学、中国人民大学、清华大学、北京航空航天大学、北京理工大学、中国农业大学、北京师范大学、中央民族大学、南开大学、天津大学、大连理工大学、吉林大学、哈尔滨工业大学、复旦大学、同济大学、上海交通大学、华东师范大学、南京大学、东南大学、浙江大学、中国科学技术大学、厦门大学、山东大学、中国海洋大学、武汉大学、华中科技大学、中南大学、中山大学、华南理工大学、四川大学、重庆大学、电子科技大学、西安交通大学、西北工业大学、兰州大学、中国人民解放军国防科技大学。

2. 了解强基计划招生专业

36 所试点高校重点围绕数学、哲学、物理、化学、生物、历史及古文字学等相关的专业进行招生，为高校选拔综合素质优秀或者是基础学科成绩拔尖的高中学生，为国家的重大战略需求培养出一批高端人才。

通过对强基计划招生专业可以看出，强基计划中既有热门的数学专业，也有在近年招生时报考人数相对较少的古生物学、哲学、马克思主义理论等冷门专业。比如，数学作为计算机、大数据、金融、经济相关热门专业的母专业，每年都比较热门；而古生物学、哲学、马克思主义理论这些都是极为有名的冷门专业，北大古生物学曾经因为一个班级只有一个毕业生而登上热搜；至于强基计划中的其他专业，如物理、化学、中文、生物学等则比较适中，既非热门专业也非冷门专业。

3. 明确自己未来发展的方向，做好学业与职业规划

强基计划招生专业非常注重对于学生基础能力的培养，教育部曾明确表示，高校可以优先安排强基计划入校的学生免试就读研究生、直博，甚至也要开始探索建立本硕博衔接的培养模式。这也就是意味着，高校对于强基计划入校的学生注定是会有一个"重基础且长期培养"的过程。

那么，如果只想读到本科毕业就立即想找工作的、不想继续读研深造的同学，可能就不太适合报名参与强基计划。

因为强基计划入校学生本科期间主要培养扎实的基础知识及技能，相对于其他应用型的专业来说，就业不会占太多优势。但也是因为强基计划本硕、本硕博毕业生基础深厚，所以他们在毕业后往更深层次发展时往往会比其他普通类考生更具有优势；同时在强基计划特定维度的考核中，与其他同学相比处于劣势或达不到继续培养要求，能接受退出强基计划的结果，并顺利完成普通专业的学习。

4. 了解学校录取规则差异性

因强基计划招生简章遵循"一校一策"原则，这就导致36所高校简章之间都存在或多或少的差别，主要集中在招生专业、入围考核成绩、综合成绩折算办法以及其他方面的差别。

（1）招生考试科目要求不同，例如，中国少数民族语言文学（古文字学方向）、历史学等文史类专业，非高考改革省份招收文史类考生，高考改革省份专业选考科目一般为历史学。数学与应用数学、信息与计算科学、应用物理学、化学、工程力学等理工类专业，非高考综合改革省份仅限理科生源报考，高考综合改革省份考生一般须选考物理，其余2门选考科目不限。

（2）入围考核成绩。在各省份本科一批录取最低控制分数线（合并录取批次省份以各省份划定分数线为准）上，依据报考强基计划考生高考成绩（不含任何加分）从高到低的顺序，按分省强基计划招生计划数的3～5倍确定各省份入围考核的考生名单（末位同分同入围）。

（3）综合成绩折算办法。高考成绩占综合成绩的85％，学校组织的考核测试成绩占综合成绩的15％。

（4）其他特殊报考要求。例如，吉林大学强基计划部分课程实行英语授课，非英语语种考生建议谨慎报考；中国人民解放军国防科技大学招收的强基计划考生为无军籍学员。

第二节　综合素质评价招生

综合评价招生因其招生院校和招生范围有限，众多家长和考生对该政策并不了解。像清华大学发布的"领军计划"以及北京大学发布的"博雅计划"，这都是综合评价招生的范畴。那些成绩不算最好、综合能力很强、又对自己未来专业有清晰规划的学生可以关注一下综合评价招生。

一、什么是综合评价招生

所谓综合评价招生，是指按照高校人才培养目标和选拔标准，依据考生统一高考成绩、高中学业水平考试成绩和学校考核，按比例形成综合成绩择优录取学生的一种多元评价招生录取方式。其中，学校考核包括对学生综合素质评价和高校考核或面试。简单来说就是进行综合评价招生的高校，综合考量考生的高考成绩、高校考核结论、高中学业水平测试成绩、综合素质评价等方面的内容，对高考成绩达到分数要求的入选考生，综合评价，择优录取。

从招生专业和招生计划来看，试点高校确定综合评价招生专业考虑了专业优势、师资力量、发展目标等各项因素，原则上安排在特色明显、优势突出的专业。根据通知要求，综合评价招生计划从试点高校统招计划中安排，且不能超过在统招计划的一定比例。未完成的综合评价招生计划可转入当年学校统招计划招生。

虽然综合评价招生从2015年才开始实施，但采用这一考核标准招收学生的学校逐年增多，近几年又有如"北京外国语大学"这样的新成员加入此行列之中。并且2020年以后，几乎所有高校招生都要实施学生综合素质档案评价，可见其火爆程度。

综合分数折算方式：一般情况下，学生的最后成绩按照(高考成绩×60％)＋(能力测试成绩×30％)＋(高中学业成绩×10％)这个比例来计算。

但能力测试成绩的构成和计算方法，各学校的具体规定并不一致。如有的高校规定能力测试成绩中有笔试和面试两项，而有的高校只有面试这一项考核内容。

有的学校并不是按照上述的比例来折算成绩，如北京外国语大学是按照(高考成绩× 70％)＋[能力测试成绩×(当地高考满分值/50)×30％]来计算的。

如果想报考某所院校，一定要查看学校的招生简章，看清最终考核成绩的计算方法等相关要求。

(一)综合评价招生的报名条件

从报名资格来看，已经通过本省当年夏季高考报名并符合试点高校具体报考条件的考生均可报考综合评价招生。考生须按照要求分别参加我省夏季高考统一报名和试点高校综合评价招生报名。试点高校要根据考生综合素质评价情况、测试或面试成绩，按照不超过招生计划1∶5的比例确定入围学生名单。

高考成绩公布后，入围考生在本科提前批次填报综合评价招生试点高校志愿。如果考生同时获得多个入围资格，只能选择一所高校填报。不填报或填报未入围综合评价招生试点高校志愿，视为放弃该项招生资格，但不影响其他志愿录取。填报专业志愿须在该项招生公示的专业中选择，否则视为无效。

综合评价招生也让学生多了"捡漏"的机会。部分考生高考成绩没有过一本线，但通过综合评价招生可以进入一所一本学校，这部分考生就是凭借综合素质测试成绩优秀获得录取的。

表 9.1　2017 年部分院校综合评价招生评价模式

序号	院校名称	招生范围	考试评价模式		
			高考成绩	检测成绩	学考成绩
1	北京大学博雅计划	全国	从高中阶段全面发展情况、初审评价、测试成绩及体系结果等方面综合评价，给予降分录取优惠		
2	清华大学领军计划	全国	根据学生初评成绩、校测成绩择优认定，给予降分录取优惠		
3	北京大学	浙江	60%	30%	10%
4	北京大学	上海	70%	30%	—
5	清华大学	浙江	60%	30%	10%
6	清华大学	上海	70%	30%	—
7	中国科学院大学	7 省市(含浙江)	60%	30%	10%
8	中国科学院大学	浙江	40%	50%	10%
9	北京外国语大学	20 省市	70%	30%	—
10	中国科学技术大学	浙江	50%	40%	10%
11	浙江大学	浙江、山东	80%	10%	10%
12	浙江大学	广东	60%	30%	10%
13	复旦大学	上海、浙江	60%	30%	10%
14	上海交通大学	上海、浙江	60%	30%	10%
15	同济大学	上海	60%	30%	10%
16	上海外国语大学	上海	60%	30%	10%
17	上海财经大学	上海	60%	30%	10%
18	华东师范大学	上海	60%	30%	10%
19	华东理工大学	上海	60%	30%	10%
20	东华大学	上海	60%	30%	10%
21	上海大学	上海	60%	30%	10%
22	南京大学	江苏	60%	30%	10%
23	东南大学	江苏	60%	30%	10%(选修科目)

序号	院校名称	招生范围	考试评价模式		
			高考成绩	检测成绩	学考成绩
24	南京师范大学	江苏	50%	30%	20%
25	山东大学	山东	60%	30%	10%
26	中国海洋大学	山东	50%	40%	10%
27	中国石油大学(华东)	山东	60%	30%	10%
28	哈尔滨工业大学(威海)	山东	70%	20%	10%
29	中山大学	广东	60%	30%	10%
30	华南理工大学	广东	60%	30%	折算分数
31	香港中文大学(深圳)	浙江、上海、广东	60%	30%	10%
32	南方科技大学	22个省市	60%	30%	7%+3%(综合素质)
33	中南大学	湖南、云南	根据综评成绩(高考成绩+校测成绩)录取		
34	东北大学	吉林	根据综评成绩(高考成绩+校测成绩+学考成绩)录取		

(二)综合评价招生试点高校

拥有综合评价招生资格的高校并不多,这些高校基本上都有地区限制,考生在选择时一定要注意招生简章的内容。综合评价招生一般是在高校官网报名。以下是2017年的综合评价招生试点高校。

表9.2　2017年综合评价招生试点高校

实施地区	综合评价招生高校名单			
说明	清华大学领军计划、北京大学博雅计划针对全国招生			
北京	中国科学院大学	北京外国语大学	南方科技大学	
上海	北京大学	清华大学	复旦大学	上海交通大学
	同济大学	华东师范大学	上海外国语大学	上海财经大学
	华东理工大学	东华大学	上海大学	南方科技大学
	香港中文大学(深圳)			

续表

实施地区	综合评价招生高校名单			
浙江	北京大学	清华大学	中国科学院大学	北京外国语大学
	浙江大掌	中国科学技术大学	复旦大学	上海交通大学
	南方科技大学	香港中文大学(深圳)		
江苏	中国科学院大学	北京外国语大学	南京大学	东南大学
	南京师范大学	南方科技大学		
山东	中国科学院大学	北京外国语大学	浙江大学	山东大学
	中国海洋大学	中国石油大学(华东)	哈尔滨工业大学(威海)	南方科技大学
广东	北京外国语大学	中山大学	华南理工大字	浙江大学
	南方科技大学	香港中文大学(深圳)		
湖南	中国科学院大学	北京外国语大学	中南大学	南方科技大学
陕西	中国科学院大学	北京外国语大学	南方科技大学	
四川	中国科学院大学	北京外国语大学	南方科技大学	
河北	北京外国语大学	南方科技大学		
山西	北京外国语大学	南方科技大学		
内蒙古	北京外国语大学	南方科技大学		
辽宁	北京外国语大学	南方科技大学		
吉林	北京外国语大学	东北大学		
黑龙江	北京外国语大学			
安徽	北京外国语大学	南方科技大学		
河南	北京外国语大学	南方科技大学		
湖北	北京外国语大学	南方科技大学		
福建	北京外国语大学	南方科技大学		
重庆	北京外国语大学	南方科技大学		
天津	北京外国语大学			
江西	南方科技大学			
广西	南方科技大学			
贵州	南方科技大学			
云南	南方科技大学	中南大学		

二、综合评价招生对象

(一)成绩不一定最好

这一政策下考生的最终录取成绩是由几项考核成绩比例来计算的，重点选拔的是各方面综合发展、学科能力比较平衡的考生。所以，如果考生的文化成绩排名不是很靠前，但综合素质发展比较均衡，没有明显的"短腿"，不妨尝试报考一下综合评价招生。它作为独立批次，不会影响普通高考的录取。

(二)综合能力要强

在高中动手能力强、有相关学科的实践经验或是有从事社会事务经验的考生，在报考中会有更占优势。相反，除了学习以外，动手能力不强，对社会关注度不高，缺乏社会基本沟通能力的考生，会在考核中处于劣势。

(三)对专业有清晰规划

考生要对所报专业有清晰的规划，也就是说很明确自己想读什么样的专业，甚至想好了毕业后也从事这个专业领域，对意向专业有特别的兴趣爱好，同时还要有一定的专业知识积累，这类考生很受综合评价招生的青睐。

三、综合评价招生报考注意事项

(一)报名方面

大多数进行综合评价招生录取的高校都可在"阳光高考"信息平台综合评价招生报名页面里报名，按照页面提示进行操作即可。少数学校如南方科技大学、中南大学等在其本科招生网站上报名。

(二)精读招生简章，看清报考要求

报名条件、综合素质要求、高校招生省份等，不同高校、不同专业的要求不尽相同，这些在招生简章里都有明确规定，家长和考生需高度重视。

(三)报名材料的准备

不同学校对报名材料、邮寄方式的要求也不同,考生选好学校后根据招生简章要求提前准备,在规定时间内提交。例如,南京大学 2017 年招生简章里就明确指出考生需提供高三年级期中、期末和模拟考试学习成绩单及可证明自己综合素质的相关材料,对个人陈述无明确要求;而南京林业大学 2017 年招生简章里除成绩和相关材料外,要求个人陈述部分必须本人亲笔用蓝黑或黑色水笔手写。

另外,高校是否需要寄送纸质材料也要注意,很多高校从 2017 年开始就只需电子档材料即可,而有些高校还是需要寄送纸质材料。

由于每年都有新的高校加入综合评价招生中来,考生还需多关注心仪的高校官网或"阳光高考"信息平台,及时查看动态。

(四)院校方面的限定

考生应确定自己所在的省份是否在高校限定的招生范围内,并不是所有综合评价招生院校都面向全国招生,像中国科学院大学 2023 年只在北京、江苏、陕西、四川、浙江、山东等 12 个省市进行招生,具体要看学校招生简章。

(五)考虑学生的兴趣爱好

如果考生所在地试点高校较多,要结合考生的兴趣爱好进行专业志愿的选择。例如,中国科学院大学的理科专业和计算机科学与技术,北京外国语大学的外语类、语言类专业。

(六)对比高校评价模式选择

高校综合评价中,高考成绩、校测成绩、学考＋高中素质所占比例不同,考生可根据自身特长,选择对自己有利的评价模式。例如,考生不擅长面试表达,在有选择余地的情况下,就要尽量选择校测成绩占比较小、高考成绩占比较大的高校。

第三节　高校艺术类专业招生

2022 年 10 月 31 日，教育部办公厅发布《2023 年普通高等学校部分特殊类型招生基本要求》，针对艺术类招生提出了 8 点指导性意见，其中考生最为关注的专业课考试方式、文化课要求、投档模式、独立设置艺术院校招生要求都做了具体说明。

普通高等学校艺术类专业招生与普通专业招生最大的不同在于，报考艺术类专业的考生，除了参加普通高考文化课考试之外，还要参加专业考试。获得专业考试(省统考或校考)合格证的考生才有资格填报相关艺术院校(专业)志愿。此外，艺术类专业录取时，执行艺术类专业批次控制分数线，其录取原则也与普通专业有所不同。

一、艺术类专业范围

2023 年在《普通高等学校本科专业目录(2012 年)》基础上修订完善后的"艺术学"学科门类下设的 5 个专业类的 56 种专业，以及《普通高等学校高等职业教育(专科)专业目》中的"文化艺术大类"和"新闻传播大类"下设的"艺术设计类""表演艺术类""民族文化类""文化服务类""新闻出版类""广播影视类"的 82 种专业，统称为艺术类专业。艺术类本科专业不设专业方向。

根据艺术类专业的不同属性，艺术类高考专业一般分为 11 类。主要有：①美术类，包括绘画、艺术设计、美术学、动画广告学、雕刻、摄影、服装化妆设计等；②文学编导类，包括戏剧影视文学、广播电视编导、文艺编导等；③音乐类，包括音乐学、音乐表演、作曲与指挥等；④舞蹈类，包括中国舞、民间舞、模特等；⑤摄影类，包括摄影、电视摄像、灯光等；⑥书法类；⑦影视戏剧表演类；⑧服装表演类；⑨播音主持类；⑩航空服务艺术类；⑪其他类，仅限独立设置本科艺术院校个别无法对应另外 10 个类别的专业使用。艺术类考生可根据拟报考专业选择其中一类。

二、艺术类专业招生办法

高校艺术类专业综合考虑考生艺术专业成绩和高考文化成绩，择优选拔录取。同一高校同一专业（含同一专业下设各招考方向）应采用同一种录取办法。高校于报名考试前向社会公布学校艺术类专业的招生办法、分省分专业招生计划等信息；设立招考方向的专业，分别公布各招考方向的招生计划和考核办法。有关高校的艺术史论、戏剧影视文学等专业若无艺术专业考核要求，可不组织专业考试（须提前向社会公布并告知省级招生考试机构），协商省级招生考试机构安排在普通类专业相应批次录取并执行相应批次录取规则。

（一）艺术类专业考试

《教育部关于进一步加强和改进普通高等学校艺术类专业考试招生工作的指导意见》（教学〔2021〕3号）提出，高校艺术类专业招生实行"文化素质＋专业能力"的考试评价方式，文化素质使用高考文化课考试成绩，专业能力使用艺术专业能力考试成绩。艺术专业能力考试包括省级统考和高校校考，根据不同艺术专业人才选拔培养要求实行分类考试。省级统考由各省（区、市）统一组织考试，高校校考由相关高校组织考试。充分发挥行业部门和专家学者的作用，成立教育部高校艺术类专业考试招生专家委员会，研究制定高校艺术类考试招生专业目录和各专业分类考试方案。探索利用现代技术手段，促进客观评价考生专业能力。2024年起，不再跨省设置校考考点，所有高校艺术类专业校考工作均在学校所在地组织。

（二）艺术类专业高考文化成绩录取要求

艺术类本科专业高考文化课录取控制分数线不得低于本省（市、自治区）普通本科第二批次录取控制分数线的75％，艺术学理论类、戏剧与影视学类（不含表演）有关本科专业高考文化课录取控制分数线逐步提高，2019年，教育部要求省级招生考试机构应因地制宜、分类划定、逐步提高艺术类各专业高考文化课成绩录取控制分数线。其中，艺术类本科专业高考文化课录取控制分数线，在未合并普通本科第二、三批次的省份，原则上不得低于本科第二批次录取控制分数线的70％；在合并原普通本科第二、三批次的省份，原则上不得低于合并后第二批次录取控制分数线的75％；在仅保留一个普通本科批次的省份，原则上不得低于合并后本科批次录取控制分数线的75％；舞蹈学类、表演专业可适当降低要求；确需过渡的省份，应在三年内调整到位。适度提高艺术学理论类、戏剧与影视学类(不含表演)等有关本科专业高考文化课录取控制分数线，高校的相关专业不得低于普通类专业所在批次控制分数线，设计学类专业参照执行。艺术类高职(专科)专业录取控制分数线不得低于本省(区、市)普通高职(专科)录取控制分数线的70％。录取期间，各省(区、市)和高校不得为了完成招生计划而降低初次划定的最低录取控制分数线。

(三)艺术类专业投档模式

艺术类专业录取工作在各省(市、自治区)相应普通本科、高职(专科)提前批次集中录取。多省(市、自治区)推进在艺术类专业试行平行志愿投档模式，增加高校和考生的双向选择机会，提高考生志愿匹配率和满意度。

(四)相关专业录取办法

2024年起，艺术史论、戏剧影视文学等高校艺术类专业，直接依据考生高考文化课成绩、参考考生综合素质评价，择优录取；使用省级统考成绩作为专业考试成绩的艺术类专业，在考生高考文化课成绩和省级统考成绩均达到所在省(区、市)艺术类专业录取最低控制分数线基础上，依据考生高考文化课成绩和省级统考成绩按比例合成的综合成绩进行平行志愿择优录取，其中高考文化课成绩所占比例原则上不低于50％；少数组织校考的高校艺术类专业，在考生高考文化课成绩达到所在省(区、市)普通类专业批次录取最低控制分数线、省级统考成绩合格且达到学校划定的最低成绩要求基础上，依据考生校考成绩择优录取。高校要把考生综合素质评价作为招生录取的重要参考，积极完善使用办法，加强考生思想品德考核和多维度评价，相关使用办法要提前向社会公布。除组织校考的艺术类专业外，所有艺术类专业均应安排分省招生计划。

各省(区、市)应根据不同艺术专业人才选拔培养要求，在现有要求基础上，因地制宜、分类划定、逐步提高艺术类各专业高考文化课成绩录取最低控制分数线(舞蹈学类、表演专业可适当降低要求)，逐步扭转部分高校艺术专业人才选拔"重专业轻文化"倾向。鼓励校考高校结合专业培养要求，加强考生文化综合素质考查，进一步提高考生文化课成绩录取要求。

在组织校考的高校艺术类专业招生中，对于极少数省级统考和校考成绩均特别优异或在相关专业领域具有突出才能和表现的考生，有关高校可制定高考文化课成绩破格录取办法。高校破格录取办法须经学校党委常委会审议通过并报所在地省级教育行政部门备案，提前在招生章程中向社会公布。

(五)艺术类学生管理

凡艺术类专业录取的学生，入学后不得转入非艺术类专业。

三、艺术类报考注意事项

(一)了解本省艺术类考试招生政策

各省教育招生考试院在每年11月左右陆续发布《普通高等学校艺术类招生办法》《艺术类省统考考试通知》等政策性文件，考生可以从中了解当年艺考的报名时间、报名流程、考试时间、考试地点、成绩查询时间及方式等信息。

(二)了解艺考院校省内的招生情况

考生要了解全国艺考院校在本省的招生专业、招生计划、报名时间、报名地点、考试时间、考试地点，选择院校并制定考试时间安排表。

(三)学会分辨高校的档次

一般艺术类院校分为3大类，一是专业的艺术院校，如中央美术学院、中国美术学院、清华大学美术学院、北京舞蹈学院、中央音乐学院、南京艺术学院等；二是综合性大学的艺术类专业，如北京工业大学、中央民族大学开设的艺术类专业；三是师范类大学开设的艺术类专业，如北京师范大学、东北师范大学等。在选择院校的时候，一定要拉开院校梯度，如专业院校考几个，综合性大学考几个，这样会增加考生的录取机会。

(四)查询了解艺考院校近3年省内招生情况

考生要学会查询各高校在本省近几年的艺术类录取情况，包括历年的专业合格线、文化课录取线、在本省招多少人等对考生报考时具有决定性参考意义的信息。这些信息一般各高校都会公布在高校官方网站的招生信息频道。为了保证数据的准确性，建议在高校官网查询信息。

(五)主动查询考试成绩

各高校艺术类考试成绩一般在3～4月开通查询。

(六)重视文化课

现在随着新课改的实施，艺术类考生文化课分数也在逐年提高。由于教育部颁布了艺术类考试改革新政，要求各省逐步提高艺考生文化课最低要求。而同时，北京舞蹈学院、中央民族大学等艺术名校近几年也不断提高对艺术类考生文化成绩的要求；北京师范大学等名校在近几年录取考生中的文化课平均分数居高不下；山东、河南、河北、安徽、江苏、山西、湖南、湖北、广东等省，由于考生人数众多，考生的文化素质不断提高，所以高校在这些省份录取时的文化课分数也在不断提高，大多数艺术类考生都是因为文化课不过线而落榜。因此，艺术类考生如果文化课成绩低于350分，就要在学习专业的同时注意坚持文化课的学习。

(七)了解填报志愿的基本常识和流程

艺术类考生填报志愿不同于文化生，要从考生已经拿到艺术类合格证的院校中选择一个填报志愿。需要特别注意的是，艺术类考生的第一志愿非常重要，一般情况下，艺术类高校的调剂率是非常低的，所以最好选择专业课考得最好的院校作为第一志愿填报。

(八)详细解读考试大纲

艺术本身没有标准，但艺术高考是有标准的，阅卷专家在评分时，会严格按照考试大纲的标准来操作。因此，考生应当对考试大纲进行深入解读，透彻地了解考什么、怎么考，不同分数档相应的要求和标准分别是什么。

第四节 其他特殊招生

2019年，高校特殊招生发生了很大变化，除了传统的除了传统的招生项目，还增加了民族预科、招飞、师范生公费教育、港澳招生、军校招生、政法招生等招生项目。

一、高校专项计划

(一)高校专项计划的报考条件

高校专项计划，又称农村学生单独招生，是国家为更好地促进教育公平、让更多的农村学生上大学而出台的一项优惠政策。高校专项计划定向招收边远、贫困、民族等地区县(含县级市)以下高中勤奋好学、成绩优良的农村学生，具体实施区域由有关省(区、市)确定。招生学校为教育部直属高校和其他试点高校。2019年，全国共95所高校有高校专项计划资格。

高校专项计划的报考条件：

(1)符合2019年统一高考报名条件；

(2)本人及父亲或母亲或法定监护人户籍地在实施区域的农村，本人具有当地连续3年以上户籍；

(3)本人具有户籍所在县高中连续3年学籍并实际就读。

国家专项计划定向招收贫困地区学生。招生学校为中央部门所属高校和各省（区、市）所属重点高校，实施区域为集中连片特殊困难县、国家级扶贫开发重点县以及新疆南疆四地州。

报考学生须同时具备下列三项条件：

(1)符合 2019 年统一高考报名条件；

(2)本人具有实施区域当地连续 3 年以上户籍，其父亲或母亲或法定监护人具有当地户籍；

(3)本人具有户籍所在县高中连续 3 年学籍并实际就读。

地方专项计划定向招收各省（区、市）实施区域的农村学生。招生学校为各省（区、市）所属重点高校，具体实施区域、报考条件由各省（区、市）根据本地实际情况确定，实施区域要对本省（区、市）民族自治县实现全覆盖。

根据中央有关文件精神，国家专项计划实施区域的贫困县脱贫后 2019 年仍可继续享受国家专项计划政策。有关省（区、市）要严格执行国家专项计划确定的实施区域，不得擅自扩大范围。有关省级招生考试机构须将本省（区、市）确定的高校专项计划实施区域提供给有关高校。各省（区、市）可根据上述报考条件要求，制订具体报名实施细则。

(二)高校专项计划的实施区域

高校专项计划具体实施区域由有关省（区、市）确定。一般各省招生考试机构（教育考试院、省招办）会公布具体实施区域。

(三)高校专项计划的志愿录取

入选高校专项计划资格的考生均须参加高考，单报志愿、单独录取，高校专项计划招生办法由有关高校确定并在招生简章中明确，依据考生高考成绩和填报志愿进行，录取分数原则上不低于有关高校普通类招生所在批次录取控制分数线。志愿填报方式、填报时间等以当地省级招生考试机构规定为准。根据教育部规定考生需要登录高校专项计划报名系统按照要求完成报名申报等工作。

(四)专项生毕业后到贫困地区就业服务优惠政策

首先,专项生毕业后回到贫困地区就业创业和服务享受有关省(区、市)的优惠政策措施。

其次,专项生入学报到时不迁转户口,户籍暂保留在原户籍所在地,就业报到后可按有关规定迁入工作所在地区。专项生在校学习期间不转学,不转专业,与其他学生同等享受奖助学金政策。

再次,对毕业后到贫困地区就业创业和服务的专项生,按照有关规定享受学费补偿和国家助学贷款代偿等优惠政策。

二、高校保送生招生

高校保送生招生是指符合保送条件的学生向有关学校或部门提出保送申请,并通过大学综合考核合格后即可进入大学就读。

(一)保送资格条件

根据教育部等有关部门规定,2018 年,省级优秀学生、中学生学科奥林匹克竞赛国家集训队成员、部分外国语中学推荐优秀学生、公安英烈子女、退役运动员等 5 类人员仍具备高校保送资格。高校均可以从上述 5 类人员中招收保送生,其中公安英烈子女按有关规定只能保送至公安类院校。按照中央有关要求,为进一步清理和规范保送生项目,对 2017 年秋季及以后进入高中阶段一年级的学生,将取消省级优秀学生保送资格条件;2020 年起所有高校停止省级优秀学生保送生招生;有关外国语中学推荐保送生限额将逐步减少,高校要安排外国语言文学类专业招收外国语中学推荐保送生,并向国家"一带一路"倡议发展所需非通用语种专业倾斜。

(二)保送录取程序

具备保送资格的考生向有关学校或部门提出保送申请,提交综合素质档案,经省级教育行政部门、考试招生机构、有关部门及考生所在中学审核确认并通过多级公示后，参加有关高校组织的保送生综合考核。高校根据综合考核成绩和学校选拔要求，确定拟录取保送生名单并进行公示，未经公示的考生不得被录取。省级招生考试机构于普通高校招生全国统一考试前，对拟录取保送生信息进行审核确认，办理录取手续。已确认保送录取的学生不再参加普通高校招生全国统一录取。

(三)保送工作管理

高校严禁以保送生招生形式将外国语中学推荐保送的学生录取或调整到非外语类专业。逐步调整优秀运动员保送录取办法，鼓励运动员发挥专长，2018 年起符合条件的运动员可保送至高校体育学类本科专业；如运动员申请就读其他专业，应参加国家体育总局统一组织的运动训练、武术与民族传统体育专业单独招生文化课考试，由高校自主划定文化课录取分数线。

三、国家免费医学生

为提高基层医疗卫生服务水平，缓解看病难、看病贵的问题，从 2010 年起，国家发展改革委、卫生部、教育部、财政部、人力资源社会保障部联合开展免费医学生培养工作，重点为乡镇卫生院及以下的医疗卫生机构培养从事全科医疗的卫生人才。2018 年《国务院办公厅关于改革完善全科医生培养与使用激励机制的意见》(国办发〔2018〕3 号)提出农村订单定向医学生免费培养。

(一)报考条件

国家免费医学生，即享受国家学费资助的医学生。免费医学生主要招收农村生源，优先录取定岗单位所在县生源。报考学生需同时符合：统一高考报名条件；本人及父亲或母亲或法定监护人户籍地须在农村，本人具有连续 3 年以上户籍；身份条件符合教育部、原卫生部和中国残疾人联合会制定的《普通高等学校招生体检工作指导意见》(教学〔2003〕3 号)等相关规定。

(二)招生专业

培养专业主要是临床医学、中医学(含民族医学)等专业，进校后不能转专业。一般来说临床医学只招录理科生，中医学只招录文科生。各省根据本地具体情况确定招生专业及其定向培养具体高校，并在免费医学生招生规定中公布。

(三)志愿填报

免费医学生定向招生计划面向生源地全省(区、市)招生，由各省级招生办公室统一向社会发布。填报志愿时要注意，免费医学生招生计划在有关培养高校招生来源计划中单列编制，实行单列志愿、单设批次、单独划线。本科计划在本科提前批次录取，高职计划在高职提前批次录取。

另外，高考改革省市各培养高校相关招生专业对选考科目也有具体要求，考生报考前要结合所在省市发布的免费医学生招录政策，确定欲报考院校在招生类型、选考科目方面的具体规定。如湖北省 2021 年临床医学专业培养高校湖北医药学院，首选科目要求为物理，再选科目要求为化学、生物(2 门科目考生均须选考方可报考)；中医学培养高校为湖北中医药大学，首选科目要求为物理或历史。

录取时，高校根据考生志愿和成绩信息，按招生计划总数，从高分到低分确定录取名单。已录取的定向免费医学生不再参加后续批次录取；未录取的考生不影响后续批次录取。生源不足时，未完成的计划通过补征志愿方式从高分到低分顺序录取，直至完成计划。考生可及时关注所在省市相关录取信息，在规定时间内，把握志愿填报机会。

(四)培养方案

免费医学生分 5 年制本科和 3 年制专科两种，以 5 年制本科为主，培养工作主要由举办医学教育的地方高等学校承担。3 年制专科主要面向乡镇卫生院以下的医疗卫生机构和欠发达地区乡镇卫生院医疗卫生岗位。相关课程设置与农村医疗卫生工作相适应，除基础医学课程与临床医学课程外，还包含当地常见病、多发病、传染病、地方病的诊疗防控、中医学(民族医学)常用诊疗技术和计划生育技术的内容。

四、高校高水平运动队招生

教育部发布了《教育部办公厅关于做好2024年普通高等学校部分特殊类型招生工作的通知》。其中明确：2024年起，高水平运动队考生文化考试成绩将全部使用全国统一高考文化课考试成绩；专业测试全部纳入全国统考，由国家体育总局牵头组织实施，高校不再组织相关校考。受2024年新政策的影响，2023年对比去年招生院校数量已经减少24所学校，数量相较于最高峰的283所已经整体减少了76所学校，只剩下207所学校。

高水平运动员指：(1)高级中等教育学校毕业，获得国家二级运动员(含)以上证书且高中阶段在省级(含)以上比赛中获得集体项目前六名的主力队员或个人项目前三名者；(2)具有高级中等教育毕业同等学力，获得国家一级运动员(含)以上证书者，或近三年内在全国(或国际)集体项目比赛中获得前八名的主力队员。

2023年起，高水平运动员招生政策调整，高水平运动员招生将足球、乒乓球、羽毛球等11个项目纳入全国统考，委托国家体育总局科教司牵头组织实施。报考上述项目的考生须在"中国运动文化教育网"(www.ydyeducation.com)或"体教联盟"手机APP上进行考试报名。

上述项目的专业统测按照国家体育总局制定的《普通高等学校运动训练、武术与民族传统体育专业体育专项考试方法与评分标准》执行，满分均为100分。具体考试时间以"中国运动文化教育网""体教联盟"手机APP公布时间为准。实施全国统测后，各地不再组织相关项目的省级统考，各高校不再组织相关项目的校考。

专业统测结束后，有关高校根据成绩分布情况提出本校相关项目专业合格成绩要求，结合报名资格审核结果，确定并公示本校专业考试合格名单。

被高校认定为高水平运动员的考生在录取时将享受一定的优惠政策。专业测试合格、高考文化成绩达到相应录取要求且按规定填报相应高校志愿的考生可被择优录取。高考文化成绩一般不低于生源省份本科第二批次录取控制分数线；对于少数体育测试成绩特别突出的考生，高校可适度降低文化成绩录取要求，但不得低于生源省份本科第二批次录取控制分数线的65％。

高水平运动队招生与体育单招不同。体育单招是部分体育专业单独招生的简称，是指经教育部、国家体育总局批准的部分院校可以对运动训练、武术与民族传统体育专业实行单独招生。高水平运动队与体育单独招生在报考条件、招生院校、考试方式、录取政策、专业选择上都有所不同。高水平运动队招生高校和招生项目都需经教育部核准备案，招生规模不得超过试点高校上一年度本科招生计划总数的1％，凡不具备组队条件、未设立专项运动队、无法继续承担建队任务的试点高校，不得安排该项目高水平运动队招生。

（一）运动队招生办法

报考高水平运动队的考生，需参加省级教育主管部门统一测试，并在规定时间参加招生学校组织的专项测试。获得高水平运动员资格的考生，还要参加全国统一高考。

获得一级运动员、运动健将、国际健将及武术武英级（或以上）称号之一的考生，可申请参加国家体育总局统一组织的运动训练、武术与民族传统体育专业单独招生文化课考试，也可选择参加全国统一招生考试。

参加一级（含）以上运动员文化课统考的考生，应在"中国运动文化教育网"或"体教联盟"手机APP上进行考试报名。文化课统一考试科目为语文、数学、政治、英语4科，每科满分均为150分。考试大纲在中国运动文化教育网公布。

文化课统一考试结束后，试点高校可在中国运动文化教育网查询、下载报考本校高水平运动队的相关考生文化课考试成绩。高校根据本校办学定位和培养要求，结合所有考生成绩分布情况，自主划定文化课考试成绩合格分数线，不得为追求完成招生计划而降低文化课录取要求。

考生根据试点高校确定的报名条件，申请参加学校组织的运动队对应项目专业测试；试点高校确定并公示合格考生名单及享受高考文化课成绩优惠的相应录取要求；按照学校公布的办法，择优录取专业测试合格、高考文化成绩达到相应录取要求的考生。

运动队招生规模不超过试点高校上一年度本科招生计划总数的 1%，并须在教育部核准公布的运动项目范围内招生。

(二)资格审核及测试

试点高校根据教育部要求确定本校报名条件，细化学校认可的比赛、名次、主力上场队员标准等，但不得低于教育部现行规定要求。考生报名资格审核依据国家体育总局"运动员技术等级综合查询系统"核实考生运动技术等级，并对网上核实结果进行截图保存；对考生提供的相关赛事组委会出具的证明材料进行审核。凡以集体项目(含团体项目、接力项目)比赛成绩取得运动员等级证书的考生，需认定是否为主力上场队员。

专业测试采取全国统考、高校联考和高校校考相结合的组织方式。2018 年起，跆拳道等 12 个项目实施全国统考。其他项目暂由试点高校独立或联合组织。

考生所持本人运动员技术等级证书中的运动项目应与报考高校的运动项目一致(原则上运动小项也应对应一致，田径项目须严格对应)。

拟申请试点高校单独招生考试资格的考生，应在规定之日前登录教育部"阳光高考"信息平台或"中国运动员文化教育网"的"高校高水平运动队文化考试报名系统"自主报名、缴费。然后考生可在报名网站下载准考证，根据准考证上的要求，按时在指定的考场参加文化课考试。

(三)文化课成绩录取要求

2024 年起，部分"双一流"建设高校对考生的高考成绩要求须达到生源省份普通类本科批次录取控制分数线；其他高校对考生的高考成绩要求须达到生源省份普通类本科批次录取控制分数线的 80%。对于体育专业成绩突出、具有特殊培养潜质的考生，高校可探索建立文化课成绩破格录取机制。破格录取办法须经学校党委常委会审议并报所在地省级教育行政部门备案，提前在学校高水平运动队考试招生办法中向社会公布。破格录取考生名单须经学校招生工作领导小组审议并报生源所在地省级招委核准后在学校招生网站进行公示。

五、体育类专业招生

根据《2023年普通高等学校运动训练、武术与民族传统体育专业招生管理办法》(以下简称"本办法")的通知，普通高等学校运动训练、武术与民族传统体育专业招生考试是普通高等学校招生工作的一部分。

(一)招生院校、专业及项目

按照本办法招生的普通高等学校统称为招生院校。举办运动训练专业的招生院校有：北京体育大学、上海体育学院、武汉体育学院、西安体育学院、成都体育学院、沈阳体育学院、首都体育学院、天津体育学院、河北体育学院、吉林体育学院、哈尔滨体育学院、南京体育学院、山东体育学院等117所。

举办武术与民族传统体育专业的招生院校有：北京体育大学、上海体育学院、武汉体育学院、西安体育学院、成都体育学院、沈阳体育学院、首都体育学院、天津体育学院、河北体育学院、吉林体育学院、哈尔滨体育学院、南京体育学院、山东体育学院、广州体育学院、天津师范大学、河北师范大学。

运动训练专业所设项目包括冬季项目和其他项目。

冬季项目有：速度滑冰、短道速滑、花样滑冰、冰球、冰壶、越野滑雪、高山滑雪、跳台滑雪、自由式滑雪(雪上技巧、空中技巧)、单板滑雪(平行大回转、U型场地技巧)、冬季两项。

其他项目有：射击、射箭、场地自行车、公路自行车、山地自行车、BMX小轮车、击剑、现代五项、铁人三项、马术、帆船、赛艇、皮划艇静水、皮划艇激流回旋、蹼泳、滑水、摩托艇、举重、柔道、摔跤(自由式摔跤、古典式摔跤)、拳击、跆拳道、田径、游泳、公开水域游泳、跳水、水球、花样游泳、体操、艺术体操、蹦床、技巧、手球、曲棍球、棒球、垒球、足球（十一人制）、篮球、排球、沙滩排球（二人制）、乒乓球、羽毛球、网球、橄榄球、高尔夫球、围棋、象棋、国际象棋、登山。

武术与民族传统体育专业所设项目为有：武术套路、武术散打、中国式摔跤。

（二）体育类专业的报名

符合以下条件的考生可按本办法报考运动训练、武术与民族传统体育专业：

1. 符合 2023 年高校招生考试（以下简称普通高考）报名条件。

2. 具备运动训练、武术与民族传统体育专业招生项目的二级（含）以上运动员技术等级称号。

3. 考生必须参加生源所在地省级招生考试机构组织的普通高考报名（具体按各省级招生考试机构要求执行）。

4. 招生院校应当根据教育部有关规定和本办法，制订本校运动训练、武术与民族传统体育专业的招生简章，并于考生填报志愿前公布。运动训练、武术与民族传统体育专业应面向全国招生，招生院校招生简章有关内容不得与本办法相悖。招生简章内容主要包括：高校全称、校址、层次、专业方向、办学类型、学习形式、招生计划总数及具体报考条件、考生身体健康状况要求、录取规则、学费标准、颁发学历证书的学校名称及证书种类，以及报名方法步骤、专业考试要求、联系电话和其他有关事宜。

5. 招生院校应按相关要求研究制定本校考试招生工作方案，并严格按照确定的录取规则和有关规定执行。

6. 考生依据招生院校招生简章要求，统一在"中国运动文化教育网"（www. ydyeducation. com）或"体教联盟 APP"中"普通高等学校运动训练、武术与民族传统体育专业招生系统"（以下简称"体育单招系统"）进行注册（验证考生报名资格）并报名。

(三)考试办法

运动训练、武术与民族传统体育专业招生实行文化考试和体育专项考试相结合的办法。文化考试科目为语文、数学、政治、英语四科，每科满分为 150 分，四科满分为 600 分。

教育部考试中心组织命题和印制试卷。省级招生考试机构负责试卷接收和文化考试组织实施，并通过机要方式将考后试卷发送指定的教育考试机构统一评阅。所有考生必须参加高考报名所在地省级招生考试机构组织的文化考试。2019 年招生院校运动训练、武术与民族传统体育专业招生文化考试时间为：2019 年 4 月 20—21 日，上午 9:00—10:30，下午 14:00—15:30。体育专项考试满分 100 分，考试分项目采用全国统考和分区统考方式，由国家体育总局委托院校负责组织实施，执行国家体育总局制定的《普通高等学校运动训练、武术与民族传统体育专业体育专项考试方法与评分标准》。

2019 年招生院校运动训练、武术与民族传统体育专业招生体育专项考试时间为：冬季项目为 2019 年 2 月 1 日至 3 月 15 日；其他项目为 2019 年 4 月 1 日至 5 月 10 日。

(四)录取

文化成绩录取控制线：在不低于 180 分的基础上，由各招生院校根据本校实际情况综合确定本校文化成绩录取控制线。

专业成绩录取控制线：在不低于 40 分的基础上，由各招生院校根据本校实际情况综合确定本校专业成绩录取控制线。今后将逐年提高专业和文化课成绩的最低要求。

招生院校对具备一级运动员等级的考生，可在院校文化成绩最低录取控制线下降低 30 分录取；对具备运动健将技术等级的考生，可在院校文化成绩最低录取控制线下降低 50 分录取。

在达到院校最低录取控制线的基础上，各招生院校根据考生的文化成绩（折合百分制后)和体育专项成绩 3：7 的比例进行综合评价，计算考生录取综合分。具体公式：综合分＝(文化成绩/6)×30％＋体育专项成绩×70％。

招生院校根据本校生源情况和专业需求制订分项目招生计划。院校依据上线考生填报的志愿梯次顺序，按照综合分由高到低，分项目优先录取第一志愿；未完成学校招生计划的院校，再录取第二志愿。

考生若已报名运动训练、武术与民族传统体育专业志愿并被录取，不得放弃录取资格，同时不再参加普通高考及高校高水平运动队的录取。

五、少数民族预科班和民族班

普通高等学校举办的少数民族预科班、民族班，是国家为加快培养少数民族人才而采取的一种特殊办学形式。

根据教育部《普通高等学校少数民族预科班、民族班管理办法(试行)》(教民〔2005〕5 号)规定，民族预科班是指对当年参加普通高等学校招生全国统一考试、适当降分、择优录取的少数民族学生，实施高等学校本、专科(高职)预备性教育的一种办学形式。民族班是指对当年参加普通高等学校招生全国统一考试、适当降分、择优录取的少数民族学生，实施高等学校本、专科(高职)教育的一种办学形式。

民族预科班、民族班招生，按照国家有关普通高等学校招生录取规定适当降分提档、择优录取。具体降分幅度按照国务院教育行政部门有关规定执行。

(一)招生对象

少数民族预科班、民族班招生计划为国家指令性定向就业招生计划；重点招收边远农村、高寒地区、山区、牧区的少数民族考生，也可适量招收散杂居的少数民族考生。

(二)招生待遇

少数民族预科班招生时，除特殊情况外，一般不确定专业。

预科生结业时，根据民族地区经济建设和社会发展对人才需求状况，由招生学校提供专业计划。本、专科(高职)招生学校根据学生实际情况和学生个人的志愿确定专业。

少数民族预科班学制,除特殊规定外,一般为一年。少数民族预科教育可进行学分制试点。

从 2010 年起,鼓励毕业生回生源地,允许留内地(非西藏生源定向西藏就业计划类的学生除外)。毕业时尚未落实就业岗位的毕业生须根据学校规定按时离校,学校应及时把户口和人事档案等相关材料转回生源地。

(三)协作计划

教育部从 2008 年开始试行"支援中西部地区普通高校招生协作计划",即从全国普通高校年度招生计划增量中专门拿出一定比例,安排给部分高等教育资源丰富、办学条件较好的 14 个省份,由其所属高校承担,面向部分升学压力较大、高等教育资源缺乏的 8 个中西部省份招生。2010 年教育部共安排 7 万本科名额和 5 万高职名额用于协作计划。

六、招飞

招飞主要有三个类别:空军招飞、海军招飞和民航招飞。下面以空军招飞为例介绍一下具体情况。

空军招飞属于全国普通高校招生体系,是军队院校招生工作的重要组成部分,招收的飞行学员入空军航空大学或清华大学、北京大学、北京航空航天大学"双学籍"飞行员班学习。

(一)空军招飞的对象和条件

1. 招飞对象:普通高中应届、往届毕业生,男性,年龄不小于 17 周岁、不超过 20 周岁。军校应届本科毕业生,男性,年龄不超过 24 周岁。

2. 报考条件:

(1)身体条件:身高在 164～185cm 之间,体重不低于标准体重的 80%、不高于标准体重的 130%,标准体重(kg)=身高(cm)-110。裸眼视力 C 字表 0.8

以上，未做过视力矫治手术，无色盲、色弱、斜视等。

(2)政治条件：考生热爱祖国，热爱人民，热爱中国共产党，热爱人民军队。符合招飞政治考核标准条件，本人自愿，家长(监护人)支持。

(3)心理品质条件：对飞行有较强的兴趣和愿望，思维敏捷、反应灵活、动作协调、学习能力强，性格开朗、情绪稳定，有敢为精神。

(4)文化条件：普通中学高中毕业生报名参加招飞，需品学兼优，高考成绩达到本省(自治区、直辖市)统招一本线。

(二)培养模式

高中生飞行学员入空军航空大学后，实行 3 个月考察期，合格者取得学籍、军籍。具体采取两种培养模式：军事高等教育模式和"3+1"军地联合培养模式。

军事高等教育模式：飞行学员在空军航空大学全程培养 4 年，主要进行本科基础教育和教练机飞行训练。

"3+1"军地联合培养模式：飞行学员在北京大学、清华大学、北京航空航天大学学习 3 年，在空军航空大学学习 1 年。

与高中生飞行学员不同，大学生飞行学员需要先后在空军航空大学、飞行学院各学习 1 年，入校即享受军官待遇，毕业后获得军事学学士学位，定为正连职飞行军官，授予空军中尉军衔。

(三)飞行学员待遇

飞行人员是党和国家的宝贵财富，享有较高的政治待遇和社会荣誉。由于飞行工作的特殊需要，飞行人员除享受现役军官的待遇外，还按照有关规定享受飞行人员特有的待遇。

海军招飞和民航招飞招生的具体情况，可以登录教育部"阳光高考"网站特殊招生栏目查看。

七、师范生公费教育

师范生公费教育是指报考教育部六所直属师范大学(北京师范大学、华东师范大学、东北师范大学、华中师范大学、陕西师范大学、西南大学)之一有条件地接受公费师范教育(Free Normal Education)的学生。师范生公费教育是上述部属师范大学面向师范专业本科生实行的，由中央财政承担其在校期间学费、住宿费并给予生活费补助的培养管理制度。

该政策自 2007 年起实行。2013 年新增省部共建师范院校江西师范大学为免费师范生培养高校。2015 年新增省部共建师范院校、福建省重点建设高水平大学福建师范大学为免费师范生培养高校(只招收福建省生源且只招男生)。

2019 年，实施了 11 年之久的《教育部直属师范大学师范生免费教育实施办法》迎来了"升级版"。新规中，最引人注目的是将"师范生免费教育政策"调整为"师范生公费教育政策"。从"免费"到"公费"，一字之差，却寓意着师范生培养内涵的深刻变化。

部属师范大学根据国家相关政策，制定在校期间公费师范生进入、退出的具体办法。有志从教并符合条件的非师范专业优秀学生，在入学 2 年内，可在教育部和学校核定的公费师范生招生计划内转入师范专业，签订协议并由所在学校按相关标准返还学费、住宿费，补发生活费补助。公费师范生可按照所在学校规定的办法和程序，在师范专业范围内进行二次专业选择。录取后经考察不适合从教的公费师范生，在入学 1 年内，按照规定退还已享受的学费、住宿费和生活费补助，并由所在学校根据当年高考成绩将其调整到符合录取条件的非师范专业。

公费师范生、部属师范大学和生源所在省份省级教育行政部门签订《师范生公费教育协议》，明确三方权利和义务。公费师范生毕业后一般回生源所在省份中小学任教，并承诺从事中小学教育工作 6 年以上。到城镇学校工作的公费师范生，应到农村义务教育学校任教服务至少 1 年。国家鼓励公费师范生长期从教、终身从教。

公费师范生由于志愿到中西部边远贫困和少数民族地区任教等特殊原因不能回生源所在省份任教的，应届毕业前可申请跨省就业，经所在学校、生源所在省份和接收省份省级教育行政部门审核同意后，按有关规定程序办理跨省就业手续。

公费师范生因生病、应征入伍等原因不能履行协议的，须提出中止协议申请，经省级教育行政部门同意后，暂缓履约。待情况允许后，经省级教育行政部门核实后可继续履行协议。公费师范生如确因身体原因需终止协议的，按协议约定解除协议。除特殊原因办理休学无法正常毕业等情形以外，公费师范生未按规定时间取得相应学历学位证书和教师资格证书的，按违约处理。

公费师范生按协议履约任教满一学期后，可免试攻读非全日制教育硕士专业学位。公费师范生本人向本科就读的部属师范大学提出申请，经任教学校考核合格并批准，部属师范大学根据任教学校工作考核结果、本科学习成绩等进行综合考核后，录取为非全日制硕士研究生，以非全日制形式学习专业课程。任教考核合格并通过论文答辩的，授予相应的学历、学位证书。除上述情形以外，公费师范生在协议规定服务期内不得报考研究生。

港澳招生、军校招生、政法招生等其他招生项目，可以查阅教育部"阳光高考"网站特殊招生栏目。

参考文献：

[1]丁振华，谢蓉蓉.开放教育视角下校企合作办学模式、问题与对策研究——以宁波广播电视大学为例[J].远程教育杂志，2013（4）：106－112.

[2]宋希云，孙福田.中外合作办学模式研究[J].黑龙江高教研究，2009(10)：51－52.

（撰写者：张福升、郝镇华）

第十章　生涯导师

第一节　生涯导师的内涵

生涯就是综其一生不同时期不同角色的组合，是生命意义实践的历程。生涯发展自古有之，孔子在《论语·为政》中就曾提及："吾十有五而有志于学，三十而立，四十而不惑，五十而知天命，六十而耳顺，七十而从心所欲，不逾矩。"

在高中阶段，有的学生在选科时不是根据自己的特点，而是盲从于他人的意见，选好科目后发现学习很艰难；有的学生对自己一点也不了解，不知道自己喜欢什么不喜欢什么；有的学生到了填报志愿的时候才发现自己喜欢的大学专业却不招收自己所考的学科；有的学生选择了热门专业，进了大学却发现一点也不适合自己；有的学生发现自己辛苦读了几年的专业却很难找到对口的工作；有的学生进入职场后才发现这个工作除了要求专业知识技能以外，还需要其他的通用技能，自己却从来没有培养过……

新一轮的基础教育课程改革，倡导以人为本的理念，尊重学生的个体差异，满足每个学生不同的发展需求，培养全面发展的创新人才，对传统意义上的班级管理带来了很大的冲击，也呼唤着对以班主任为主的传统的学生管理模式进行改革和创新。生涯教育在这样的背景下得以提出和实施，生涯导师也由此而生。生涯导师被认为是中国战略型人才的职业规划师，具有前瞻性，且更专业地服务于学生，在教育改革中发挥着巨大作用。

一、导师制的内涵

导师制最初产生于14世纪的英国，创始人是曾任温切斯特主教和英格兰大法官的威廉·威克姆。14世纪初，英国的牛津大学和剑桥大学开始率先实现导师制，以后逐渐在伦敦大学以及其他学校进行推广。

"导师"一词源于英文的 tutor，原指某一个或一部分学生额外进行学科辅导的教师，也指与学生及其家人生活在一起的家庭教师。随着科学技术的发展和科学研究的深入，导师走进了高校，成了高等学校或研究机构中指导人学习、进修、写论文的人员。《朗文当代英语词典》对"导师"的定义是：导师不仅指导学生的学，而且有责任对其个人事务提出建议。

我国导师制的发展可以追溯到 20 世纪 30 年代。1938 年，当时的教育部就颁布了《中等以上学校导师制纲要》，1944 年又相继颁布了《中等学校导师制实施办法》和《专科以上学校导师制实施办法》两个文件，提出在中学实行导师制。后来由于各种历史原因，导师制并没有贯彻实施。2003 年，根据我国《关于普通高中新课程方案》的精神，教育部力图构建重视基础、多样化、有层次、综合性的课程结构，在开始必修课的同时设置丰富多彩的选修课程，使学生在普遍达到基本要求前提下实现个性化的发展，并引导学生逐步学会规划人生，为终身发展奠定基础。

近年来，随着教育改革的不断深入，各中学都在积极探索导师制，诸如江苏省南京一中、山东省实验中学、上海市建平中学、湖北宜昌市第一中学、北京八十中等都倡导实行了"导师制"，以发挥更好的育人效果。

那什么是导师制？导师制就是导师对学生的学习、品德及生活等方面进行个别指导的一种教导制度．导师制一般要求在教师和学生之间建立一种"导学"关系，针对学生的个性差异，因材施教，指导学生的思想、学习和生活。"生涯导师"则是近几年在德育导师制基础上发展起来的一种教育管理制度，伴随着高中新课程的实施和推广，新课程中选修课、研究性学习、综合社会实践等课程的出现，选课走班等教学形式应运而生。生涯导师虽然在国内还没有形成完整意义上的实证经验，但生涯导师所具有的一系列功能向人们预示着广阔的前景．生涯导师是对学生进行学业辅导、思想引导、心理疏导和生活指导的一种有效的辅助班级授课制的个性化教育管理制度。导师制中的"导学"关系，并不是我们日常生活中看到的师傅和学徒的关系，导师更多情况下是提供解决问题的线索或思路。

总之，生涯导师是一种从学生个体发展的需要出发，引导学生正确认识自我、发展自我、完善自我，促进学生健康成长，促进学生选择合适的人生道路并为之努力的个别化教育模式。在引导学生自我探索的同时，还应考虑客观的学业与职业信息，如升学的路径、大学的分类和信息查询渠道、大学的专业设置等，了解专业的资源信息途径，就业导向的相关调查，职业探索的范畴和方法，使学生树立正确的世界观、人生观与价值观，为培养学生的终身学习能力、独立思考能力、创新能力与人生规划能力奠定基础。

二、生涯导师与班主任

自从夸美纽斯创立班级授课制后，班级授课制以其"高效"的优势一直被沿用至今。我国目前在中等教育中也广泛采用班级授课制。传统的中小学教育，实行的就是班主任制，追求的是集中统一教育的最高效益。班主任制是在特定条件下、特定的教育制度和文化背景中的产物，也是班级授课制实施过程中所设的一种制度。班主任全面负责一个班学生的思想、学习、健康和生活等工作，从历史来看，班主任的存在对学校的教学和管理起到了一定的积极作用。然而随着时代与社会的发展，教育本身也在不断地发生变化。班主任制对学生的培养通常仅仅局限于时间和空间都比较有限的课堂，导致班主任的工作压力过大；同时，教师全员育人作用没有得到充分发挥。班主任作为学生日常思想道德教育和管理工作的主要实施者，是学生成长过程中的重要他人，既是落实立德树人目标的主力军，也是学生生涯规划指导的重要实施者。

那么，班主任和生涯导师有哪些区别和联系呢？

(一)组织模式不同

班主任是指学校中全面负责一个班级学生的思想、学习、健康和生活等工作的教师。班主任是沟通学校与学生的良好纽带，学校的教育理念、教育方针主要是通过班主任的日常工作渗透于班级学习活动的每个细胞之中。这种工作的组织形态是单一化的模式，主要就是"班主任—学生"之间的横向单向模式，往往进行的是模式化教育，特点是整齐划一、步调一致、简单高效。

生涯导师采用的是多元式的组织形态，是指通过职业规划相关知识的学习，帮助学生认清自己的发展优势和不足，规划最适合的个人发展之路。这种工作的组织形态不是单一化的模式，而是通过小组式、分层次教学、课外兴趣小组、合作性学习、研究性学习等多元的教育模式参与到具体的工作中。

(二)主客体关系不同

班主任和学生之间的关系基本是简单的主客体关系。班主任对于班级的管理一般以遵循学校的各项制度与章程为准则，实施的是个性化的教育方式，但学生的基础、个性、智能和习惯各不相同，在某些个体教育方面会出现巨大的时间和精力上的浪费。班主任管理模式往往关注的是学生的学业成绩、纪律表现等，而对于学生的自主性、能动性等关注不够。也就是说传统的班主任管理关注的更多的是全体。

导师制中导师和学生之间不是简单的主客体关系，而是作为交互沟通的主体互相发生作用，可以突破班级授课制的时空限制，为双方的互动与交往提供多元化的载体和空间环境。导师不仅关注学生的思想道德养成，还注重学生学习能力的提升和生活能力的提高，关注学生的全面发展。

目前，在中国基础教育发展现阶段，每个地区依据本区域的教育状况所采取的导师工作模式有所不同。但不管采取何种模式，对于导师和班主任职责的交叉重复性之间的矛盾、导师数量少而学生数量多之间矛盾的协调等如何有效解决，是我们应该关注的问题。

第二节　生涯导师的理论基础

一、木桶理论

木桶理论也称为短板理论，是由美国的管理学家劳伦斯·彼得（Laurence

J. Peter)提出。该理论认为一只木桶盛满水，必须每块木板都一样平齐且无破损。如果这只桶的木板中有一块不齐或者某块木板下面有破洞，这只桶就无法盛满水。在信息化的大环境下，一种新的理论在此基础上产生，当我们把桶倾斜，便会发现能装多少水取决于长板。而当你有了一块长板，围绕这块长板展开布局，足够补足其他的短板，这就是"长板理论"。

木桶理论又称短板理论，它告诉我们："不管你其他方面有多牛，你最短的那块板决定你的价值。"而长板理论却截然相反，它告诉我们："不管你的缺点有多少，只要你有一项最值得炫耀的优势，你就有长足的发展空间。"众所周知，如果让桶直立摆放，并且往里面注入水，那么水的高度必然取决于桶的短板的高度。由此可见，在事物的发展过程中，"短板"的长度决定其整体发展程度。正如一件产品质量的高低，取决于那个品质最次的零部件，而不是取决于那个品质最好的零部件。但是，一旦地面不是平的，或者我们将木桶斜放或侧放，恰好让短板位置的高度高于直立摆放下长板的高度，相对的，我们就可以认为"短板"成了"长板"。

胡光伟教授用一句话说明："只要明确自己的'桶'该怎么放，即使是那致命的短板，也能成为炙手可热的长板。"生涯导师制就是要让学生更多地了解自己，从多元角度来看待自己，了解个人个性特点和能力擅长，能看到个人的优势和不足，学会接纳自己和别人，让学生在自己擅长的领域中丰富自己、展现自己、成为最好的自己；同时，尽量避免个人的短板。

二、多元智能理论

1983 年，霍德华·加德纳教授通过研究脑部受创伤的病人发觉他们在学习能力上的差异，在其《智力的结构》一书中提出了多元智能理论。加德纳认为："就智力的本质来说，智力是在一定的社会文化背景下，个体以解决自己面临的真正难题和生产及创造出社会所需要的有效产品的能力；就智力的结构来说，智力不是某一种能力或围绕某一种能力的整合，而是相对独立、相互平等的有八种智能，分别是语文智能、逻辑数学智能、空间智能、肢体运作智能、音乐智能、人际智能、内省智能及自然探索智能；每个人都同时拥有相对独立的八种智能，只是这八种智能在不同的人身上以不同的方式、不同的程度组合在一起，从而使每个人的智力都各具特色。"传统上，学校一直只强调学生在逻辑—数学和语文（主要是读和写）两方面的发展，但这并不是人类智能的全部。

加德纳的多元智能理论是对传统的"一元智能"观强有力的挑战，给人以耳目一新之感。尤其是在当前的新课程改革中，大部分教师对学生评价颇感困惑时，多元智能理论带给我们诸多启示。根据加德纳的理论，学校在发展学生各方面智能的同时，必须留意每一个学生在某一两个方面特别突出的智能；而当学生未能在其他方面追上进度时，不要让学生因此而受到责罚。这使得我们能够从一个全新的角度来理解学生的发展，审视我们对学生的评价，从而树立科学的智力观、学生观、教学观和教育观。总的来说，加德纳的多元智能教育观要求在学校的教育中，教师要做到为学生这一发展中的主体实现发展，而不能用"加工理论"去看教育；教师要全面地认识学生，承认学生是有能力发展的；教师要采取尊重与引导相结合的方法，为学生的发展提供服务。

三、人职匹配理论

人职匹配理论的基本思想是，个体差异是普遍存在的，每一个个体都有自己的个性特征，而每一种职业由于其工作性质、环境、条件、方式的不同，对工作者的能力、知识、技能、性格、气质、心理素质等有不同的要求。进行职业决策（如选拔、安置、职业指导）时，就要根据一个人的个性特征来选择与之相对应的职业种类，即进行人职匹配。其中，最具代表性的是霍兰德的人格—职业匹配理论。

四、舒伯的生涯发展阶段理论

舒伯是生涯辅导理论的大师，其生涯发展论综合了差异心理学、发展心理学、自我心理学以及有关职业行为发展方向的长期研究结果，舒伯汲取了这四大学术领域中有关生涯发展的精华，建构了一套完整的生涯发展理论。

　　美国舒伯的生涯发展理论认为，人生主要的发展阶段和年龄的大致可以划分为五个时期：成长期（0～14 岁）、探索期（15～24 岁）、建立期（25～44 岁）、维持期（45～64 岁）、衰退期（65 岁以后）。个体在每个生涯发展阶段面临不同的生涯发展任务，个体对该阶段的生涯发展任务的准备程度即生涯成熟度。

　　高中阶段正处于生涯探索期（15～24 岁），这个时期的发展重点是在学校、休闲活动及社会实践经验中，进行自我试探、角色探索和职业探索。生涯发展的主要任务是实现职业偏好、发展一个符合现实的自我概念、学习开创更多的机会。这个时期可以再按照时间划分为三个阶段：试探阶段（15～17 岁）、过渡阶段（18～21 岁）、尝试阶段（22～24 岁）。在高中阶段（试探阶段），个体通过自我幻想、与他人讨论、学校课程、职业见习等途径，思考与探索自己的需求、兴趣、能力、价值观与发展机会，初步尝试做出选择。

　　后来，舒伯拓宽和修改了他的生涯发展阶段理论，加入了角色理论，提出了一个更为广阔的新观念——生活广度、生活空间的生涯发展观，这期间他最主要的贡献是"生涯彩虹图"。并将生涯发展阶段与角色彼此间交互影响的状况，描绘出一个多重角色生涯发展的综合图形。这个生活广度、生活空间的生涯发展图形，舒伯将它命名为"生涯彩虹图"，形象地展现了生涯发展的时空关系，更好地诠释了生涯的定义。

　　在生涯彩虹图中，纵向层面代表的是纵观上下的生活空间，是有一组职位和角色所组成。分成：子女、学生、休闲者、公民、工作者、持家者六个不同的角色，他们交互影响交织出个人独特的生涯类型。他认为在个人发展历程中，随年龄的增长而扮演不同的角色，图的外圈为主要发展阶段，内圈阴暗部分的范围，长短不一，表示在该年龄阶段各种角色的分量；在同一年龄阶段可能同时扮演数种角色，因此彼此会有所重叠，但其所占比例分量有所不同。

　　根据舒伯的基本观点，生涯辅导工作特别强调必须深入地了解每个人的综合状况，首先需要了解每个人的发展状况，通过生涯评估的方式，包括对有关能力倾向与兴趣的资料等充分了解和把握后，再通过与每个人的访谈、共同讨论，针对每个人的潜能与问题，进行综合而积极的分析。

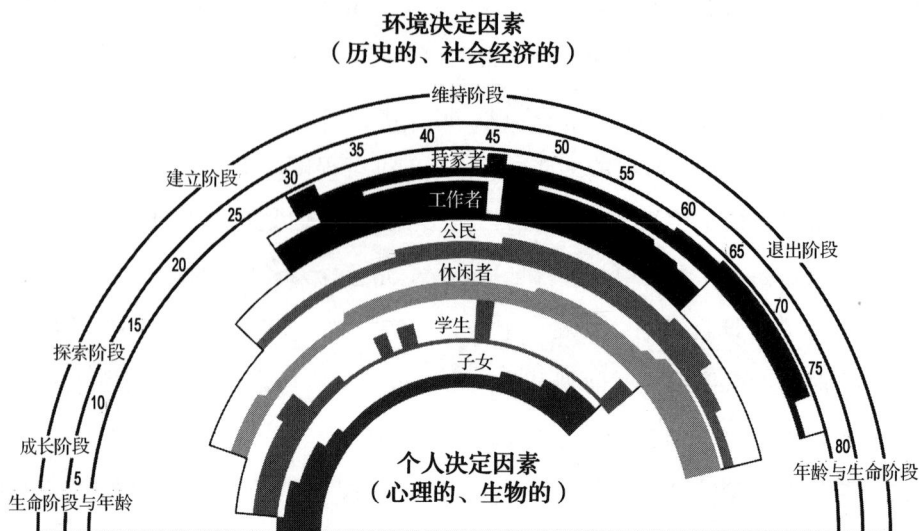

图 10.1　生涯彩虹图(舒伯，1980)

第三节　生涯导师的工作内容

高中阶段是人生发展的黄金时期，也是未成年人走向成年的关键时期，由于心理和生理发展逐渐走向成熟，所以未成年人在这个阶段由"现实的自己"变成"理想的自己"，起点就在于一个人的科学规划。作为导师，要深入了解学生的兴趣、个性和特长，从改善学生知识结构，改进学习方法、思维品质、习惯、特点等方面入手，因人而异地制订指导计划，接受学生在学习、生活、心理等方面的咨询与指导，做学生的良师益友。

中学生涯教育的目标包括提升学生的生涯意识，促进自我觉察，帮助学生了解个人成长历程、生活角色和未来生涯发展的关系；对个人特质、潜能和生涯发展的关系有所发现和反思；了解生涯发展机会，做大学、职业的探索，明确生涯发展方向；了解职业的价值，增强对职业的探索，明确其与学习的关系；提升学习动力，以及促进高中生对家庭、学校、社会等外部环境进行探索，发展整合多方面信息、课程选修、志愿填报的能力。

一、常规指导内容

(一)了解学生现状和发展方向

了解学生的个性、学业状况以及发展方向。多途径地了解学生，比如通过一些专业的测试，性格测试、兴趣测试以及能力测试等，初步了解每个学生的一般特点，诸如性格、兴趣、能力等。通过学业成绩水平测试，与学科教师沟通交流，掌握学生的学业成绩水平和状况。

(二)建立学生个人职业规划档案袋

在了解学生的基础上，建立学生个人职业规划档案袋制度。职业规划档案袋不同于学生一般的个人成长档案袋。一般学生个人成长档案袋里的内容为：学生成长活动手册，学生成长轨迹的记录，学生社会实践活动总结，每次考试或参加各类活动的过程记录，学生的个人成长反思等。而职业规划档案袋里的内容主要是根据前面的生涯认知、生涯探索与生涯行动等方面的了解与测试，学生在这些方面的结果、解释、表现以及学生的感受与体会等。

(三)建立各种工作规范制度

为全面开展工作，导师需要建立各种制度使之规范化，具体包括：家长联络制度、学生咨询制度、定期汇报制度、个案分析制度、教育小组制度等。以家长联络制度为例，导师需定期与家长进行深度沟通，及时交流学生在家和学校各方面的表现，加强家校沟通。

二、对人生规划指导的内容

(一)指导学生学会学习

导师工作中的学习指导，不是教师对学科的个别辅导，而是帮助学生对自己的学习负责，掌握科学的学习方法与策略。导师一般定期与学生交流，帮助学生了解自己的学习潜能和学习特点，指导学生端正学习态度、选择合适的学习策略和学习方法，激发学生的学习动机，提高学生的学习质量、培养学生学习能力和自主学习精神。

(二)指导学生科学理性选课

关注学生选课过程，及时了解学生选课情况和课程修习情况，指导学生在充分认识自己的个性和学业状况的基础上，结合他们的人生理想和生涯规划，更加科学合理地选课、选科、选考，科学规划三年学业发展。特别是在生涯发展的重要节点选科和志愿选择上，利用"艾森克人格测试""MBTI职业性格测试"或"霍兰德职业倾向测试"等工具，深入了解学生的兴趣、个性与特点，并与学生讨论选课想法，分享学生对自己的评价，协助其恰当认识自己，并合理定位适合自己学习的科类、专业，学会扬长避短。

(三)指导学生学会调节心理状态

高中生正处于成长的心理敏感期，学业、人际交往、家庭等方面的状况，都有可能成为学生成长道路上的障碍，所以导师对于学生情绪、心理的关注是非常重要的。导师需要具备一些专业的心理学知识并掌握专业的心理辅导技巧，利用平时的观察、定期的心理疏导等，关注学生的情绪表达、学习和生活。从心理学和教育学的角度分析存在的问题和原因，深度剖析学生问题背后存在的家庭教育、学业策略、目标动力、青春期心理等各种原因，排除学生学习、生活与人际关系中的问题及情感困扰，对学生的不良心理倾向通过合适的活动方式积极疏导，增强学生在学习、生活上的适应能力，发展学生的积极心态，激发学生自尊、自爱、自主蓬勃向上发展的愿望，使学生的心理素质得到提高，心智得到健康发展。

(四)指导学生进行职业探索

职业是从业人员所从事的有偿工作的种类，它具有社会性、经济性、技术性、稳定性、群体性和规范性的特点。现代职业分类是一个庞大的体系，而且职业不是静止的，随着社会发展，它们在不断进化，有新的工作岗位出现，也有旧的工作岗位消亡。

职业探索是普通高中开展生涯教育规划教育的重要支撑。主要是指指导学生了解职业分类、当今职业发展与社会需求以及高校专业和社会职业的关系，培养学生专业性向和理想职业所需要的个人知识与能力；引导学生深入社会实践，了解行业现状和工作环境，体验不同职业角色特点和工作状态，了解职业的社会意义，初步确立自己的职业志向和职业理想；在了解升学和就业所需要的知识技能的基础上，着力培养学生的创新精神、责任意识和动手实践能力，帮助学生树立正确的职业价值观。

第四节　生涯导师的工作策略

高中阶段是学生个性形成、自主发展的重要时期，也是学生"三观"形成与思想信念树立的关键期。因此，在高中开展生涯规划教育的准确定位至关重要。

一、工作原则

(一)全员性原则

在教师层面，指学校所有任课教师都是学生生涯教育导师，要做到"教书育人、管理育人、服务育人"。在学生层面，是指要面向全体学生，每一名学生都要有生涯教育的导师，使所有学生都能在共同的基础上得到个性发展。

(二)发展性原则

导师要以促进学生的可持续发展为导向，在全面了解学生实际的基础上，遵循学生的身心、个性、能力等发展特点和水平，师生共同协商确定符合每个学生最近发展区的阶段发展目标、长远目标，并随时进行指导、评估与反馈。

(三)全面性原则

生涯导师的角色是多元化、综合性的，他不只是一名教师，而是学生道德发展的引领者、学生学习的辅导者、学生健康心理的疏导者、学生生涯教育的指导者、学生人生的规划者等。多重的角色定位要求每一位导师，要关注学生的全面健康和谐发展。

(四)人本化原则

民主平等的师生关系是实施生涯教育导师制的基础，每位导师要本着"尊重、包容、关爱"的态度，做到尊重学生人格、包容学生隐私、关爱每一位学生的行为，真正成为学生生涯发展的良师益友。

二、工作团队

生涯教育是一门科学，要做好生涯指导教育，必须要有充足、优质的师资力量。尤其是在一个人的职业发展和个人成长的过程中，随着当前社会的变迁，如全球流动性的增强、人员队伍的多元化以及技术的广泛运用，如今已很难想象一位导师就能够满足个人的全部发展需求。生涯导师团队需要许多支持型角色的参与，共同构建一个匹配自己职业和生活的"个人顾问团"。因此，建立以专职生涯教师或心理教师为骨干，学科教师、家长以及校外优秀人士参加的生涯导师团队是至关重要的。

目前，生涯导师团队主要包括三种类型：专业导师、成长导师和学业导师。

表 10.1　生涯规划导师的类型和职责

导师类型	职责范围
专业导师	主要是指学校的专职生涯教育教师。主要负责生涯课程的研发与开设，生涯规划个案指导，学校生涯活动策划、组织和落实以及兼职导师的指导等工作。 一般人员构成：心理教师和有志于从事生涯教育的教师和班主任
成长导师	成长导师为学校的兼职生涯教育教师。主要负责班级生涯课程开设、学生目标管理、行动管理、时间管理等自我管理的指导和落实，学校生涯教育活动、集体实践体验活动的落实等。 一般人员构成：各班班主任
学业导师	学业导师为学校的兼职生涯教育教师。主要负责学生学业指导和学科解读。主要通过讲座等形式普及：各学科的学习方法指导、各学科需要的学科素养、各学科跟大学的相应专业联系等。通过这些指导，帮助学生在选择大学和专业方面做出更有效、更科学的决策。 一般人员构成：各学科骨干教师

各类导师都要按照自身的职责范畴主动开展工作，与所负责的学生建立稳定的联系，即建立新的学习共同体，一般一个导师可负责 15 名左右的学生，指导学生制定符合自身的生涯规划方案，并采取行动措施；建立学生生涯档案，定期开展家校沟通、师生交流等活动。

三、工作策略

高中人生规划教育，需要了解学生的兴趣、爱好、世界观、价值观、人生观，了解国家的需求、社会的职业、大学的专业，还要参考学生父母和亲属朋友的意见和建议等，涉及的领域和内容庞杂而繁多，所以是否能综合考虑各种因素，做出明确清晰的选择是很关键的。这些都对导师的创新型思维提出了较高的要求。

(一)思维导图：生涯规划的帮手

思维导图(Mind Map)又被称为心智图、心灵图、脑图等。最早由英国心理学家托尼·巴赞(Tony Buzen)于 1970 年提出。思维导图可以用来规划生涯，也可以用来发散思维，更是一种处理知识及学习的有效方法，直接应用到知识学习过程的整理(如笔记)、记忆、复习、交流、写作等过程中。

思维导图就是一幅幅图文并茂、重点突出的树枝状结构图。人生规划是一种人生设计，职业生涯规划可以是人生规划中的一部分，也可以单独设计。

利用思维导图可以指导学生较为清晰地梳理出自己的思想空间，进行自我状态(性格、特长、兴趣、爱好等)、环境因素、关键问题、成功要素等方面的自我诊断，从而明晰自己未来人生的全程发展目标，包括个人的生涯角色、工作角色与各种生活角色之间的协调与整合，在不同阶段的不同打算、策略、议题与行动计划等。用思维导图不仅激发思维，提高思考力和创造力，而且在学习思维导图绘制人生规划与职业生涯规划中，或许会有惊人的、意想不到的收获。

教师在辅导学生时，可以建议学生将思维导图做好的人生规划与职业生涯规划贴在墙上等显眼的地方，一方面可以激励自己向着目标努力；另一方面如果客观环境、社会需求等因素变化，也可及时进行修正。

1. 思维导图的绘制

制作工具：A4纸张、彩色铅笔、水彩笔。

制作过程：

(1)步骤一：梳理思维，找到重点，在纸中央写下一级主题词，可以彩笔表示强调，这是制作思维导图的关键性步骤。

(2)步骤二：以一级主题词为中心，发散思维，运用想象力，记录下二级、三级、四级以及更多的主题词，并用线条进行连接，勾勒出思维的全过程。

(3)步骤三：对完成的思维导图进行美化和修饰，可以随时根据联想添加、删减或调整内容顺序，完善思维导图图片。

2. 高中生涯规划思维导图

思维导图可以用来绘制高中生涯规划，绘制方法如下(非标准答案)：

(1)确定中心或一级主题词：如将"我的高中规划"写在纸面中央。

(2)确定二级主题词：二级主题词可以是时间维度，如高一、高二、高三，不同维度也可以用不同颜色加以区分。

(3)确定三级主题词：三级主题词可以是规划的不同方面，如学业、生活、职业探索等，将关键词标注在相应的分支上。

(4)确定四级主题词：四级主题词为同一方面的各种预期，将关键词标注在相应分支上。

(5)完善绘图：各级主题词要从中心主题向外呈发散状，以不同颜色似树枝形状延展，枝条近粗远细；多用简单的小图案或符号，增加趣味性；启动右脑参与，少用大段文字；绘制时可以进行架构思考然后呈现，也可以在绘画时随时补充分支；绘图优美、有创意。

下面以"自我探索思维导图"为例：

图 10.2　自我探索思维导图

一级主题词："我是谁"，也可以更换为学生的姓名等能代表"我"的文字或图像内容。

二级主题词：包括"兴趣""性格""能力""价值观"四个生涯规划自我探索维度，分别从四个方面梳理自我探索信息。

三级主题词：分别列出四个维度的自我探索途径。

四级主题词：主要是通过不同途径探索自我得到的描述性或结论性信息。

(二)生涯九宫格

九宫格法是一种有助扩散性思维的思考策略，利用一幅九宫格，将主题写在中央，然后把由主题所引发的各种想法或联想写在其余格子上。这种思维方法的优点是由事物的核心出发，向八个方向思考，发挥八种不同的创见，依循这种思维方式可以有效地发挥并扩散其思考范围。九宫格法作为思考工具的一种，除中间的主题外，以八个不同格子的不同内容为主分布在不同的八个区域。横向由左至右是：过去、现在和未来；纵向由下至上是：组件、系统和更大的系统。我们的思维方式也因此被划分为八个不同的方向。

职业规划九宫格活动，是一个思维方式训练，变"我希望实现……"为"我该如何实现……"的思考，这种思维方式对实现职业生涯规划是至关重要的，促使我们关注任务本身，而非沉浸于愿景，认识到任何成功都是一步步实践而来的。

职业规划九宫格需要解决以下两个问题：

你的职业规划的内容有哪些？

你应怎样利用职业规划帮助你在学业上激发动力和减少压力？

根据舒伯的生涯彩虹图，发展师范大学金树人教授在研究中发现，人们的生涯发展基本包括九个方面：学习进修、职业发展、人际交往、个人情感、身心健康、休闲娱乐、财务管理、家庭生活、服务社会。因此，金树人在团体辅导手册中提出了"生涯九宫格"的概念。

在这九个格子中，每个格子都设计了相应的问题，在生涯辅导时，引导学生对每个格子的问题进行思考，并结合主客观标准给自己打分。每个格子满分100

分，60 分及格。前三个格子均 60 分以上为合格，前六个格子均 60 分以上为优秀，九个格子均 60 分以上为卓越，三层逐层递进。

生涯九宫格就是这样诞生的。下面的表格罗列了职业生涯规划最重要的构成部分，指引大家去思考和澄清九个方面的问题。

学习进修	职业发展	人际交往
1. 课程表上要求的课程有哪些？ 2. 除了课程表的内容，你还需要学习什么？ 3. 基于自己未来的目标职业，你需要积累什么？ 4. 你的学习习惯怎样？	任何一个阶段的时间都是在为下一个阶段的发展做准备。 1. 你理想的职业有哪些？ 2. 你为此可以做哪些准备？ 3. 你现在做得怎么样？	1. 你感觉难以应付的人有哪些？ 2. 哪些场合让你感觉不自在？ 3. 为了将来更好地适应社会，你打算与哪些人进行交往？
个人情感	**身心健康**	**休闲娱乐**
1. 你怎么看待亲情、友情？ 2. 你建立并且维系亲密关系的能力如何？ 3. 重要他人对你有哪些影响？	1. 你有没有坚持运动的习惯？ 2. 适合你的运动方式有哪些？ 3. 你如何保持自己的心情愉悦？ 4. 你如何处理焦虑、压力、沮丧等不良情绪？	1. 你有哪些兴趣爱好？ 2. 你业余时间会做哪些让自己感受创造和成就感的事情？ 3. 除了学习、工作之余，你做什么来愉悦自己？
财务管理	**家庭生活**	**服务社会**
1. 你每个月的生活费是如何支出的？ 2. 你是否了解过一些人的理财知识？ 3. 你是否尝试过为自己增加一些收入？ 4. 财务在你未来的生涯发展中比重如何？	1. 你和父母的关系怎样？ 2. 你是否从内心接纳并且尊重自己的父母？ 3. 你父母对你是影响还是掌控？ 4. 你和父母的关系是如何影响你今天的人际交往的？	1. 你是否参加过一些志愿服务？ 2. 你怎样理解一个学生的社会责任感？ 3. 你怎样看待社会公益组织？

图 10.3　生涯九宫格

运用九宫格需要注意的几点：

1. 请给每个领域进行打分，60～100 分，60 分是及格，59 分是最差，100 分是满分。

2. 在生涯九宫格中，你注意到了吗？当分值出来了，现在最迫切的需要改变的是哪些？有什么样变化才能达到你自己想达到的分值？这是需要探讨的。

3. 在一张表格中列清楚职业生涯的核心内容，这些都是生涯导师在指导学生的过程中需要思考的问题。一定注意，生涯九宫格是当我们的思绪不清晰时利用它来进行澄清，帮我们梳理复杂问题的一个工具，这些都是动态的，需要从长远视角中进行评估。

(三)挑战—改变—目标—成功思维方式

挑战(Challenge)—改变(Change)—目标(Target)—成功(Victory)思维方式，简称 CCTV 思维方式，可以帮助人们解决日常生活中的常见问题。挑战是人们遇到问题时需要聚焦问题，把问题转化为一次挑战，激起人们解决问题的兴趣和动力；改变是学会利用身边的现有资源，去改变物体的某些特性；目标是在改变之后比较现在是否实现了最初挑战所设立的目标；在完成前三项之后，通过不断的尝试和调整，自然就达到了成功。

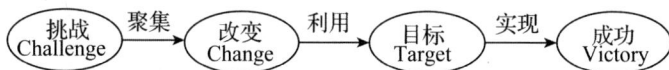

图 10.4　CCTV 思维方式

我们将从以下三个方面来举例说明 CCTV 思维方式的运用：材料、结构和时间。拯救阳台上掉落的东西、宇航员的专用锤子、男女厕所分配是我们所列举的具体的案例。

［案例一］

你的东西从阳台上掉到了楼下的阳台上。楼下的一家人都出去度假了，你又很着急用，该怎么捡回来呢？

① 挑战：怎样捡回掉落在楼下阳台上的东西？

② 改变：改变材料的性质，使之具有黏性。

③ 目标：能粘住并把东西拉上来。

④ 成功：利用黏性材料拿到掉落的东西。

[案例二]

在太空中，宇航员用锤子敲击物体，锤子和宇航员受到反作用力，敲击的力量越大，宇航员和锤子就会被反弹得越远，使宇航员根本无法再次敲击。

① 挑战：怎样使宇航员在太空中可以使用锤子？

② 改变：改变锤子内的结构，在锤子内加钢珠。当手握锤子敲击物体时，锤子会把受到的反作用力传给钢珠，使原来相对静止的钢珠运动起来，钢珠运动产生相互摩擦克服了此状态下的反作用力，同时产生热量，减慢了锤子的运动，使锤子不会反弹。

③ 目标：利用力的相互作用减慢锤子的运动。

④ 成功：改变物体的结构，使宇航员在太空中顺利使用锤子。

[案例三]

女厕所门口总有很多人排队，是不是应该扩大女厕所呢？

如果只扩大女厕所，那男士多的时候，该怎么办呢？男厕所、女厕所都扩大吗？厕所可不是随便就能扩大的，因为它涉及很多问题，我们必须在男女厕所总面积不变的前提下，考虑怎样分配男女厕所。可问题是有时男士多，有时女士多，到底该扩大哪个呢？

① 挑战：怎样合理分配男女厕所？

② 改变：改变时间，错开男女上厕所的时间。把男女厕所中间厕格的两边都装上门，只要一边打开，另一边就会自动锁上。

③ 目标：男士多时男士使用，女士多时女士使用。

④ 成功：改变时间，男女厕所交替使用。

我们可以利用CCTV思维方法思考"如何设计一款受欢迎的手机"。

(四)六顶思考帽法

所谓六顶思考帽，就是指使用六种不同颜色的帽子代表六种不同的思维模式。任何人都有能力使用这六种基本思维模式。六顶思考帽是一种思维训练模式，或者说是一个全面思考问题的模型。它给我们提供了"平行思维"的工具，避免将时间浪费在互相争执上。它强调的是"能够成为什么"，而非"本身是什么"。运用六项思考帽，能够使我们混乱的思考变得清晰，使无意义的争论变成有意义的集思广益，让每个人都能创新。

与辩论强调的"容斥逻辑"（非此即彼）完全相反，六项思考帽强调的是水平思考，即辩论双方都没有错，只是观察事物的角度不同。水平思考意味着在任何时刻，每个人都会从相同的方向观察事物。在水平思考中，无论辩论双方意见如何对立，最终都会趋于平行。如果以后必须要在不同的立场之间做出选择，不妨在那个时间点尝试做出抉择。如果无法决定，那么必须在设计时考虑这两种可能。

思考帽提供了一个方向，每个人在任何时刻都看向同一个方向。正确用法是在某一个特定的时间段，每一个在场的人都戴上黑帽，在另一个时间段都戴上白帽。使用"六项思考帽"方法的效果可以归为四类：①强大有力。把许多人的思考能力聚焦到一个问题上，问题解决起来会容易得多；②节省时间。无须对上一个人所说的话做出回应，只需添加另一个与之平行的想法即可；③摒弃自大。冲突和对抗让自大问题更加恶化，"六项思考帽"方法可以促使大家中立、客观地考察当前的议题；④逐一思考。混乱是高效思考的最大敌人，而人无法同时在多个方向上保持敏感。

人生规划教育是一个开放的体系，对于学生的人生规划指导，主要表现为职业规划和人生规划两个方面。人生指导应该贯穿于导师工作始终，最终让学生为自己的成长负责。导师在了解学生个性、心理、学习等各方面情况的基础上，根据大学开设专业的基本情况和发展情况，以及各专业在国民经济中的地位和作用，结合学生的实际情况，引导学生参与相应类型的招生；引导学生恰当评价自己的特点和优势，分析现状和目标的差异，帮助学生选择合适的专业和大学，使学生形成合理的学业规划、职业规划和初步的人生发展规划，科学确立人生方向和奋斗目标。

生涯导师作为一种新的教育教学一体化的学生管理制度，以"整体、合作、优化"教育理念为指导，关注学生的整体成长，一般以个体为对象。导师制既照顾了共性，讲究了效益；又照顾了个体，培养了个性。生涯导师虽然在国内还没有形成完整意义上的实证经验，但导师制所具有的一系列功能向人们预示着无限广阔的前景。

参考文献：

[1] 陈宛玉. 高中生涯导师制：是什么，做什么，怎么做[J]. 中小学心理健康教育，2018，27（374）：23－25.

[2] 陈宛玉，叶一舵，杨军. 新高考背景下高中生涯辅导的必要性、内容及实施途径[J]. 教育评论，2017(11)：100－103.

[3] 沈之菲. 高中导师制进一步深化探究[J]. 上海教育科研，2016(2)：57－61.

[4] 徐剑锋. 走班制背景下班主任的角色转换[J]. 中小学德育，2016(3)：44－46.

[5] 金萍. 学生成长导师制的实践研究[D]. 江苏：苏州大学，2010：10.

[6] 屈丹. 思维导图：助推高中生生涯规划自我探索[J]. 中小学心理健康教育，2018，30（374）：16－19.

[7] 茅育青，周春儿，丛李方. 思维导图在成人教育教学中的应用[J]. 中国成人教育，2010（23）：116－119.

[8] 赵海娟，王浩. 生涯辅导工具在高职学生生涯辅导中的应用[J]. 机械职业教育，2018（1）：38－41.

[9] 祝小燕. 青少年生涯规划成长手册[M]. 北京：北京日报出版社，2017.

[10] 金树人. 生涯咨询与辅导[M]. 北京：高等教育出版社，2007.

（撰写者：侯淑晶　王海涛）